2022年度黑龙江省教育厅"新时代龙江优秀硕士、博士论文"重点项目（LJYXL2022-24）

2023年度黑龙江省社会科学学术著作出版资助项目（2023005-B）

光明社科文库
GUANGMING DAILY PRESS:
A SOCIAL SCIENCE SERIES

·教育与语言书系·

唐纳德·戴维森论意义

李文杰 | 著

光明日报出版社

图书在版编目（CIP）数据

唐纳德·戴维森论意义 / 李文杰著. -- 北京：光明日报出版社，2024.6. -- ISBN 978-7-5194-8037-0

Ⅰ.B712.6

中国国家版本馆 CIP 数据核字第 2024C7C999 号

唐纳德·戴维森论意义
TANGNADE DAIWEISEN LUN YIYI

著　　者：李文杰	
责任编辑：杨　茹	责任校对：杨　娜　乔宇佳
封面设计：中联华文	责任印制：曹　净

出版发行：光明日报出版社

地　　址：北京市西城区永安路 106 号，100050

电　　话：010-63169890（咨询），010-63131930（邮购）

传　　真：010-63131930

网　　址：http://book.gmw.cn

E－mail：gmrbcbs@gmw.cn

法律顾问：北京市兰台律师事务所龚柳方律师

印　　刷：三河市华东印刷有限公司

装　　订：三河市华东印刷有限公司

本书如有破损、缺页、装订错误，请与本社联系调换，电话：010-63131930

开　　本：170mm×240mm

字　　数：260 千字　　　　　　　印　　张：14.5

版　　次：2024 年 6 月第 1 版　　印　　次：2024 年 6 月第 1 次印刷

书　　号：ISBN 978-7-5194-8037-0

定　　价：89.00 元

版权所有　　翻印必究

前　言

　　中西哲人对"意义"的探究始于2000年前，堪称历史上最为悠久的哲学命题之一。意义问题的研究与人类在哲学演进过程中的探索之间存在深厚的渊源。人类对思维与存在或者主客观相统一的追求，必定会受到语言或者语言意义的影响。而语言所承载的社会、历史和文化相应地又制约着人类的历史进程。从根本上讲，与人类历史进程相关的所有因素都与语言所呈现的意义世界相关联。从古至今，不同的哲学家从事意义研究的动因往往不尽相同。现代西方哲学"语言转向"之后的分析哲学家认为，哲学的任务就是解释科学语言和日常语言的意义，以建立一种满意的意义理论和真理理论；哲学的性质就在于它不是理论，而是澄清语词或语句的意义的活动；哲学研究最重要的方法就是逻辑分析和概念分析。

　　唐纳德·戴维森（Donald Davidson，1917—2003）是20世纪下半叶分析哲学传统中最具影响力的哲学家之一。20世纪60年代，他开始研究自然语言的意义问题，并取得了一系列开创性成果，给西方哲学界和逻辑学界带来深刻影响。戴维森对"意义"的探讨并没有局限在语言哲学领域，而是将其扩展到心灵哲学和行动哲学领域。戴维森意义理论的出发点是自然语言，在改造塔尔斯基（Tarski）真理理论的基础上，通过形式限制和经验限制获得语义性解释。信念和意义之间的关系是戴维森意义解释的核心。戴维森认为意义本质上是信念、欲望、偏好以及对语句持真的基本态度的函数。说话者、解释者和世界的三角测量模式体现了人与人与外部实在之间的复杂关系。三角测量式的交流既解释了意义的生成，又保证了意义的客观性和社会性。戴维森将对意义的动态追问、意义的客观性等问题都统一于行动者的行动解释。其行动哲学为整个意义理论提供了一个实践方案，用于识别行为模式，这些模式可以解释为意向行为的表达。将语言、信念和行动统一起来的交流成为戴维森意义理论的落脚点。基于以上观点，戴维森的意义理论是从探究真值条件语义学到建构三角测量模型，从静态语义到动态解释的拓展描述，以信念和意义的关系为解释核心，通过对行动的探究建构起来的融贯的、全面的体系。戴维森突破传统逻辑分析方法的限制,将语言分析与信念分析和行动分析相交融,为意义理论研究拓展了新的维度,促进了英美分析性语言哲学与欧洲大陆语言哲学的对话,推进了意义研究向前发展。

目 录
CONTENTS

第一章 导论 选题目的与意义、研究现状与研究思路 …………… 1
 一、选题目的与意义 ……………………………………………… 1
 二、国内外研究现状 ……………………………………………… 5
 三、选题研究思路及框架 ……………………………………… 17

第二章 戴维森意义理论的研究背景及思想渊源 ………………… 20
 第一节 戴维森意义理论的研究背景 ………………………… 20
  一、20世纪50年代后分析哲学发展态势 …………………… 20
  二、20世纪50年代后欧陆哲学中语言研究发展态势 ……… 25
 第二节 戴维森意义理论的思想渊源 ………………………… 28
  一、奎因的语言思想:戴维森自然语言解释的思想基础 …… 28
  二、塔尔斯基的真理理论:戴维森真值条件语义学的形式模型基础 …… 34
  三、拉姆塞的决策论:戴维森信念与行动关系的分析工具 … 37

第三章 意义与解释 ………………………………………………… 43
 第一节 自然语言的真值条件意义理论建构 ………………… 43
  一、组合性的自然语言:戴维森意义理论的出发点 ………… 43
  二、约定T:真值条件语义学的形式模型 …………………… 47
 第二节 彻底解释:戴维森意义的理解方式 ………………… 50
  一、彻底解释的内涵 …………………………………………… 50
  二、彻底解释的条件 …………………………………………… 55
 第三节 真:戴维森语言解释中的原初概念 ………………… 63

一、真连接语义与解释 …………………………………………… 64
　　二、符合论、融贯论转向语用学的真理观 …………………… 66
第四节　意义的区分及语用解释 ………………………………… 74
　　一、戴维森对意义的区分 ……………………………………… 75
　　二、先在理论与当下理论 ……………………………………… 79

第四章　意义与信念 …………………………………………… 82
第一节　三角测量模式：戴维森意义产生的新模型 …………… 82
　　一、三角测量的基本结构 ……………………………………… 82
　　二、第一人称权威：意义解释的优先性 ……………………… 85
　　三、语义外在论：意义理解的路径 …………………………… 88
第二节　信念与意义之间的关系：戴维森意义解释的核心 …… 91
　　一、信念的概念、内容及其特征 ……………………………… 91
　　二、信念与意义由解释连接 …………………………………… 95
　　三、语言意义与思想互为基础 ………………………………… 103
第三节　信念与三种知识：戴维森意义客观性的依据 ………… 106
　　一、概念图示与解释的不确定性 ……………………………… 106
　　二、关于自我、他者和外在世界的知识 ……………………… 111
　　三、对信念客观性的辩护：三角测量式的交流 ……………… 117

第五章　意义与行动 …………………………………………… 122
第一节　意义在行动的框架中生成：戴维森意义理论的实践方案 …… 122
　　一、信念和欲望是行动的必要条件 …………………………… 123
　　二、原初理由是行动的原因 …………………………………… 125
　　三、赞同态度与心灵状态整体论 ……………………………… 128
第二节　意向性连接行动与意义：戴维森行动解释的区分要素 … 129
　　一、意向蕴含能动性 …………………………………………… 129
　　二、意向区分意义 ……………………………………………… 132
　　三、命题态度连接行动者与意义 ……………………………… 134
第三节　行动与信念的关系：戴维森意义理论的必要条件 …… 137
　　一、信念与偏好表现为可观察的行动 ………………………… 137
　　二、概率与解释的不确定性 …………………………………… 139
　　三、因果解释是一种合理性解释 ……………………………… 142

第四节　意义在交流中呈现:戴维森意义理论的落脚点 …………… 145
　　　　一、意义不需要约定 ………………………………………………… 145
　　　　二、意义受语境影响 ………………………………………………… 150
　　　　三、意义产生于交流 ………………………………………………… 154

第六章　戴维森意义理论对当代语言哲学的贡献与理论困境 ………… 158
　　第一节　戴维森意义理论对当代语言哲学的贡献 ………………… 158
　　　　一、自然语言真值条件意义理论:意义理论新发展 …………… 158
　　　　二、彻底解释:意义探索新方法 …………………………………… 160
　　　　三、意义、信念、行动相统一:对逻辑分析的超越 ……………… 161
　　　　四、解释、意向性、交流:与现象学—解释学传统的对话 …… 163
　　第二节　戴维森意义理论困境 ………………………………………… 166
　　　　一、真值条件的性质标准 …………………………………………… 167
　　　　二、彻底解释的行动证据 …………………………………………… 169
　　　　三、行动中的非理性 ………………………………………………… 171

结　语 ……………………………………………………………………………… 174

附录　戴维森的隐喻意义研究 ………………………………………………… 176
　　一、隐喻研究的历史沿革 ……………………………………………… 176
　　二、戴维森隐喻意义理论的产生及理论基础 ……………………… 182
　　三、戴维森隐喻意义理论的主要内容 ……………………………… 190
　　四、戴维森隐喻意义理论的对比研究及影响 ……………………… 197

参考文献 ………………………………………………………………………… 205

第一章

导论　选题目的与意义、研究现状与研究思路

一、选题目的与意义

唐纳德·戴维森是 20 世纪下半叶最重要的英美分析哲学家之一。[①] 他关于意义、真理、思想和行动的立场对当代哲学产生了深远影响。20 世纪 70 年代，语言哲学被认为是第一哲学，20 年后它的位置被心灵哲学所取代，从那时起，焦点转向本体论和认识论。[②] 戴维森的研究方向与时代主题相关联，勾勒出当代哲学部分图景：意义与真理理论、行动与心灵、知识与实在。尽管戴维森的哲学观点受到很多质疑，但他的影响力毋庸置疑。

戴维森提出一个语言、思想和行动相统一的理论。他的方法论对语言哲学、认识论和心灵哲学、行动哲学相互依存的方式提供了丰富的、启发性的见解。与形式语言相对应，戴维森认为自然语言是理解他人言语、意向行动的起点。因此，概念性分析成为戴维森哲学的一个基本要素。在最初的研究中，戴维森致力于澄清意义、真以及彻底解释以阐述他的立场。他的语言哲学的议题是围绕着三个问题展开的：①作为说话者，我们能说出和理解无限多的新语句吗？这也就是我们学习有限的、原初表达何以可能的问题。②是什么让我们的语言有意义，由此来获得和交流关于世界的知识。③如何在一个整合的理论中把语法和语义能力描述出来，用以表明理解了一种语言的意义。[③]

众所周知，戴维森是以塔尔斯基的真理理论为基础完成其语义分析任务的。戴维森并没有采用先前意义理论的研究范式，即诉诸抽象实体或心灵实体，而是通过一种类似塔尔斯基风格的真值条件来解释意义。他将理解一种语言中某

[①] LEPORE E, LUDWIG K. Introduction. in *the Essential Davidson* [C]. Oxford: Clarendon Press, 2006: 1.
[②] ENGEL P. Davidson and Contemporary Philosophy. in *a Companion to Davidson* [C]. ed by Ernie Lepore and Kirk Ludwig. New Jersey: John Wiley& Sons, 2013: 588.
[③] PREYER G, SIEBELT F, ULFIG A. Introduction: On Donald Davidson's Philosophy. In *Language, Mind and Epistemology: On Donald Davidson's Philosophy* [C]. ed by Gerhard Preyer, Frank Siebelt, and Alexander Ulfig. MA: Kluwer Academic Publishers, 1994: vii.

个语句的真和理解这个语句的字面意义（literal meaning）联系在一起，真值条件以一种非常基本的方式将语句与我们的周围环境和世界联系起来。戴维森将塔尔斯基关于真理定义的约定 T 模式作为自己语义学分析的逻辑公式，T 模式可以衍生出无限多的等值式。等值式两边的 s 和 p 是语句变量，可以代入具体命题。每一个等值式都表征对象语句的真值条件，从而显示语句的意义。这个方案有两个方面：就语义方面而言，它旨在从外延的角度分析各种自然语言结构；就哲学方面而言，它旨在从真理的角度分析意义。因此，"真"在戴维森语言哲学中是一个关键性的概念。如果我们能够以某种方式描述环境中的情况，在一个说话者对语句持真的情况下，至少原则上这种语言的意义理论可以被看作一种经验理论，然后可以用公共的证据来验证。戴维森深受后期维特根斯坦（Wittgenstein）语言观的影响，将日常语言作为其意义理论的基本立足点，因此他关注自然语言而非形式语言，他并不是在定义真理而是在"真"的基础上探究意义。戴维森把"真"作为一个独立的、原初的概念，以此为基础探讨意义。

戴维森认为意义是信念、欲望、偏好以及对语句持真的基本态度的函数。信念和意义之间关系的解释被嵌入戴维森语言哲学的框架之中。意义的概念是说话者作为理性主体的总体描述的一部分，他们对环境的信念基本上是真的，概念是通过帮助组织原初材料的方式获得内容的，因此意义理论的证据不能预设内容。说话者在特定场合所说的一句话的意义或多或少取决于那些使人相信语句为真的世界特征。在特定场合认定语句为真，实际上需要两个不可或缺的要素：在某些特定情况下，说话者相信什么（信念），以及语句对说话者意味着什么（意义）的把握。① 对于解释者来说，问题在于他不能在不了解说话者信念的情况下确定说话者语句意义，也不能在不了解说话者语句意义的情况下确定说话者信念。

在戴维森看来，信念在命题态度中占据主导地位。确认命题态度需要一个关于事件的真信念的完整网络。因此，心灵整体论在所有命题态度之间强加了一种逻辑连贯和一致的模式。② 如果信念只是一个相互关联的集合，符合理性的约束，那么对一个人心灵属性的归属与对物理属性的归属有很大的不同，这构

---

① DAVIDSON D. Belief and the Basis of Meaning. in *Inquires into Truth and Interpretation* [C]. Oxford: Clarendon Press, 1984: 144. 戴维森. 对真理与解释的探究[C]. 牟博, 江怡, 译. 北京: 中国人民大学出版社, 2007: 175. 括号内容由笔者加注.

② PREYER G, SIEBELT F, ULFIG A. Intruduction: On Donald Davidson's Philosophy. in *Language, Mind and Epistemology: On Donald Davidson's Philosophy* [C]. ed by Gerhard Preyer, Frank Siebelt, and Alexander Ulfig. MA: Kluwer Academic Publishers, 1994: xvii.

成了戴维森身心反常一元论的特征之一。他认为，个体信念并不是私人性的、个体性的，而是社会性的、公共性的，信念和信念内容从根本上来说不是整体上错误的或大规模错误的，信念的归属和意义的分配必须相互一致，并且与说话者的整体行动一致，还必须与我们对说话者环境的了解所提供的证据一致。这种解释立场的灵感来自奎因（Quine），同时也来源于一个决策论类比。戴维森后来的工作就明确指出，意义理论和拉姆塞（Ramsay）的决策理论之间有一定的相似性：在决策理论原则的基础上，我们根据行动者的选择和主观概率的框架，将信念和欲望指派给他们。"基于对语句持真态度和真值条件的分配，我们能够将意义和信念赋予说话者。"① 因此，戴维森从整体上揭示命题态度和信念的本质为意义理论的构建做出了贡献。

  戴维森的哲学研究集中在两个相互关联的问题上，一个是语言意义的本质，另一个就是人类行动的本质，两者结合紧密。② 一方面，人类是语言的主体，因此理解了人的语言以及人的理性和行动方式，就能理解人的能动性。另一方面，行动者能理解说话者，也被说话者理解。戴维森试图通过理解是什么使我们能够相互交流来理解心灵和世界的联系。因此，对行动本质的理解有助于我们对言语能力的理解。戴维森在《行动、理由和原因》一文中指出，对行动的解释一定要还原到行动的原初理由，也就是对信念和欲望的解释。原初理由构成了行动的实践三段论，解释行动者视角的信念和欲望。戴维森认为，每一个行动都有一个原初理由，这个原初理由体现了行动者的理性，也就是从行动者的角度来说，是合理的。他把事件和行动联系在一起，特别强调身体移动（bodily movements）。行动可以是意向性的或者是非意向性的，戴维森将行动解释（actions explanations）作为辨明一个行动的理由。"意向蕴含能动性"，但"能动性并不蕴含意向"③。在行动中，有很多组信念—欲望对（belief-desire pairs）都能作为行动的理由。戴维森将信念、欲望作为命题态度，连接行动者和语句。命题态度还是一种倾向或状态。我们可以通过将行动者与语句或话语联系起来解释行动。将人们的话语理解为一种语义活动，将说话者的话语与世界联系起来。

---

① DAVIDSON D. Belief and the Basis of Meaning. in *Inquiries into Truth and Interpretation* [C]. Oxford: Clarendon Press, 1984: 143. 戴维森. 对真理与解释的探究[C]. 牟博，江怡，译. 北京：中国人民大学出版社，2007: 174.
② LEPORE E, LUDWIG K. Reface. in *Donald Davidson. Meaning, Truth, Language, and Reality* [M]. Oxford: Oxford University Press, 2005: viii.
③ DAVIDSON D. Agency. in *Essays on Actions and Events* [C]. Oxford: Clarendon Press, 2001: 45.

戴维森认为，我们将说话者的话语与世界联系起来的基本工具是说话者语言的真理理论。在戴维森所说的"彻底解释"的情况下，真理理论为所说的语句提供真值条件。因此，戴维森在对意义的追问中并没有局限于语义学的静态分析，而是将其拓展到了更为广阔的领域——心灵哲学和行动哲学。

戴维森的哲学风格展示了一种二元性。一方面，它是分析哲学的风格，它使用定义、例子和反例，借用逻辑和概率论的方法以阐明基本的哲学概念——真理、信念、知识、行动或理性等基本的哲学概念；另一方面，戴维森对哲学是否能找到对主要概念的完整和令人满意的定义，或对它们进行任何自然主义或科学处理表示怀疑。① 戴维森在拉姆塞和奎因有关心灵与行动密切相关立场的基础上，认为信念与行动的倾向和对语句的持真态度有着复杂的联系。戴维森在形式表征的基础上探究第一意义（first meaning）的语义学到后期侧重当下理论解释说话者意义的语用学论证，体现了意义（speaker's meaning）理论研究中语义学理论范畴与语用学理论范畴的融合，语言意义从追求命题意义到实践意义的拓展。这样的方式与许多当代分析哲学家的观点形成了强烈的对比。戴维森对意义的追问不仅仅局限于概念分析、逻辑分析，更是把欧陆哲学中的解释纳入自己的理论视野，将意向性问题与意义相结合来丰富自己的意义理论。因此，戴维森的意义理论超越了意义的指称论、概念论、意义用法论等已有的研究维度，促进了意义理论研究新发展；用真值条件探讨意义，有助于研究真理与意义的逻辑关系，拓展语言哲学研究领域；受欧陆哲学人本主义的影响，戴维森意义理论中引入意向性及对解释学的借鉴，促进了语言哲学研究的多元发展。

本研究旨在通过把戴维森意义理论贯穿于对语言、信念与行动的整体考察，尝试在更宽阔的视域下考察意义理论。从真值条件语义学到三角测量理论的建构，从意义到解释的拓展描述，以期在自然语言语义学探讨的基础上增加更多的语用因素，从而建立更多维度、更加丰富、更具有解释力的意义理论。希望在意义理论的框架下，通过探讨信念的本质、信念的内容，以及信念与意义的关系深化现有意义理论的研究成果。根据戴维森意义、思想与行动相统一的立场，探析行动与意义的关系，以此来促进意义理论探索的新路径。在研究范围上，戴维森对意义的追问并没有局限于语义学领域，而是拓展到心灵哲学、行动哲学的领域；在研究内容上，借助塔尔斯基真理理论将意义转化为对真值的

---

① ENGEL P. Davidson and Contemporary Philosophy. In *a Companion to Davidson* [C]. ed by Ernie Lepore and Kirk Ludwig. New Jersey: John Wiley & Sons, Inc, 2013: 599.

探讨，在彻底解释模式中，将说话者、解释者和世界联系在一起，使对信念和行动的探究获得意义。本研究希望通过对意义理论体系的描述，推动语言意义研究的动态发展；通过呈现戴维森意义理论将英美分析性语言哲学与欧洲大陆人本主义语言哲学相融合，以及通过对实用主义方法的运用，揭示戴维森哲学以开放、多元的方式推进意义研究向前发展。

二、国内外研究现状

戴维森是20世纪下半叶最重要的哲学家之一。在美国哲学家中，他的影响力可以媲美奎因。从20世纪60年代开始，戴维森在语言哲学和认识论领域取得了重要成就。他在哲学研究上的突出特点在于其思想的方法论特征以及思想的统一性和系统性。戴维森受到了诸多哲学家的影响，包括奎因、塔尔斯基、拉姆塞和后期维特根斯坦等。他的论文集呈现出分散发展的趋势，但最后又整合在一起，为解释知识、行动、语言和思想的问题提供了一个综合的方法。戴维森思想的广度和统一性以及其论文的简洁性特征，给我们最初了解这位哲学家带来一些困难。在众多解读戴维森的作品中，厄内斯特·勒波尔（Ernest Lepore）和柯克·路德维希（Kirk Ludwig）对戴维森的哲学提出了批判性的解释，重点集中在他早期的工作上，特别是他对意义理论和行动哲学的贡献。同时，理查德·罗蒂（Richard Rorty）、罗伯特·布兰顿（Robert Brandom）、兰博格（Bjorn Ramberg）、琳达·阿尔科夫（Linda Alcoff）、西蒙·埃文莱（Simon Evnine）和哈恩·埃德文（Hahn Lewis Edwin）等学者对戴维森的思想都有一定的见地。

（一）国外研究现状

戴维森的研究成果在西方学术界引发了对自然语言、意义、真理以及形而上学的讨论。西方学者出版专著、论文集，发表学位论文、学术论文讨论其语言哲学、心灵哲学、行动哲学等领域的贡献，出现了很多相关的讨论，其中既有对戴维森思想的阐释与论证，也有延伸与阐发，还有批评与争论。

1. 西方学术界对戴维森思想的研究更多集中在语言分析领域，特别是对某个问题的具体、独立研究，如真理、彻底解释、概念相对主义等问题，但是就意义问题为主线的整体研究比较少见。

（1）真理与意义的关系是戴维森哲学理论的出发点。在1967年的《真理与意义》一文中，戴维森从真理的视域来看待意义的问题。对此，国际上研究戴维森的权威人物厄内斯特·勒波尔和柯克·路德维希合著了两本具有国际影响力的著作，着重探讨了戴维森意义相关的主题。《唐纳德·戴维森论意义、真理与实在》①（*Donald Davidson: Meaning, Truth, Language and Reality*）和《唐纳德·戴维森论真理理论语义学》②（*Donald Davidson's Truth-Theoretic Semantics*）这两本专著将戴维森的哲学工作归纳为两个相互关联的领域，一个是理解理性行动的本质问题，另一个是语言是什么的问题。③作者认为，戴维森的这两个领域是相互关联的，并且是戴维森哲学的突出特征之一，正是基于对两个领域关系的洞察，戴维森将塔尔斯基式的真理理论作为自然语言意义理论的核心，从而引发了语义学的革命。④他们认为，真理理论的目的是通过满足约束条件来建立意义理论。"在有限的公理集合中为语言的每个语句分配真值条件，以寻求为自然语言提供一种组合的意义理论，即在理解语义初始项（semantically primitive ones）及其组合的基础上，说明我们如何理解语义复杂表达式。"⑤这使得真理概念在理解语言和意义中十分重要。他们认为戴维森意义理论基于组合性的自然语言，我们必须理解我们所说语言中非同义句的无限性，理解有限数量的语义初始项及其组合规则的基础，使我们能够理解由它们构成的复杂的语法表达。作者通过对如量词、术语、引语、状语、时态、非陈述句的探讨，提供了真理理论语义学哲学基础，肯定了真理理论在意义理论中的作用，并通过调整该理论以适应语境敏感因素，更进一步探讨了其发展前景。论著中阐明了如何以标准方式将原则运用到量词中，运用了一阶逻辑或二阶量词相关方法。勒波尔和路德维希研究了戴维森将祈使句和疑问句纳入意义理论的建议，将其视为意义上不同的言语行为。但他们认为这样的方式是失败的，因为祈使句和疑问句并不涉及言语行为的真假判断。因此，真理理论衍生出的意义理论的应用范围仅限于陈述句。

琳达·阿尔科夫通过考察戴维森彻底解释的可能性，探讨其融贯论立场。她强调，宽容原则是成功解释和理解的先决条件，并且讨论关于使用这一原则

---

① DAVIDSON D. Meaning, Truth, Language and Reality [M]. Oxford: Oxford University Press, 2005.
② DAVIDSON D. Donald Davidson's Truth-Theoretic Semantics [M]. Oxford: Oxford University Press, 2007.
③ LEPORE E, LUDWIG K. *Donald Davidson: Meaning, Truth, Language and Reality* [M]. Oxford: Oxford University Press, 2005: viii.
④ LEPORE E, LUDWIG K. *Donald Davidson: Meaning, Truth, Language and Reality* [M]. Oxford: Oxford University Press, 2005: viii.
⑤ LEPORE E, LUDWIG K. *Donald Davidson: Meaning, Truth, Language and Reality* [M]. Oxford: Oxford University Press, 2005: 1.

的一些争议。法克齐（Fuckchi）认为戴维森的整体论、真理理论是意义理论的核心要义。他试图捍卫戴维森的意义理论，尤其是捍卫他的整体语言观，以及把真理概念用作意义的基础。整体论意味着反对迈克尔·达米特（Michael Dummett）认为有些语句独立于语言其他部分而为真的观点。贾斯汀·罗伯特·克拉克（Justin Robert Clarke）为戴维森的真理理论做出辩护，即真理是一个原初概念。没有其他更基本的概念可以定义或说明这个原初概念。克拉克通过追溯早期的摩尔（George Edward Moore）、罗素（Bertrand Russell）和弗雷格（Friedrich Ludwig Gottlob Frege）的研究历史，阐明了20世纪相关原初命题的研究，并进一步解释了他们提出该论题的原因及最终放弃原初命题的原因。他展示了在弗雷格、丘奇（Alonzo Church）、戴维森和哥德尔的文献中，弹弓论证对于抵制真理符合理论的某些论断的重要性。克拉克提出戴维森的真理和解释理论与原初命题一致。

（2）彻底解释作为一种思想实验。从彻底解释的立场理解语言是戴维森方法论的另一个中心议题。勒波尔认为戴维森哲学的核心和纽带就是彻底解释。① 彻底解释者以证据为基础解释说话者，而不预先假定他对说话者思想有任何详细的了解，也不知道说话者的话语的意义。② 通过观察如何获得说话者与环境相互作用的证据，以支持建立在真理理论基础上的解释理论，我们可以看到该理论的概念如何与其证据基础中的概念以及我们使用的概念相关联，试图把说话者描述成一个理性的行动者（agent）。勒波尔和路德维希认为戴维森的彻底解释实际上建构了一种解释理论：这种解释理论是说话者基于与可观察的环境互动，不需要了解话语的意义或命题态度（propositional attitudes）。他们认为，彻底解释的目标并不是对意义的概念分析，也不是对特定语词的零散分析，而是通过考虑说话者如何在不诉诸那些概念的情况下，只是在描述证据的基础上确认这样一个理论，从而在整体上阐明理解其他说话者使用的一组概念。③ 戴维森认为因为语言的公共性特征，意义是可以由观察而获得行动决策的。彻底解释者必须利用任何所能获得的公共资源，构建对他人思想和话语的理解以及与实在的联系。通过对彻底解释的限制和成功所需假设的探究，我们可以看到一幅人类

---

① LEPORE E, LUDWIG K. *Donald Davidson: Meaning, Truth, Language and Reality* [M]. Oxford: Oxford University Press, 2005: viii.
② LEPORE E, LUDWIG K. *Donald Davidson: Meaning, Truth, Language and Reality* [M]. Oxford: Oxford University Press, 2005: viii.
③ LEPORE E, LUDWIG K. *Donald Davidson: Meaning, Truth, Language and Reality* [M]. Oxford: Oxford University Press, 2005: 4.

作为理性动物的统一图景,人类对世界、自身思想以及他者的意义和思想的认识,与思维和言语的力量一样,都是其本质的重要组成部分。彻底解释的最终目的就是将意义和命题态度的概念与更为基本的概念联系在一起,通过展示如何利用更为基本的概念描述证据用以支持说话者的解释理论。① 有学者阐述了戴维森彻底解释的目的在于厘清这个体系及其在整体哲学立场中的角色,并对它进行批判性的评价。芭芭拉·福尔特纳(Barbara Fultner)从意义、行为与约定入手,探讨戴维森真理理论语义学,涉及真理理论、彻底解释、语言与约定、个体、公众与社会,同时将其与哈贝马斯(Jürgen Habermas)的形式语用学做比较,从戴维森的整体论与哈贝马斯交往行为及主观性问题出发,揭示语言意义的意向性问题,在探讨宽容原则与生活世界的基础上揭示了语言的社会属性。

(3)语言的本质。兰博格在著作中介绍了戴维森在20世纪60—80年代主要的语言哲学思想,对戴维森语言哲学的语义学理论、指称理论问题、宽容原则、彻底解释等问题进行了论述。兰博格从戴维森的"没有语言这类东西"的论点出发,来探讨戴维森意义上语言的本质,以《交流与约定》为基础总结出戴维森认为语言是一种社会实践。但基于戴维森试图表明语言的本质不涉及约定的论点,作者质疑在什么意义上语言是实践性的。对戴维森语言哲学内容的探究主要是追问语言到底是什么以及解释我们如何交流。② 他试图重建戴维森经验的、整体的、动态的语言图景,用戴维森方法探讨语言。③ 经验性体现在真理最终是语言意义理论的唯一必要的限制,因为确定其定理的真是一个根据可观察的证据对其进行检验;它是整体的,因为语句的意义是其在语言整体语义结构中位置的函项;它是动态的,因为语言理解只有通过不断的理论建构和重建过程才能产生。作者将戴维森的彻底解释与伽达默尔(Hans-Georg Gadamer)的解释学进行对比,认为戴维森的彻底解释既是一种批判性的,又是一种反身性(reflexive)的解释。彻底解释者通过修正自己的信念和假设最大限度地获得意义。而伽达默尔提出的解释学也是一种彻底解释的描述,通过视域融合的方式达成理解。因此,这本著作将戴维森有关意义的解读和伽达默尔的解释学相关联,为学界在意义研究中引入解释学要素进行了尝试。

---

① LEPORE E, LUDWIG K. *Donald Davidson: Meaning, Truth, Language and Reality* [M]. Oxford: Oxford University Press, 2005: 3.
② RAMBERG B. *Donald Davidson' Philosophy of Language* [M]. New Jersey: Wiley-Blackwell Press, 1989: 5.
③ RAMBERG B. *Donald Davidson' Philosophy of Language* [M]. New Jersey: Wiley-Blackwell Press, 1989: 138.

西蒙·埃文莱从心灵和行动的问题出发对戴维森的哲学思想进行了介绍。著作中谈及戴维森认为语言意义与语言使用者的心灵状态是密不可分的，连接这两个方面的是行动，通过行动我们可以表达信念和欲望。[1] 作者认为戴维森的哲学是一种哲学人类学，因为他研究的问题涉及人类学的所有要素，即语言、心灵与行动。作者认为戴维森的研究工作尽管是一种逻辑的形式语义学，还有对事件和因果本质的形而上学研究，但有利于人类学的发展。戴维森认为心灵、行动和语言都受到一系列原则的制约，如宽容原则、整体论原则及合理性原则。他认为能够说一种语言的生物，一定具有信念，行动也一定具有理性。戴维森哲学强调理性的重要性及其在逻辑、科学、思想和生活中的作用，开辟了一种哲学视野，为哲学提供了一种方向。作者探讨了戴维森将行动作为事件的立场，因此也可以用因果关系来确证。将身心关系描述为异常一元论，通过理性对行动进行因果解释。他关注到戴维森关于命题内容和理性之间的联系，认为应"将理性、一致性、融贯性和逻辑性置于自己哲学的中心，认为这些特征是使用语言的生物的核心能力"[2]。

约书亚·夏皮罗（Joshua Shapiro）以戴维森的立场为出发点，考察了间接话语的逻辑形式、字面意义概念和语言能力的本质。作者为戴维森的真理理论语义学以及反对基于意向性的个人语言的论点辩护，认为语义的个体性不能适应语言结构和规律性的需要。探讨了约定在语言交际中的作用，论证了约定的解释价值。最后，作者认识到词语使用的共同规范与意义指派的相关性，以及形式真理理论能够适应语境对谚语内容的影响。同时论述了语言能力的本质，以及结构化真理理论在描述语言能力中的作用。

马里奥·狄卡罗（Mario De Caro）在肯定戴维森哲学在分析哲学中体系哲学家地位的同时，指出戴维森哲学体系中的解释和因果的核心作用。他认为戴维森哲学是一种解释的哲学，其解释立场的成就在分析哲学领域的影响可以媲美伽达默尔和保罗·利科（Paul Ricoeur）在当代欧陆哲学领域的贡献。戴维森不断反思彻底解释者在无法预设说话者的语言及心灵状态的前提下，如何获得意义、如何理解的问题。"他得出结论，互相解释是语言和思想不可或缺的必要条件，也是获得真理、客观性和实在性概念的必要条件。"[3] 戴维森认为，确定意义不能独立于一个人的信念以及引起这个信念的原因。因此，这个原因在确

---

[1] EVNINE S. *Donald Davidson* [M]. California：Stanford University Press，1991：4.
[2] EVNINE S. *Donald Davidson* [M]. California：Stanford University Press，1991：179.
[3] DE CARO M. Davidson in Focus. in *Interpretations and Causes：New perspectives on Donald Davidson's Philosophy* [C]. Boston：Kluwer Academic Press，1999：2.

定我们说出的或是我们相信的内容上至关重要。因果律在戴维森的语言和思想中起着基础性的作用。他的解读不同于传统因果关系立场，认为物理事件与心灵事件是一种反常一元论的立场。

2. 西方学术界认为戴维森是一位有特色、有创造性的哲学家。学者们对戴维森思想的研究涉及了心灵哲学、行动哲学领域，其中大多集中在对某个领域的具体问题的研究。学者们将戴维森自然语言组合意义理论与更广泛的问题联系起来，"包括以客观、中立的方式观察描述说话者的行动意向性或者是有关意义的证据，以及有关行动者的信念、欲望、意向及其他命题态度的相关内容"[1]。

哈恩·埃德文编辑的论文集包含一批哲学家对戴维森哲学的批判性思考的回应。哈恩·埃德文从研究者对戴维森研究的质疑开始，划分了怀疑论与知识主题、解释与内容主题、合理性与行动主题、反常一元论主题，还有语义学主题。不同学者对这些主题的具体问题进行不同角度的探讨，有助于读者更加全面地了解戴维森哲学。马可·约瑟夫（Marc Joseph）重点研究了戴维森的语言哲学思想，包括意义组合和外延语义，以及将塔尔斯基式的真理理论作为自己意义理论的模型，同时强调了拉姆塞的决策论的作用。他认为戴维森的研究工作或多或少解决了自柏拉图以来留给我们的问题，涉及意义的本质及其与真理的联系、信念与知识的关系、人类行为的性质以及人类思维在世界秩序中的地位。[2] 作者认为戴维森对意义的描述颠覆了传统研究，认为他引入的事件的概念是其思想和行动理论的核心，将戴维森的行动理论与亚里士多德（Aristotle）实践三段论进行对比。通过比较戴维森心灵的表述和笛卡尔（Rene Descartes）二元论，讨论了戴维森的心灵哲学，最终认为戴维森的心灵哲学确实就像约翰·麦克道威尔（John McDowell）评价的那样，探讨的是我们作为有思想的人如何能够归属于物理世界的同时又能保持我们的自主性。戴维森的心灵存在于它所占据的身心世界。

玛帕斯·杰夫（Malpas Jeff）评价了戴维森对当代哲学的巨大影响。首先是语言、世界和心灵维度，其中包括罗蒂对戴维森与笛卡尔有关心灵问题的对比，还包括戴维森与其他哲学家的对比，如雅克·德里达（Jacques Derrida）、康德（Kant）、海德格尔（Heidegger）等。其次是翻译理论和解释理论维度：戴维森

---

[1] LEPORE E, LUDWIG K. *Donald Davidson: Meaning, Truth, Language and Reality* [M]. Oxford: Oxford University Press, 2005: 3.

[2] JOSEPH M. *Donald Davidson: Philosophy Now* [M]. Durham: Acumen Publishing Limited, 2004: 2.

三角测量理论、彻底解释框架、不可通约性、经验主义的第三个教条与伽达默尔的思想对比。最后是行动、理性与知识维度：重点探讨了戴维森的规范性问题、人类科学的自治性、评价态度、彻底解释与女性主义和科学的关系以及自我知识的来源问题。凯瑟琳·格鲁尔（Kathrin Gluer）介绍了戴维森语言哲学的核心内容：彻底解释、宽容原则以及戴维森的行动理论，探讨了语言、心灵与世界的关系。这本著作对戴维森做了一个最基本的介绍："戴维森是一位非常严谨、富有独创性的分析哲学家，他给我们提供了可以说是几个世纪以来关于人类思想及其与世界的关系的最系统、最融贯的视野。这一愿景深厚的人文精神使戴维森的名声远远超出了分析哲学和盎格鲁-撒克逊世界的范围。他将分析视角与注重逻辑论证、科学立场及人文主义思想的各个方面结合起来的独特能力，使戴维森哲学具有鲜明的特征。"[1]

格哈德·普赖尔（Gerhard Preyer）认为戴维森的哲学成就对过去半个世纪的分析哲学都产生了重要影响[2]，其重要贡献体现在意义理论、心灵哲学、行动哲学、认识论和形而上学上，他主编的论文集《唐纳德·戴维森论真理、意义和心灵》（*Donald Davidson on Truth, Meaning, and the Mental*）关注意义理论、心灵哲学、认识论这三个领域，重点介绍了戴维森在真理理论语义学、彻底解释以及心灵状态方面的贡献。很多哲学家重新评价戴维森的哲学，对其真理、意义和心灵哲学中的各种问题进行引人入胜和富有启发性的讨论。其中重点评论了勒波尔和路德维希对戴维森的解释，这呈现了对他的语言、意义和心灵哲学系统化的重建。评价了戴维森在哲学界的重要地位。麦克唐纳（Macdonald）、辛西娅（Cynthia）探讨了戴维森有关行动哲学、形而上学、语言哲学、心灵哲学、认识论的评论以及戴维森对当代哲学的影响：包括对行动解释、实践理性、行动个体、行动自由、意向性的探讨；事件变量及影响、因果、戴维森形而上学中的真理方法、真理概念；意义理论中的真理、逻辑形式、彻底解释和宽容原则、戴维森量化理论类比、指称、语言与思想、概念图示、解释与价值、隐喻（metaphor）与意义的种类；整体论的哲学重要性、异常一元论、三角测量、作为建构概念的合理性、非理性；戴维森与彻底怀疑主义、第一人称权威、戴维森哲学中的他者心灵知识；戴维森与奎因、戴维森与当代哲学。

此外，对于外国研究戴维森哲学的优秀成果，国内已翻译出版了一些著作。

---

[1] GLUER K. *Donald Davidson: A Short Introduction* [M]. Oxford: Oxford University Press, 2011: 4.

[2] PREYER G. *Donald Davidson on Truth, Meaning, and the Mental* [D]. Oxford: Oxford University, 2012: 1.

《唐纳德·戴维森》对戴维森统一性的研究做出评价,对意义理解的本质、命题态度以及理解关于自己的心灵、他人的心灵和我们周围世界的认识,有关我们如何解释他人言语的反思方面发挥着核心作用,用彻底解释者的立场来理解意义与心灵。这本著作还介绍了戴维森在行动哲学方面的成就,特别是对能动性和合理性本质的理解,实际上也是对语言本质的理解。路德维希认为戴维森已经成为现代分析哲学中最有影响力的人物之一,认为他的论题是近50年来出现在分析哲学中最为精致和给人印象最深刻的系统之一。[1]《唐纳德·戴维森论真理、意义和精神》[2],对戴维森的哲学观点进行了进一步论证、延伸性阐发和理论影响的说明,分为两大部分。第一大部分是真理理论、意义及逻辑形式,主要探讨了戴维森对语言哲学的贡献、真理理论、能力与语义计算、戴维森对意义的解释、对象语言中的真理谓词。第二部分是彻底解释、直觉和心理,主要介绍了戴维森的第一人称权威性和意义证据等。以上著作与该研究有直接关联,属于研究的重要参考文献。特别是后两本,它们都对意义理论的语用、实践倾向有直接、确定的描述。

国外戴维森研究最突出的特点是研究的问题更加深化与细致,比如对戴维森第一人称权威的探讨、彻底解释的理解、整体论与意义的使用等问题。尽管研究特别深入,但是在挖掘具体问题的同时,忽视了将戴维森意义理论的研究放置在整个哲学史背景中,特别是解释学、现象学甚至是新实用主义发展的大背景中探讨意义理论。这为本研究提供了空间与维度。

(二) 国内研究现状

国内哲学界遭遇戴维森始于20世纪80年代。[3] 对戴维森的了解始于其最早的行动理论,对意义和真理的讨论随之成为国内研究的焦点。国内哲学界推介戴维森最为重要的成果是牟博编译的《真理、意义、行动与事件》(1993),这是戴维森本人亲自审定的文选。[4] 国内学者对戴维森意义问题的研究主要体现在以下几个维度。

1. 从语言哲学维度探究戴维森在意义问题上的成就,集中阐述了戴维森有关意义、解释的具体内容;国内学者在近期的研究中也开始关注戴维森的行动哲学研究。具有代表性的著作有《意义、解释和真——戴维森语言哲学研究》

---

[1] 柯克·路德维希. 唐纳德·戴维森[M]. 郭世平, 译. 上海: 复旦大学出版社, 2011: 序言.
[2] 格哈特·普赖尔. 唐纳德·戴维森论真理、意义和精神[D]. 北京: 科学出版社, 2016.
[3] 江怡. 遭遇理性: 遭遇戴维森[J]. 世界哲学, 2003 (6): 11.
[4] 江怡. 遭遇理性: 遭遇戴维森[J]. 世界哲学, 2003 (6): 11.

(张妮妮，中国社会科学出版社，2008)，《戴维森意义理论研究》（梁义民，社会科学文献出版社，2006)，《理解的条件——戴维森的解释理论》（叶闯，商务印书馆，2006)，《戴维森行动哲学研究专题研究》（刘国锋，中山大学出版社，2019)。

张妮妮阐释了戴维森意义理论关于意义、解释、真以及信念的理论问题。她认为戴维森意义理论是一种强调彻底解释与主体间性的后分析哲学的代表成就，戴维森反对二元对立、基础主义和表征主义。以戴维森的语言哲学为主线，阐述了意义与真、意义与解释以及与信念的关系。在文章的主体部分，张妮妮挖掘了意义与解释这个研究平台的搭建，她认为意义理论就是解释理论，同时她探讨了戴维森从彻底翻译到彻底解释的条件。其次，论及意义与真的关系。再次，她探讨了意义、信念和真在解释行为中的共生关系。最后，她认为这种彻底解释应该是语言理解的出发点，并认为这种观点应该属于后分析哲学中的一个组成部分。梁义民从思想立足点、形式表征基础和经验解释基础简要分析了戴维森意义理论的思想来源，从形式表征、经验解释和前理论基础系统阐述了该理论的基本思想，从基本原则、理论特色、重要影响等视角对该理论做出了尝试性的整体评说。梁义民对戴维森大量论文中的相关哲学思想加以梳理和整合，以合理的结构展示其严谨的逻辑关系，对戴维森真理理论、实在论等重大问题做了较为深入的探讨，强调戴维森前期的意义理论，也就是我们说的真值条件语义学。尽管这本著作的题目为戴维森的意义理论，但并没有涵盖意义理论的全部内容，只是对戴维森前期的意义理论做了阐释。

叶闯探索了戴维森从意义到解释问题和翻译问题的理论特征和思路。这是戴维森意义理论的一个重要内容，是其整体论的意义观的一个延展。他从塔尔斯基的真理理论出发，揭示出戴维森的语言哲学目标，主要揭示了彻底解释产生的条件即塔尔斯基的真概念，解释的方法论，还有人的合理性问题，探讨了人与世界的特定关系及作为约定的语言。该著作是以彻底解释为切入点，探讨了戴维森意义理论中解释的条件及语言在作为共享的约定时存在的两种理论——先在理论（the prior theory）及当下理论（the passing theory）。刘国锋试图在语言哲学的背景下研究戴维森的行动哲学，戴维森所持的彻底解释立场要求考虑到说话者的话语语境特别是命题态度等因素。在解释某人的时候，主要涉及三方面要素：心灵状态、意义及行动。这本书主要以行动因果论为核心，对戴维森的行动哲学进行了重构。

以上专著，对戴维森意义理论的探讨的共同特征有两个：首先是都把塔尔斯基的真理理论作为戴维森意义理论的根基或出发点；其次，都是以戴维森意义理论中某一方面作为切入点探讨了戴维森前期的意义理论,也就是我们所说的真理理论语义学。这就为本研究留下了充分的空间:戴维森的意义理论,从前期的真理理论语义学到实践的意义理论语用转变是一个整体。

  有关戴维森意义理论与解释、真理、事件的论文:《语言逻辑视域中的戴维森意义理论研究》(吴新民,《社会科学研究》,2008 第 3 期);《真、意义与解释——戴维森意义理论探究》(周志荣,《学术交流》,2010 第 2 期);《论戴维森意义理论的基本原则》(梁义民,《自然辩证法通讯》,2010 第 4 期);等等。这些论文都是从戴维森意义理论以及自然语言纲领的角度,阐释戴维森语言哲学,解释并呈现了戴维森的基本论题和基本观点,其中包含了戴维森系统论证的方法。《"彻底解释"可能吗——基于戴维森解释理论要素的分析》(梁义民,《浙江社会科学》,2003 第 11 期)一文阐述了彻底解释理论是戴维森试图为其语义论提供的一种经验解释或验证方案,由于宽容原则不可靠以及诉诸的现存资源不奏效,由此表明戴维森方案难以实现。《戴维森的意义理论与语义现象的解释》(方万全,《欧美研究》,2014 第 17 卷第 2 期)探讨了戴维森意义理论的具体内容,辨析了塔尔斯基的真理理论以及经过戴维森修改的 T 理论,通过对以上内容的明晰,提出戴维森对意义现象的解释。《Davidson 的意义理论与解释理论》(方万全,《东海哲学研究集刊》第 16 辑,2011 年 7 月)这篇文章同样先谈及了塔尔斯基的真理理论与戴维森的意义理论,然后介绍了戴维森的解释理论,同时比较了伽达默尔与其在解释理论方面观点的差异。《事件本体论与心理原因:戴维森行动哲学的新视域》(吴胜锋,《江西社会科学》,2017 年 3 月)讨论了戴维森有关物理事件和心理事件的区分,坚持身心反常一元论的立场尝试调和决定论与自由意志、物理主义与二元论之间的对立,实际上却陷入了目的因果论的困境中。《论戴维森后期意义理论与"Knowing How"》(谢佛荣,《逻辑学研究》,2017 年第 4 期)这篇论文将戴维森意义理论不同时期的变化、修改、发展进行呈现,重点探讨了戴维森后期有关交流的三角测量模式,作者认为这种模式与赖尔(Gilbert Ryle)的"knowing how"本质上是相同的。《无约定的语言——为戴维森辩护》(戴益斌,《世界哲学》,2018 年第 6 期)中重点讨论了戴维森关于"语言不需要约定"的论点,赖默尔(Marga Reimer)、达米特(Michael Dummett)等哲学家反对这种观点。作者通过对戴维森有关语词误用及交流的情况的分析,为戴维森的论点进行辩护。《论戴维森的整体论真理理论》(张燕京,穆青《河北学刊》,2018 年第 2 期)还是从真理观出发,探讨语言与世界的关系。戴维森的真值条件是指说话者在特定时间所持有的语句为真,是一种融贯真理观的反映。《先验直观论:戴维森真理理论的恰当命名》

(夏国军，《天津社会科学》，2019 年第 5 期）重点讨论了戴维森所建构的真理理论由最开始的符合论到融贯论的转变的主题，夏国军在分析 T 语句左右两侧的逻辑关系后，认为已经超越了经验与对象，属于先验直观论范畴。《事件思想的分析维度——以蒯因与戴维森之争为考察起点》（刘阳，《福建论坛》，2020 年第 7 期）主要探讨了蒯因和戴维森以语言为起点，分析对比个体性、本体论与心理事件。戴维森运用行动的意向、意向性、意志薄弱或自由等分析反对蒯因的观点。

2. 评述戴维森哲学思想的论文：《戴维森、哲学与中国哲学——追思戴维森》（牟博，《世界哲学》，2003 年第 6 期）；《向往戴维森》（王路，《世界哲学》，2003 年第 6 期）；《20 世纪英美实在论哲学的主要特征及其历史地位》（江怡，《文史哲》，2004 年第 3 期）；《达米特对戴维森意义理论的批判》（张燕京，《湖南科技大学学报（社会科学版）》，2007 年第 1 期）；《戴维森意义理论主要思想导源》（梁义民，《浙江社会科学》，2012 年 第 7 期）。这些文章是对于戴维森的语言哲学思想进行整体评述的文献，其中有西方哲学家对戴维森观点的评论，有助于宏观把握戴维森的思想。

3. 综合介绍戴维森哲学观点的著作：《走向新世纪的西方哲学》（江怡，中国社会科学出版社，1998）；《语言哲学》（陈嘉映，北京大学出版社，2003）；《现代英美分析哲学》（江怡，江苏人民出版社，2005）；《分析哲学及其在美国的发展》（涂纪亮，武汉大学出版社，2007）；《分析哲学教程》（江怡，北京大学出版社，2009）；《分析哲学导论》（黄敏，中山大学出版社，2009）。这些文献的共同特征是，把对戴维森这位哲学家的介绍放置在整个西方哲学的大背景下，或者是分析哲学的背景下概述了其在哲学史上及对分析哲学所做的贡献，其论述的重点也就集中到戴维森意义理论的介绍上，这体现出戴维森的意义理论在西方哲学史、语言哲学及分析哲学上的重要性。

4. 博士论文：中国知网收录的与戴维森相关的博士论文有 8 篇。《基于先验论证的戴维森纲领研究》（王静，中山大学，2005），从先验论证的视角对戴维森纲领进行了重新审查、验证和解释；《戴维森的合理性理论研究》（陈常燊，中国社会科学研究院，2010），对戴维森哲学思想的合理性问题进行了阐释；《戴维森意义理论之镜中的语言与实在》（王栋，吉林大学，2012），从戴维森的意义理论视角分析戴维森的语言观和实在论的基本立场；《戴维森意义理论研究》（孙江可，吉林大学，2016），对戴维森意义理论、解释理论的具体内容进行阐述。《意义、意图与反约定论——戴维森与分析文论》（张巧，华东师范大学，2017）探讨了戴维森的哲学思想对当下文学和艺术研究的启发，同时对他语言哲学最为重要的核心议题——真理、意义与解释进行了新的解读；《戴维森理论对其意义理论和形而上学的影响》（穆青，河北大学，2018），对戴维森真理理论的具体内容及意义理论和形而上学进行了探讨；《超越相对主义》（罗隽，吉林大学，2004）中的第三章，对戴维森纲领进行了介绍，并从新实用主义和相对主义角度阐释了罗蒂与戴维森的理论纠葛；《实用主义哲学的演进及其价值》（韩旭，辽宁大学，2017）第四章阐述了戴维森意义理论的语用学转向。

台湾大学有两篇有关戴维森意义理论的博士论文，《第一人称权威与特权进路》（First-Person Authority and Privileged Access，李国扬，台湾大学，2006），《形而上学中真理的作用》（The Role of Truth in Metaphysics，张雅婷，台湾大学，2009）。作者论证了一个好的真理理论必须能够彰显"真"概念的上行语义，通过戴维森的真理理论，可以清楚地把握真在行而上学中所扮演的角色。论文中综述了几种重要的真理理论，其中涉及塔尔斯基的语义概念，他主张令人满意的意义理论应符合两个标准——材料的适当性及形式的正确性。其理论的核心意义获得了大多数哲学家的认可，包括奎因（Quine）、戴维森及霍维奇（Paul Horwich）。在第四章中，作者探讨了戴维森的真理理论，戴维森认为真理是一个无法定义的概念，我们可以建构一个合适的形而上学方法来解释外在世界，作者论证戴维森的进路是到目前为止众多真理理论中较为完善的。在这一章中，作者涉及了戴维森的真理理论及彻底解释，还有真理理论在形而上学中的作用。在以上的博士论文中，多数的核心都是对真理理论的探讨，把其放在一个出发点的位置，探讨其对行而上学、彻底解释等的影响，这与笔者将要进行的研究有共同点也有差别：共同点在于笔者也是将戴维森的真理理论作为基础或出发点，探讨语言理解的根基；差别在于本研究将探讨意义理论与其他领域如心灵、行动哲学的关系，讨论意义理解或应用的实践维度，这已经超越了将意义理论局限在追寻"真理"的框架中，而是将其放在更为能够体现"语言的通约性、语言的公共性及实践性"的视域内。

国内学者对戴维森的研究有两个特征：首先，戴维森思想的介绍性比较突出，即对戴维森哲学有整体性的介绍，尤其是在一些专著或文献中，介绍比较全面但似乎缺乏深入性，读者对戴维森的研究有一个全面但不深刻的了解。其次，国内研究基本聚焦于戴维森意义理论中的语义学部分，即对戴维森意义理论的前期思想比较关注，注重与塔尔斯基、奎因等哲学家的意义理论的对比，忽视了意义理论的融合发展，弱化了戴维森意义理论对罗蒂有关意义的解释问题的影响，体现出理论研究完整性欠缺、静态化倾向特征。这也为本研究提供了一个新的维度，即将意义研究作为主线，贯穿语言哲学、心灵哲学、行动哲学，尝试将其融合发展的新维度。总之，戴维森关于意义的研究是国内外学者共同关注的内容，这些讨论的学术成果成为本论文的坚实基础。

三、选题研究思路及框架

本研究由导论与正文部分五章构成。

本研究第一章导论部分主要介绍本研究的研究目的与意义、国内外研究现状以及本研究的研究思路及框架。

本研究第二章首先论述了戴维森意义理论的理论背景、思想渊源。从20世纪30年代开始，大量欧洲哲学家拥入美国，极大地推动了哲学各种传统的发展，特别是美国本土哲学，戴维森就是当时成绩卓越的哲学家之一，其哲学立场也无不受到了当时分析哲学传统及欧陆传统发展的影响。戴维森在20世纪60年代和70年代的作品中呈现出技术哲学分析方式，但在进入20世纪80年代、90年代及之后的哲学工作虽然无疑是早期工作的延续，但也表现出更广阔的视角、更独特的风格，以及探讨了更广泛的问题和方法。

戴维森意义理论的建构汲取了众多哲学家的方法论及立场，首先是奎因，其中最直接的就是彻底翻译以及整体论的思想。其次，塔尔斯基的真理理论为戴维森对自然语言的意义探讨提供了形式模型，使其把真理与意义联系起来。最后，戴维森采纳拉姆塞在决策论中的方法，解释者必须找到一种合理的方法，在解决信念和意义任意一个因素的同时，将另一个因素也固定下来。

本研究第三章是对意义与解释的分析。戴维森认为理解"语词的意义是什么"的任务可以通过考虑我们如何在证据的基础上确认说话者的真理理论而得到有效的解决，这些证据最初并不假定对说话者的意义或其命题态度的详细内容有任何了解，他通过倒转塔尔斯基约定T中真理与意义的关系，给出话语的真值条件解释话语的意义实现。戴维森将塔尔斯基关于真理定义的约定T作为自己语义学分析的逻辑公式，约定T可以衍生出无限多的等值式。等值式两边的s和p是语句变量，可以代入具体命题。每一个等值式都表征对象语句的真值条件，从而显示语句的意义。因此，"真"在戴维森语言哲学中是一个关键性的概念。如果我们能够以某种方式描述环境中的情况，在一个说话者对语句持真的情况下，至少原则上这种语言的意义理论可以被看作一种经验理论，然后可以用公共的证据来验证。戴维森通过对传统真理观的探讨揭示了其语句的真作为原初概念的必要性。由初期的符合论思想到融贯论思想的转变再到语用学的真理观，也让其意义理论的解读发生了改变，将意义区分为第一意义、字面意义以及说话者意义。在该基础上，戴维森引入先在理论和当下理论区分语句意义以及语言主体在具体环境中如何通过语言进行交流。这种区分体现在了语言学中的语义学——语用学的描述维度。

本研究第四章以意义与信念为内容。在戴维森的意义理论中，信念的概念及其内容的确定十分重要，信念与意义之间的关系是其解释的核心。戴维森认为意义是信念、欲望、偏好以及对语句持真的基本态度的函数。信念和意义之间关系的解释被嵌入戴维森语言哲学的框架。他认为信念是带有意向、欲望和感觉器官的人的状态；信念是由信念持有者身体之外和之内的事件所引起的状态。戴维森认为信念是我们解释和行动理论的"结构"，信念在合理化选择或偏好的作用中得到了最好的理解。信念是公共的、开放的，原则上完全可以解释的。意义的概念是说话者作为理性主体的总体描述的一部分，他们对环境的信念基本上是真的，概念是通过帮助组织原初材料的方式获得内容的，因此意义理论的证据不能预设内容。说话者在特定场合所说的一句话的意义或多或少取决于那些使人相信语句为真的世界特征。首先说话者、解释者观察对方的言语行为，观察环境的刺激，然后根据观察做出解释，并在不断交流中根据环境和对方的反馈来调整自己的解释和言语行为，交流会促成共识的不断增加以达成意义的理解。语言交流中的理性主体和共享世界之间的三元关系组成了戴维森意义理论新的模型。三角测量模式涉及语言交流过程中交流主体和共享世界之间的相互关系，这种相互关系是一种社会因果关系。信念的归属和意义的分配必须相互一致，并且与说话者的整体行动一致，还必须与我们对说话者环境的了解所提供的证据一致。

本研究第五章探讨的是意义与行动的关系。戴维森意义理论将语言分析和行动分析关联起来，为探讨说话者言语行为及其表达的意义提供实践方案。理解能动性和理性的本质也是理解言语本质的核心：一方面，人类是语言的主体，因此理解人的语言以及人的理性和行动方式，就能理解人的能动性；另一方面，行动者具备对说话者的解释能力以及对被说话者理解的能力。对行动的解释一定要明确引起行动的原初理由，也就是对信念和欲望的解释。戴维森捍卫了这样一种观点：我们行动所依据的信念和欲望是行动的理由，而行动解释是一种因果解释。欲望指明了行动者的目的，而信念将某些特定的行动与实现目的的某种可能性联系起来。戴维森认为每一次行动都有一个原初理由，这个原初理由体现了行动者的理性，也就是从行动者的角度来说是合理的，他将事件和行动联系在一起，特别强调身体移动。一个人的命题态度和行动之间的关系是解释性的，信念、欲望和其他命题态度解释了行动。戴维森效仿决策论，将其作为意义理论中信念和行动关系的分析工具，把信念和偏好表现为可观察的行动。

戴维森将行动哲学与意义理论相结合，提出行动解释的观点，保证了意义的公共可观察特征，基于整体论原则探讨说话者言语行为及其意义的解释理论，一个行动者的行动与信念是一致的，他的偏好在交流中传递，意义在交流中呈现。将语言、信念和行动统一起来的交流成为戴维森意义理论的落脚点。

本研究第六章是对戴维森意义理论对当代哲学的贡献与影响的分析。戴维森意义理论不仅在分析哲学界引起了强烈反响，而且在欧洲大陆哲学界也引起了不少的回应。其哲学体系的关注是人类行动的本质和语言意义的本质，二者结合紧密。意义理论成为连通分析哲学和现象学-解释学对话的主线，戴维森意义理论的一些思想和研究方法与伽达默尔和哈贝马斯等著名欧陆哲学家有着相似或相通之处。但同时，戴维森理论中也确实存在诸如真值条件标准、彻底解释行动证据以及非理性行动等受到质疑的方面。学者们对戴维森哲学具有批判性的讨论，有利于我们更加全面地认识其思想，促进相关哲学研究进一步发展。

结语部分对戴维森意义理论进行总结性概括。

最后，就研究中引用的文献及一些术语的译法做出说明。在文献引用方面，由于专著中部分引文既有英文版，又有中文版，我们在借鉴国内知名中文版本译法基础上，更多地使用了英文版本。在术语译法方面，戴维森的语言哲学、心灵哲学以及行动哲学中一些重要的概念术语已经有了一些中文译法。本研究倾向于使用经典的、为多数人所接受的译法，但出于论文的一致性及相关性考虑，也采用了一些新的译法。以下做出简单说明。

1. "truth"：在戴维森哲学中译本中，大多数被译为"真理"，也有"真"。出于语义学的考虑以及文本的前后一致性，本研究在其意义是作为形而上内涵、终极基础和目标时，选用"真理"，但将其作为语句属性、意义的前提和基础时选用"真"。

2. "radical interpretation"：经常被翻译成"原始解释""彻底解释"，本研究选用后者。

3. "Principle of Charity"：被翻译成"好意原则""慈善原则""施惠原则""善意原则"，本研究选用"宽容原则"。

4. "agent"：译文有"能动者""行动者""当事人""行为者""主体"，本研究选用"行动者"。表示行动者在给定环境中行动能力的"agency"选用"能动性"。

5. "intend"：译文有"意图""意向"，本研究选用"意向"。与之相关的词汇"intentionality"，选用译文"意向性"；"intending"，选用译文"意欲"。

本研究选用的译法是为了该论文的一致性，如有错误，请批评指正。

第二章

戴维森意义理论的研究背景及思想渊源

意义理论一直是语言哲学研究的核心议题,同时也是复杂、难解的议题。卡西尔(Ernst Cassirer)说:"或许再没有什么问题比'意义的意义'更令人困惑不解和众说纷纭的了。即使在今天,语言学家、心理学家以及哲学家对这个问题也仍然是各执己见,相持不下。"[①] 意义体现了人与世界之间复杂的关系,是人类社会的产物,其复杂性、难解性都根植于人类自身、社会的复杂性。同时,"意义"这一语词也体现了抽象、难以界定的特征。各个研究领域的专家学者通常会从不同视角、不同维度,在不同含义上探讨、解读意义问题。哲学通常探讨的就是时代难题,因意义问题而产生的思想和流派都与其所处的历史时期和时代背景息息相关。因此,戴维森的意义理论必须被放置在当时语言哲学发展脉络之中把握其意义。

第一节 戴维森意义理论的研究背景

戴维森对意义的追问开始于 20 世纪 60 年代,其研究成果历经 40 年。他把意义问题与知识、心灵、行动和逻辑的传统哲学问题交织在一起,彰显其意义研究维度借鉴及超越之特征。

一、20 世纪 50 年代后分析哲学发展态势

分析哲学是一个在 20 世纪才兴盛起来的哲学传统,哲学家们期盼通过语言批判解决传统哲学困境。"哲学家的工作就是通过研究荒谬的形而上学命题去了解概念系统的结构。"[②] 早期分析哲学是运用形式逻辑的方法进行语言分析,其目的是澄清语言,揭示语言和世界的逻辑结构。英美分析哲学家将语言作为哲学的首要研究对象,认为哲学就是显示和确定命题意义,排除语言混乱的活动。

[①] 恩斯特·卡西尔. 人论[M]. 上海:上海译文出版社,1985:143.
[②] 涂纪亮. 分析哲学及其在美国的发展[M]. 武汉:武汉大学出版社,2007:17.

<<< 第二章 戴维森意义理论的研究背景及思想渊源

因此，意义一直是语言研究的核心。从弗雷格的指称论到罗素的摹状词理论，再从维特根斯坦的意义用法论到格莱斯（Herbert Paul Grice）的意向论，对意义的探讨从未停止。

20世纪50年代中期至60年代后期，维特根斯坦有关意义的立场和日常语言学派的观点在美国有一定的传播。维特根斯坦对意义的解读，前后期的立场有很大区别，前期他所依据的是图像论，认为一个命题要有意义，它必须是某个事况的图像；后期他提出表达式的意义在于用法，我们称之为意义用法论，也就是将语言看作工具，将语言的功能类比为工具的功能。正如一件工具具有不同用法，不能说其中哪种用法是本质性的或标准的，一个表达式也有不同用法，不能说其中哪种用法是本质的或标准的。表达式的意义与其用法、目的和语境相关联，脱离这些考察语句将难以获得意义。维特根斯坦倡导在具体语境中对日常语言的复杂用法，在他的影响下，英美分析哲学家把语言的意义解释为人在具体语境中的特定行为，揭示了日常语言蕴含的丰富的社会交往功能。语词的意义受到语言规则的制约，语词和语句因其用法而有意义，因此这些使用规则或者是语言游戏规则是研究的重点，语言的使用规则发生变化，语词和语句就有可能有不同的意义。维特根斯坦认为，一种语言游戏的规则是进行这种游戏的人都必须遵守的，因此语言游戏的规则具有一定的"公共性"特征。他说："一个人是不可能'私自地'遵守规则的。"① 人们只有共同遵守语言规则，才能相互沟通，因为只有使用的语词与环境之间的联系是有规则的，并且这种规则是统一的，语词才具有意义。维特根斯坦的意义用法论强调语词和语句的意义在于用法，这种观点对日常语言学派影响巨大，它还间接影响了当今西方分析哲学界对语用学的研究，特别是对言语行为理论的研究。

塞拉斯（R. W. Sellars）、齐硕姆（R. Chisholm）、塞尔（J. Searle）等分析哲学家较多地接受维特根斯坦的影响。塞拉斯认为阐明一个语词的意义就是阐明这个语词在语言中的作用，也就是一个词所具有的意义是在一定规则的支配下所起的作用。② 他认为，说某个词有意义，就是将词和规则联系在一起，理论上来说，通过阐释支配词汇的规则就能了解这个词的意义。齐硕姆受日常语言学派的语言分析方法的影响，非常重视某些与认识有关的语词，如"感知""知道""相信"等，对它们进行细致的分析。他认为哲学的许多混乱都是因为哲学家违背了日常语言的使用，通过这种语言的分析便能澄清哲学的混乱。塞尔继

---

① 维特根斯坦. 哲学研究[M]. 韩林合, 译. 北京：商务印书馆, 2013：144.
② 涂纪亮. 分析哲学及其在美国的发展[M]. 武汉：武汉大学出版社, 2007：633.

承了奥斯汀（John Austin）关于言语行为的研究，把言语分为命题行为、以言行事的行为和以言取效的行为，特别对以言行事的行为做了深入的研究，并认为通过说出一个语句完成一种言语行为，一般说来也就是这个语句的意义功能得到实现。他认为，以言行事的行为都有一定的目的，并且一些以言行事的言语要使语词去适应世界，也就是它的命题内容去适应世界，断言和陈述就属于这种类型，还有一些以言行事的言语则相反，使世界适应语词，允许和请求就是这一类型。在该领域其突出的成果有《言语行为：语言哲学论集》(1969)、《表述和意义：言语行为研究》(1979)。随着研究的深入，他认为对人的行为分析，最基本的应该是对意向性的分析，因为一个人在完成任何一种以言行事的行为时，总会表现出某种状态、态度，尽管可能并不是真诚的信念、意向或愿望。在《意向性》(1983) 一书中，他将意向性的研究拓展到了更普遍意义上的心灵特性问题。他认为意义实质上就是一种意向性，语言的意向性以心灵的意向性为基础。"心灵的意向性不仅导致了意义生成的可能，也限定了意义的形式。"①

英国分析传统中的哲学家迈克尔·达米特，从20世纪70年代开始研究体现语言表达及其所描述对象之间的真值、意义及逻辑基础等问题。他认为，掌握语句为真的证据对意义的分析至关重要。语言陈述的意义就在于说话者对体现其意义的证据的掌握。他的立场是"意义在于理解"。他把意义理论的任务确定为对一门语言的说话者所具有的那种理解进行解释，即寻求回答"话语是如何可能的"这一问题。② 在《分析哲学能成为体系吗?》一文中，他认为必须清楚语词的意义，才能从事哲学研究。他把意义作为哲学分析的第一个任务，"意义理论是作为其他哲学基础的那种哲学的基本内容"③。达米特认为意义和真值密切相关，语句的语义真值是由它的含义决定的。但他反对将成真条件的意义描述为只能是一种循环性解释。因此，他确信意义理论中引入说话者的意向和听话者的理解最为基本。达米特与戴维森在语义论题上的争论，促进了当代哲学中实在论与反实在论的争论。他从语义和逻辑上分别刻画了两者，一方面，把实在论和逻辑上的二值原则相关联，认为二值原则就是实在论的逻辑基础；另一方面，他又把反实在论和数学上的直觉主义逻辑相关联，认为应该把反实

---

① SEARL J. *Intentionality*: *An Essay in the Philosophy of Mind* [M]. Cambridge: Cambridge University Press, 1983: 166. 约翰·塞尔. 意向性：论心灵哲学[M]. 刘叶涛，译. 上海：上海人民出版社，2007: 169.
② 王航赞. 迈克尔·达米特的哲学语义学研究[M]. 北京：科学出版社，2012: 9.
③ DUMMETT M. *Frege*: *Philosophy of Language* [M]. London: Duckworth, 1973: 669.

在论的逻辑基础归结为直觉主义逻辑，对其发展做出重要贡献。① 尽管他在意义问题上的立场是一种"证实主义"，但他并没有将形而上学排除在自己的研究之外，而是力图通过语言哲学，特别是通过语义学的探讨来确定和解决形而上学的问题。②

20 世纪 50 年代以后，分析哲学与实用主义合流，在美国哲学界取得统治地位。"美国哲学家随着年龄的增长都会转向实用主义，这是一个极普遍的现象。"③ 理查德·罗蒂、希拉里·普特南（Hilary Putnam）、罗伯特·布兰顿等实用主义者要面临的问题包括语义和实在论争议。延续古典实用主义研究传统，在"语言转向"的背景下，将语言、经验作为自己的研究重点。值得注意的是，重视语言体现了现代哲学的主要特征。在《哲学和自然之镜》（1979）一书中，罗蒂试图从广阔的历史视角，探讨比分析哲学的研究领域更加广泛的哲学问题，这本书被看作对分析哲学的一次严重挑战。罗蒂是在分析哲学传统中成长起来的，他认识到分析哲学在方法、风格和内容上都侧重使用技术术语，强调细微的词语意义辨析。因为熟悉分析哲学家普遍使用的语词和方法，了解分析哲学面临的困难和问题，所以他提出超越分析哲学，返回实用主义的观点，因此自称"新实用主义者"。

普特南声称，实用主义试图公正地对待我们的感觉，即知识能为实在负责，而不退缩到形而上学的幻想中。④ 普特南是一位处于两大哲学路线交会点上的人物，在他身上既折射出美国分析哲学的演变，同时也反映了实用主义的最新发展。⑤ 巴斯摩尔说，"他本身就可以说是新近哲学史概况"⑥。有关语言哲学领域，普特南提出了新观点，即所谓"语义外在论"，他不再追求用自然科学来解决哲学问题。他认为，从内在个体说话者的大脑出发去探讨语言的意义是一种完全错误的做法；语言并不是作为个体的人所拥有的工具，而是社会公共参与

---

① 王航赞. 迈克尔·达米特的哲学语义学研究[M]. 北京：科学出版社，2012：12.
② DUMMETT M.. *Thought and Reality* [M]. Oxford：Clarendon Press，2006：15.
③ 巴斯摩尔. 哲学百年：新近哲学家[M]. 洪汉鼎，陈波，等译. 北京：商务印书馆，1996：741.
④ PUTNAM H. *The Threefold Cord*：*Mind*，*Body and World* [M]. New York：Columbia University Press，1999：4. 希拉里·普特南. 三重绳索：心灵、身体与世界[M]. 孙宁，译. 上海：复旦大学出版社，2017：5.
⑤ 陈亚军. 从分析哲学走向实用主义：普特南哲学研究[M]. 北京：东方出版社，2002：1.
⑥ 巴斯摩尔. 哲学百年：新近哲学家[M]. 洪汉鼎，陈波，等译. 北京：商务印书馆，1996：713.

使用的工具；决定该语言意义的不是人们的内心世界，而是他与环境以及他人的相互关系。20世纪60年代末到70年代初，普特南发表了一系列文章阐发他的新语义学理论，如《语义学是可能的吗？》（1970）、《说明与指称》（1973），最透彻、最有影响力的是1975年的长篇论文《"意义"的意义》。他建构的新语义学理论有别于传统理论，他建立的语义学理论在很大程度上也是其心灵哲学、实在论学说的基石。传统意义理论中的一致性在于语词的意义，在于使用者关于这个语词所具有的观念；这种观念存在于该语词使用者的内心世界，或者为他的内心世界所把握。这一种观点体现为19世纪末到20世纪初以弗雷格等人为代表的哲学家所表现出来的心理主义倾向，强调语言的独立地位。他们强调意义应该具有公共性质，应该可以相互沟通；不同的人在不同的时间、地点，都可以客观地谈论语词的意义，这和个人的心理影像（image）没有关系。因为"心理影像往往充满了情感；它的各个部分变化不定，即使对一个人来说，同一种含义也并不总是伴随着同一影像"[1]。普特南认为，尽管弗雷格等人反对把意义当成心理实体，但仍没有完全脱离心理主义，不能与个体的心理状态分离。他否定意义和心理状态绑在一起。[2] 普特南强调"意义根本不存在于头脑之中"[3]。他认为，构成理解不是任何一套心理事件（意向或更"抽象"的心理事件和性质），没有任何一套心理事件是理解的必要条件。[4] 他主张的新语义学由两部分构成：第一部分是分析如何确定指称的问题；第二部分是描述个体加入语言共同体所需要的基本能力、技巧问题。[5]

20世纪90年代，布兰顿在《清晰阐释：推理、表象于推论性承诺》一书中提出将语义学奠基于语用学的意义理论。他认为，意义是不可还原的规范性意义，意义有确定的用法和说明，能思想的生物之所以区别于其他东西，是因为他们是推论性实践，因而也是语言实践的参与者。所以，推论性实践提供了语

---

[1] 弗雷格. 论含义和指称：语言哲学名著选辑[M]. 北京：生活·读书·新知三联书店，1988：5.

[2] PUTNAM H. Mind. Language and Reality. in *Philosophical Papers*. Vol. 2. [C]. Cambridge：Cambridge University Press，1975：220.

[3] PUTNAM H. *Reason*, *Truth and History* [M]. Cambridge：Cambridge University Press，1981：18. 希拉里·普特南. 理性、真理与历史[M]. 童世骏，李光程，译. 上海：上海译文出版社，1997：24.

[4] PUTNAM H. *Reason*, *Truth and History* [M]. Cambridge：Cambridge University Press，1981：20. 希拉里·普特南. 理性、真理与历史[M]. 童世骏，李光程，译. 上海：上海译文出版社，1997：26.

[5] 陈亚军. 从分析哲学走向实用主义：普特南哲学研究[M]. 北京：东方出版社，2002：26.

境，使我们能够在其中理解语义学的和与意向性相关联的概念，状态、演说和表达都是通过实践活动实现的。布兰顿认为我们所面临的约束必须被视为社会实践的内在因素；作为此类实践的成员，我们致力于参与他所称的"给予和索取理由的游戏"，并受到该游戏规范的约束。"一个人获得了信念、欲望和意志的自由，只有在他说某种语言或其他语言的情况下，他才会受到一些复杂的社会规范的约束。表达的自由只有在规范的约束下才能实现，而不是某种逃避或最小化约束的方式。"[①]

总的来说，20 世纪 50 年代后的英美分析传统坚持重视语言在哲学中的作用，他们把全部的哲学问题归结为语言问题，把语言分析看作哲学的首要任务，甚至是唯一任务。语言是人类最重要的交际工具，它与思维直接联系，语言是思维的直接体现。人们利用语言来达到交流思想、相互了解的目的。但整个分析传统也呈现出了一些融合的趋向：不再局限于形式语言学的探讨，而将其形式运用于日常语言；不再局限于对语言的逻辑分析、语义分析，而是加入了语用维度的分析。

二、20 世纪 50 年代后欧陆哲学中语言研究发展态势

欧洲大陆各个哲学派别也在不同程度上强调语言研究的重要性，他们并没有把语言视为一种分析工具，而是从一种"人本精神"来解释语言，赋予语言以"人本性、解释性、文化性、价值性"[②]。整体上来说，欧陆哲学家认为语言是人类存在的家园，人们通过语言理解世界，因此理解了语言，也就理解了世界，把握了真理，世界在语言中呈现意义。人类凭借语言解释世界，人以语言的方式拥有世界和理解世界，语言中蕴含着世界观，运用一种语言就意味着接受一种文化价值观。[③] 他们提倡从"人的纯粹意识""生存方式""主体间性"等角度探讨意义的问题。因此，语词的意义在意向性的活动中显现自身，并不像分析哲学中意义由指称物决定，或者是语词自身有意义。德国哲学家胡塞尔（Husserl）认为，意义取决于纯粹意识，只有通过意向性的活动才能获得意义，他将含义进一步抽象为"纯粹意识"，这样可以摆脱弗雷格受到的理性指责。达

---

① BRANDOM R B. Freedom and Constraint by Norms [J]. *American Philosophical Quarterly* (16.3), 1979: 194.
② 王寅. 语言哲学研究：21 世纪中国后语言哲学沉思录：上[M]. 北京：北京大学出版社，2014: 149.
③ 王寅. 语言哲学研究：21 世纪中国后语言哲学沉思录：上[M]. 北京：北京大学出版社，2014: 149.

米特曾经评价过胡塞尔的这种现象学的意义观,认为他推进了含义或意义概念的发展,"胡塞尔在《逻辑研究》之后,自1907年起,发展了意向对象的看法。为了达到这个目的,他推广了含义或意义的概念,某种像含义但更一般的东西必然传达每一个心灵活动;不仅传达那些涉及语言表达或能够用语言表达的心灵活动,而且传达比如感官感知的活动"①。

20世纪60年代后,欧洲大陆学派在美国获得相当大的发展。首先是现象学、存在主义、新托马斯主义在美国的迅速传播,其次是结构主义和解释学的兴起和流传。现象学的意义观始于胡塞尔,他把意向性概念和意义概念紧密结合在一起。他受其老师布伦塔诺(Franz Brentano)区分物理现象和心理现象的影响,提出了"纯粹意识"是唯一的绝对存在的立场,以主体的纯粹意识为出发点论述意义。他强调语言表达式的意义就是主体意识活动的意义,意向性就是这个活动的核心。意义存在于说话者或行动者的活动意向之中,与"真值"毫无关系。胡塞尔认为若要弄清意义的来源,一方面要关注纯粹意识的建构过程,另一方面还要寻求意向性所指向的对象的客观存在,他认为意义的研究不能仅停留在表达层面,还必须深入意识层面。胡塞尔基于人本主义建立的现象学,是对逻辑实证主义的一次超越。他认为实证主义恪守了绝对客观主义的哲学立场,会遮蔽生活世界的基础性地位,削弱人的自由和价值。

伽达默尔将语言问题作为其哲学解释学的中心。他认为,一切理解都是语言的,人类对世界的一切认识都是凭借语言表达的。他认为,语言是对世界的体验:"人以语言的方式拥有世界,世界只有进入语言之中才成为世界,语言和世界不可分离。"② 海德格尔提出的"语言是存在的住所"的观点对伽达默尔有深刻的影响。海德格尔对意义的态度被认为是一种存在主义立场,他认为语言是一切存在的家园,意义是一种存在方式,一切存在可以派生出语词的意义。语词预设了物的存在,一切存在都在语言之中,意义使我们了解和认知事物和世界。因为整体和部分之间的关系,在解释的时候互为前提形成循环,这就是"解释学循环"(Hermeneutic Cycle Theory)。海德格尔的解决方法就是,在理解者头脑中应该存在"前结构",这也为后期伽达默尔的"前见"奠定了基础,这种"理解"超越对文本意义的认识方式,已经成为人类存在的方式,是来源于对话或主体间性,是"视域融合"的结果。伽达默尔认为理解的对象更多是文本、艺术品或传统等,将其中有价值的东西变成指导我们生活的方法。另外,

---

① 达米特. 分析哲学的起源[M]. 王路, 译. 上海:上海译文出版社, 2005:27.
② 涂继亮. 现代欧洲大陆语言哲学[M]. 北京:中国社会科学出版社, 1994:148.

<<< 第二章　戴维森意义理论的研究背景及思想渊源

这种理解也因其文本创作的时间、条件等因素发生重大变化。"效果历史"的概念就是在这样的前提下被提出来的。基于海德格尔关于时间的立场，伽达默尔认为"理解"产生了积极的意义，可以促进创造和挣脱限制，将语言作为人类赖以生存的家园，用一种主体间的关系建构了意义理解，这是一种主动性、经验性、创造性的过程。欧陆哲学中这种人本主义立场强调从"人"的角度研究纯粹意识、理解、解释，但这种基于"人"的角度不是私人性的、主观性的，而是沉淀于历史传统中的一部分。

哈贝马斯在汲取英美语言分析哲学、实用主义的交互理论等学说基础上，提出交往行为理论。交往活动以相互之间的理解为目的，要理解人的交往行为，就必须从人的语言入手。他认为语言本质上是一种社会现象，依赖于语言使用者群体。哈贝马斯提出实践理性是一种社会实践和人际间真诚的和有效的交往，也称交往理性。"人们的活动不仅以语言为媒介，而且语言行为具有一种构思的意义，因此在他那里，交往行为与语言行为几乎是同一的。"[①] 哈贝马斯的立场是交往行为一定以语言为媒介，语言意义同时由交往行为来解释与实现。然而，哈贝马斯的理论旨趣是社会理论，而不是语义学。他主张打破自然科学方法在人文科学中的统治地位，认为如果知识强调工具思维，就会抹杀人的个性和创造性。他认为，理解存在于人与人之间的"主体间性"关系，在于人际间的沟通，因此提出"共识真值论"，强调"生活世界"的范式。理解是一个群体通过语言表达完成的言语行为指向而达成的合理共识。他区分话语的命题内容的意义和话语的非言语意义。[②] 哈贝马斯把事实和实现条件统称为"满足"。因此，命题意义是由满足条件所规定的。在他看来，任何言语行为本身都融有"以言表意行为"和"以言行事行为"的双重层次结构。学界对言语行为本质的探讨开始于莫里斯（Charles William Morris）的符号学理论，随后有将行为者的意向性和目的作为语句意义理论的，还有通过考察语言的使用规则来探究意义的，也不乏将语言的意义作为真值有效性条件的满足的理论研究。哈贝马斯在汲取前人思想的基础上，从实践角度出发认为交往行为旨在建构人际关系，并且作为一般规范决定意义。交往中的言语行为，既可以体现事态或事实，又可以表达说话者意向，搭建交往主体间关系。如果脱离语言只是研究人的行为及其相关问题，必然会把人的行为还原为主体的纯粹主观意识，从而割裂人的

---

① 欧力同. 哈贝马斯的"批判理论"[M]. 重庆：重庆出版社，1997：116.
② HABERMAS J. What is Universal Pragmatics？. in *Communication and the Evolution of Society* [M]. trans by Thomas McCarthy. Boston：Beacon Press, 1979：49. 哈贝马斯. 交往与社会进化[M]. 张博树，译. 重庆：重庆出版社，1989：49.

27

行为同生活世界的内在关联。

法国哲学家德里达反对以索绪尔（Ferdinand de Saussure）为首的结构主义理论，进而建立了自己的解构主义哲学（Deconstructionism），是对传统中追求事物本质、规律的反叛，否定了"结构决定意义"，消解了传统模式、习惯和结构。他认为，古希腊哲学以来以逻各斯为中心的概念体系并不稳固，一切存在，无论物质的、精神的都在人的经验中呈现，因而都有文化的痕迹。真理与逻各斯并不是永恒不变的。语言不是之前认为的那样稳定不变、明确清晰的系统，而是一个错综复杂的网络，其中各个因素都会有各种变化。德里达倡导在理解的过程中，不断解开原有的系统与结构，重组其中的碎片，形成新的意义。文本中存在痕迹，文本在时间维度上发生变化，痕迹也不断变化，语词的发展也包含了这个痕迹，不同时期人们的理解是不同的，遵循这种痕迹获得意义，意义具有变化多端的、模糊的、不确定的特征。

总之，尽管欧陆各个哲学流派并没有像英美分析哲学家那样明确地把全部哲学问题归结为语言问题，把哲学任务归结为语言分析，但语言研究也显然在他们的研究中占有重要地位。欧陆哲学家对语言的研究并没有从逻辑演算、实证主义出发，而是以生活世界的日常语言为基础，更加注重交往，考察言语行为的相关情况，注重具体的语言使用场景，强调说话者、解释者、语境、共同体，区分物理现象和心理现象。这些哲学立场在20世纪60年代后期进入美国，对美国的本土哲学产生了重要影响。戴维森有关意义的立场就是在这种哲学发展的历史背景中产生的，因此他的观点、立场无不体现了时代痕迹和研究趋势。

第二节 戴维森意义理论的思想渊源

戴维森的意义理论体现了对前人思想的继承与发展。要想深入地了解戴维森关于意义的研究脉络及成果，有必要把握其主要的思想渊源及其继承和发展的方向。戴维森在意义理论发展中借鉴了诸多哲学家的研究思想，其中影响较为直接的有奎因、塔尔斯基和拉姆塞：奎因的语言思想是戴维森关于自然语言解释的思想基础；塔尔斯基的真理理论为戴维森的意义理论提供了形式表征基础；拉姆塞的决策论有助于戴维森解决信念与行动的关系，成为其分析工具。

一、奎因的语言思想：戴维森自然语言解释的思想基础

戴维森关于语言的立场很多都源于奎因，尽管使用术语各不相同，但它们都受到一个共同目标的推动。戴维森曾坦言，自己语义学领域的成就很大程度上应归功于奎因。他们都对实际田野语言学（actual field. linguistic）的语言翻译不感兴趣，奎因关注的是科学理论和经验观察的关系。他们将人类学中的概念用作"思维实验"[①] 或"概念性的操练"[②]，其目的是实施严格的方法来表达他们认为恰当的意义。考察奎因有关"翻译的不确定性"以及其整体论思想，对我们系统而准确地把握戴维森意义理论的发展有重要的作用。

（一）翻译的不确定性

翻译的不确定性指可以使用很多方法将一种语言设计为另一种语言的翻译手册。基于奎因指称不确定性立场，其与翻译手册是不相容的。"彻底翻译"就是基于 Gavagai 翻译实例而提出的，是指翻译一种完全陌生的语言（丛林语言），与熟悉的语言没有历史的、文化的联系。彻底翻译是对一种完全未知的外国语言的翻译，译者不能借助已有的词典或是参照各种对这种语言的研究，也就是既不能假定对所讨论的语言有任何先在的理解，也不能求助于双语翻译。奎因进一步解释说，翻译的不确定性促使我们认同"刺激"或"刺激性环境"，而不是宏观对象。因此，同意/反对的条件是神经生理学事件的模式，"受试者表面的物理刺激"[③]。既然语言是对直接或间接刺激的反应，那么，语词和外部事物的对应关系就需要整体学科作为翻译语境。奎因的主要问题是："在刺激条件下，有多少语言是有意义的?"他的回答是：很少。我们可以翻译丛林语言的观察句和真值函数连接语词。[④] 超出这些限制，彻底翻译涉及"系统的不确定性"[⑤]。对不同外物的刺激，甚至是对相同外物的刺激，人们的反应也是迥异的。面对不同语言系统的人，对于任何语言 L，至少有两种翻译手册 M1 和 M2：①同样符合说语言 L 的人的语言行为的事实；②在语义上是不相容的，因为它们赋予给定语句的英语意义在直觉上并不意味着相同，因此在英语语境中是不

---

① QUINE W V O. Facts of the Matter. In *Essays on the Philosophy of W. V. Quine* [C]. ed by R. W. Shahan and C. Sowyer. Columbia: University of South Carolina Press, 1976: 167.

② DAVIDSON D. A Unified Theory of Thought, Meaning, and Action. in *Problems of Rationality* [C]. Oxford: Clarendon Press, 2004: 166; DAVIDSON D. *Truth, Language, and History: Philosophical Essays* [C]. Oxford: Clarendon Press, 2005: 73-74.

③ QUINE W V O. *Word and Object* [M]. Cambridge, Mass: MIT Press, 1960: 31, 235. 奎因. 词语和对象[M]. 陈启伟，等译. 北京：中国人民大学出版社，2005：32+270.

④ QUINE W V O. *Word and Object* [M]. Cambridge, Mass: MIT Press, 1960: 57-58. 奎因. 词语和对象[M]. 陈启伟，等译. 北京：中国人民大学出版社，2005：58-60.

⑤ QUINE W V O. *Word and Object* [M]. Cambridge, Mass: MIT Press, 1960: 23-26. 奎因. 词语和对象[M]. 陈启伟，等译. 北京：中国人民大学出版社，2005：23-26.

可互换的。

这种不确定性有两个根源。一是整体论。在翻译丛林语句时，除了直接根据经验数据观察语句之外，我们还有一个选择，就是它反映了当地人根据经验证据调整信念的选择。我们可以通过对其他话语的翻译进行补偿调整，从而对一个特定的话语进行不同的翻译。二是"指称的不可理解性"[1]。即使是在观察句的情况下，我们也可以指定一个客观刺激的意义，但不能确定它们组合成的语句指什么，因为这取决于我们如何翻译其他丛林语言，特别是个性化的解释。奎因对语言学习的立场偏向于经验主义和行为主义，他认为人们都是通过对他人行为的观察和模仿而学习言语的，因此强调在语言学习过程中行为对言语或非言语刺激的反应。

戴维森的彻底解释始于这样一个设想：我们试图理解一个说不同语言的共同体，我们事先既不了解其成员的信念，也不了解他们的话语意义。戴维森认为我们可以观察说话者、解释者的交流，利用行为证据来支撑语句为真，实现了对奎因彻底翻译理论的超越。但他也宣称这两种观点的目的不同。[2] 彻底翻译是奎因"规避内涵"的一部分，其目的是证明客观的行为事实不足以支撑真正的意义。戴维森的彻底解释是真值条件语义学的延续。这是为了证明，即使对于一种完全未知的语言 L，人们也可以构建一个塔尔斯式的真理理论来获得 L 语句的意义，因为知道这个理论将使解释者能够理解说话者。彻底翻译不仅要提供一本翻译手册，把丛林语言和英语语句联系起来，还要提供一个公理化的理论，通过具体说明在什么条件下它们是真的，来说明丛林语言语句的意义。奎因和戴维森希望在自然主义的框架内容纳语义和心理概念。当奎因试图从科学中消除内涵概念时，戴维森试图从他认为更基本的证据中提取语义概念。他的工作不是定义、分析或还原意义概念；相反；他的目标是通过展示如何从关于言语行为的"非语义证据"中衍生出"特定语义"理论来阐明意义的概念。

奎因和戴维森将不同语言之间的彻底翻译/解释视为语言理解的一般特征：

---

[1] QUINE W V O. *Word and Object* [M]. Cambridge, Mass: MIT Press, 1960: 23-26. 奎因. 词语和对象[M]. 陈启伟，等，译. 中国人民大学出版社，2005: 23-26.

[2] DAVIDSON D. Radical Interpreataion. in *Inquired into Truth and Interpretation* [C]. Oxford: Clarendon Press, 1984: 126-135. 戴维森. 对真理与解释的探究[C]. 牟博，江怡，译. 北京: 中国人民大学出版社，2007: 154-165.

<<< 第二章 戴维森意义理论的研究背景及思想渊源

"彻底翻译始于同一语言内部"①;"对他人言语的所有理解都涉及彻底解释"②。他们并非无视语言共同体的"内部"交流、常规翻译和从零开始的翻译之间无可争辩的差异,但他们相信只有"从零开始"的工作才能揭示出哲学上值得尊重的意义事实。奎因认为我们难以消除翻译中的不确定性问题,只有认清这样的事实,我们才能更加认识到不确定性的哲学意义,它是一种"概念相对主义"或者是"本体论的相对性"。语言在其中提供"参考框架",并依据它来规定语词的意义和指称,正如我们利用坐标系规定物体的位置和运动那样,我们不能撇开某个特定的坐标系来确定物体的绝对位置,也不能撇开某个特定的参考框架来确定语词的意义和指称。因比,在理解意义和指称这些概念时,首先必须认识到,我们用以表达这些概念的手段是相对于某个任意地或习惯地选出的参考框架而言的。

戴维森对解释者证据的描述是对奎因方法的修正,奎因对该问题采取了行为主义方法:"在心理学中,一个人可能是或不是行为主义者,但在语言学中,他别无选择。"③ 对奎因来说,解释者的证据在于当一个说话者(解释者迄今所不知道的一种语言)被问及某个问题时,他观察到该说话者的同意和反对把解释者的一句话假想翻译成他的母语。奎因认为暗示同意和反对是说话者的行为,可以不提他的心灵状态而加以描述。戴维森认为,"奎因的主要思想是,另外一个人对行动者的正确解释无法按可理解的方式容纳在解释者和被解释者在信念方面的某些种类和程度的差异"④。这种一致不仅包括信念本身,还包括连接和支撑这些信念的理性和逻辑原则。如果不假定说话者的信念与他自己的信念具有相似的理性结构,那么就不可能建立解释的理论。因此,解释的策略是假设说话者和解释者一样相信,直到被证明是错误的。戴维森认为,如果这种一致性并不具有普遍性,那么解释从一开始就注定了失败。因此,这种一致性既是对成功解释的发现,也是对成功解释的要求。彻底解释就直接来自彻底翻译的

---

① QUINE W V O. *Ontological Relativity and other Essays* [M]. New York: Columbia University Press, 1969: 46. 奎因. 奎因著作集: 第2卷[M]. 北京: 中国人民大学出版社, 2007: 383. (笔者稍做改动)
② DAVIDSON D. Radical Interpretation. in *Inquires into Truth and Interpretation* [C]. Oxford: Clarendon Press, 1984: 125. 戴维森. 对真理与解释的探究[C]. 牟博, 江怡, 译. 北京: 中国人民大学出版社, 2007: 154.
③ QUINE W V O. *Pursuit of Truth* [M]. Cambridge: Harvard University Press, 1990: 38. 奎因. 奎因著作集: 第6卷[M]. 北京: 中国人民大学出版社, 2007: 495.
④ DAVIDSON D. The Structure and Content of Truth [J]. *Journal of Philosophy* 87, 1990: 319. 牟博. 真理、意义与方法: 戴维森哲学文选[C]. 北京: 商务印书馆, 2008: 110.

31

概念，但其行为证据更广泛。戴维森并没有延续奎因行为主义的论据，认为解释并不能依赖当下的言语刺激，而是诉诸通过观察、交流确定说话者对语句的持真做出判断，包括促使解释者对语句持真态度的远端事件。

（二）奎因的整体论

奎因整体论的立场是，经验检验一定是针对命题所在的整体体系，而不是孤立的个别命题，他认为，"在任何情况下，任何陈述都能够被决定是真的，只要我们所在系统的其他部分做出足够彻底的调整。即使一个很靠近边缘的陈述，当它面对着顽强不屈的经验时，也能够由于以发生幻觉来辩护，或者由于修改被称为逻辑规律的那一类的某些陈述而被决定是真的。反过来，由于同样的原因，没有任何命题是可以免于修正的"[1]。他对语言理论的观点既是一种整体论的，也是一种自然主义的立场。他将观察句、恒定句以及同义句组成整体的语言体系，用经验进行调整。"知识或信念的整体，从地理和历史的最偶然事件到原子物理学、至纯数学和逻辑的最深刻规律，是一个人工的制造物，它只是沿边缘同经验紧密接触。或者换一个形象来说，整个科学是一个立场，它的边界条件是经验。在场的周围同经验的冲突引起内部的再调整。"[2] 这是奎因关于意义取决于语境的论断。他后期哲学批判了逻辑实证主义对分析命题和综合命题的区分，还有对还原论的挑战都凸显了奎因自然主义认识论的态度。他认为"两个教条"忽视了整体论观点和实在论立场。奎因认为，分析句（仅凭意义而真的语句）和综合句（凭语言外事实而真的语句）之间没有明确区别的原因是，理论作为整体必须符合经验的检验，总是有多种方法来调整一个理论以符合意想不到的经验。以这种方式将经验主义的两个教条联系起来，是一种彻底的整体论思想。他通过论证翻译的不确定性和指称的不可理解性，探讨了彻底的整体论对意义概念的影响。戴维森则为一种作为整体的语言设计出一种全面的真值条件意义理论，他把整体论由语句层面推广到整个语言语境。这种观点常常可以追溯到奎因的主张，即"谈论单个陈述的经验内容是误导性的"[3]和"经验意义的单位是整个科学"[4]。

奎因把认识论等同于一种经验心理学，认为认识论在科学的范畴内可以出现错误，并可以进行纠正。他认为利用"刺激-反应"模式，从行为角度将言语反应和环境连接在一起，通过观察以及反复将意义固定下来。我们只有通过视

---

[1] 涂纪亮，陈波．奎因著作集：第4卷[M]．北京：中国人民大学出版社，2007：48．
[2] 涂纪亮，陈波．奎因著作集：第4卷[M]．北京：中国人民大学出版社，2007：47．
[3] 涂纪亮，陈波．奎因著作集：第4卷[M]．北京：中国人民大学出版社，2007：47．
[4] 涂纪亮，陈波．奎因著作集：第4卷[M]．北京：中国人民大学出版社，2007：47．

觉、听觉、感觉以及嗅觉等刺激,才能对外在事物产生了解。这些刺激就是我们言谈的经验意义。当我们谈及这些刺激对象的时候,实际上我们谈及的是刺激模式。世界是由各种各样的对象构成的,我们用语词和语句来指代这些对象。语义学就属于自然主义范畴,主张用人的行为来解释语词和语句,经常被认为是行为主义立场,用科学方法把语句、语词和行为联系在一起,在整个科学领域内提出论点、论证过程,最后证实其假说,促进整体论科学观的发展。奎因意义上的观察句是关于那些在因果上最接近主体感受外界刺激的语句,与外部刺激直接相对应,记录了特殊场合里对外界刺激的反应是一种场合句。他坚持认为,只有在可观察的情况下,在公共行为中获得意义的内容才是有意义的,语言是社交工具,只有在使用中它们才具有意义。这样的立场对戴维森的影响颇深,尤其是行动理由与信念的关系,在量化主观信念、欲望时,客观性来源于事件,也就是来源于公共性,进而保证其社会性。

戴维森意义理论的整体论主要体现在三个方面。首先,语词的意义并不是独立的,应该被放置在语句中理解,这是语义学层面的朴素理解。其次,信念和意义、行动之间存在着一种整体的相互依赖关系。这种相互依赖一定是具备内在的整体性才可能实现,一方面是信念,另一方面是意义。这对于信念来说意味着任何特定信念的内容都是由它在整个信念体系中的位置决定的,这就是奎因的"信念之网"的隐喻。在戴维森看来,在我们应用语言的实际活动中,这些共享的东西确实存在,然而,它们并不构成语言的"必要"前提,换言之,剥离这些共享的东西依然可以解释语言的社会性。[1] 这就要求戴维森的解释理论从一个全然不同的角度确立社会性的概念。另外,语言的私人性也是一个关于语言的基本事实,这并不是说,存在着某种所谓的"私人语言",即某种仅仅被一个人使用,其他人不可能理解和掌握的语言——在晚期维特根斯坦之后,恐怕没有哪位哲学家相信私人语言存在。这里"私人语言"的意思是,语言的每个使用者是各不相同的,而且这种差异不可公共观察。在戴维森看来,一种解释理论的关键就在于从可公共观察的内容衍生出不可公共观察的内容。这种可观察性的解读就是戴维森对意义、信念和行动相统一的最原初解释,整体论可以保证意义的客观性及可理解性。

最后,意义与整体语境相统一。奎因在批驳逻辑实证主义的证实理论和还原论时,提出了"整体论"的检验理论。他提出这个理论,也与他对整个科学

---

[1] DAVIDSON D. The Social Aspect of Language. *In Truth, Language, and History* [C]. Oxford: Oxford University Press, 2005: 119.

的看法有关。他认为,"从地理的和历史的最偶然的事件到原子物理学甚至纯数学和逻辑的最深刻的规律,都是人工的构造物,它只是在边缘部分与经验紧密接触……全部科学,即数理科学、自然科学和人文科学,是同样地不过更加极端地没有被经验所完全决定。这个系统的边缘必须保持与经验相符合;其余部分与它的一切精致的神话和虚构,则以规律的简单性为其目标"①。

二、塔尔斯基的真理理论:戴维森真值条件语义学的形式模型基础

塔尔斯基是一位波兰裔美国数学家、语言学家和逻辑学家。他对语义悖论特别感兴趣(如说谎者悖论:"这句话是假的。"),关注结构中可定义性和真理性的概念,以及特定形式语言中的一组句子是真的,与属于可以证明的语言的一组句子之间的关系。他认为只有基于结构中的真理概念,或功能上等价概念,才能获得逻辑结果。在《论可定义的实数集》(*On Definable Sets of Real Numbers*)(1931)中塔尔斯基研究了一种语言L,在该语言中可以形式化实数的算术,并给出了"可在L中定义的实数集"概念的递归定义。② 虽然我们可以在语言L本身中定义L中可证明的元逻辑概念(即可证明的),但我们不能在L中定义真理的概念。因此,可证明与真理概念虽然在某种程度上紧密相连,但并不等同。塔尔斯基在很多地方也考虑了将语义概念作为原初概念的选择,但他显然更愿意尽可能避免这种选择,因为在公理化的替代方案中可能存在系统的语义原语生成语义悖论。塔尔斯基将数理逻辑方法应用于真理的概念,并探讨了如何为形式语言构建组合真理理论。形式语言的特点是我们能够用纯粹的语法术语准确而详尽地描述结构;由于自然语言的模糊性和不精确性,我们无法对其进行同样的处理,自然语言对形式分析的另一个困难是,许多常见的语法结构从逻辑角度来看相当复杂,如间接话语的陈述或定语形容词和副词。塔尔斯基认为,自然语言的这些特征阻碍了我们对其进行形式化描述和分析。

塔尔斯基在《形式化语言中的真理概念》(1933)和《真理的语义学概念和语义学的基础》(1944)中提出了语义性真理理论(the semantic theory of truth)的重要思想,为真理研究开辟了一条新的路径。他在文章中介绍说,"本研究几乎全部是献给一个问题——真理的定义。它的任务是针对一种给定的语

---

① 涂纪亮,陈波. 奎因著作集:第4卷[M]. 北京:中国人民大学出版社,2007:49.
② TARSKI A. On Definable Sets of Real Numbers. in *Logic*, *Semantics*, *Metamathematics* [M]. trans by J. H. Woodger. Oxford: Clarendon Press, 1956:110-142.

言，建立一个实质上适当的、形式上正确的关于'真语句'这个语词的定义"①。这句话说明他的真理语义论的目的是给出"真语句"这个语词的定义，或者是定义"真的"这个语词，并且规定了下定义应该满足的适当条件。

语言包括对象语言和元语言，不仅要解释语法，还要解释演绎体系。被讨论的语言称为对象语言 L，那么定义应该是另一种语言被称为 M。塔尔斯基的元语言总是将其对象语言作为一部分，包括其语法和演绎体系。塔尔斯基假设他所处理的形式语言有两种符号（除了标点符号），即常量和变量。这些常量包括逻辑常量，但也包括任何其他具有固定含义的术语。这些变量没有独立的意义，只是量化方法的一部分。他使用的最基本的例子是他所谓的"类演算语言"（the language of the calculus of classes，LCC）②：

(1) LCC 的原初符号：∀，∨，(,)，I（一个二元谓词），x。

(2) LCC 语法：原子公式的形式为 I*xkxl*。复杂公式是通过否定、析取和全称量化得到的。

(3) LCC 的解释：变量的值域是所有类。I 代表这些子类之间的包含关系。

当人们成功地将这种方法应用到特定的形式语言中，最终结果将是在元语言中为该语言构造谓词，其基本属性将是它将由数学词汇构成。同时，塔尔斯基展示了如何根据真理的定义概念，直观地给出可定义性和外延的语义概念的充分定义，他还指出了如何在一个结构中以类似于用来定义真理的方式来定义真理的概念。他从一种形式语言的描述开始，该描述列出了该语言的语法和语义。准确地确定了该语言的最简单表达方式后，继续描述其句子的完整和精确递归定义；以一组简单句子为基础，它将语言中所有句子的类别描述为那些可以根据该基础上的特定组合模式生成的表达。

塔尔斯基将其运用在对象语言中，语言将包含变量 x 与 y 和 z、一阶谓词 F 和二阶谓词 G、否定的真函数运算符"-"和连语词"&"以及存在的量语词"∃"。描述一种语言必须明确两点，那就是句法和语义。塔尔斯基的工作涉及语义学或语言的解释，但首先我们必须描述 L 的句法，这涉及定义 L 的表达式（形式正确的公式）和表达式如何组合形成其他表达式。

---

① TARSKI A. The Concept of Truth in Formalized Languages. in *Logic*, *Semantics*, *Metamathematics* [M]. trans by J. H. Woodger. Oxford: Clarendon Press, 1956: 152.

② TARSKI A. The Concept of Truth in Formalized Languages. In *Logic*, *Semantics*, *Metamathematics* [M]. trans by J. H. Woodger. Oxford: Clarendon Press, 1956: 152-278.

L 形式正确的公式（wffs）由以下五个子句定义：①一个一阶谓词后跟一个变量是 wff；②一个二阶谓词后跟两个变量是 wff；③如果 A 是 wff，那么-A；④如果 A 和 B 是 wffs，那么 A 和 B 也是 A&B；⑤如果 A 是 wff，那么，在 A 前面加上存在量词的结果也是一样的。因此，既然 Fx 是 wff，那么 ∃ x（Fx）也是。如果变量不受量词的约束，则它在 wff 中以自由形式出现。在 wff ∃ x（Gxy）中，变量 x 是确定的，而变量 y 是任意的。如果未绑定变量的 wff 是开放的，则那些没有自由变量的 wff 就是封闭的。L 语句都是 L 的封闭 wff。尽管它非常简单，但 L 有无限个语句。例如，如果 A 是一个语句，那么-A 也是语句；如果-A 是一个语句，那么-A 也是；以此类推直至无限。如果 wff 不包含作为部分的 wffs，我们就称它为简单句，否则称它为复杂句。因为所有封闭的 wff 都必须是存在量词，或者由它们组成，所以 L 的所有语句都是复杂句。①

塔尔斯基认为，对真理形式的定义应符合我们关于语句真实含义的前理论（pretheoretical）直觉，他试图描述一个谓词的特征，这个谓词将应用于符合这种直觉的语句。一个语句的真，与这个语句所表达的意义在特定时间范围相符合。塔尔斯基对真理谓词构造的立场是可以被 LCC 的直观真语句完全满足。"形式上正确"大致就是其构成的语词不能模糊不清，要清楚明白，然后其在形成新的表达时所使用的原则也必须是毫无异议的。在元语言体系中，形式正确的"Tr"将成为真理充分条件：

（1）从表达式"Tr（x）当且仅当 p"中获得的所有语句，把符号"x"替换为 L 中任何句子的结构描述名称，把符号"p"替换为该语句在元语言中的翻译；

（2）"对于任何 x，如果 Tr（x），那么 x 是 L 的一个语句。"②

假设"p"是 LCC 的一个句子，根据推测，"Tr'p'当且仅当 p"在元语言中是可证的（元语言是真），因此"p"是真的。为此，塔尔斯基提出 T 语句作为对任何假定定义的检验。使用 T 作为检验方式，被称为约定 T 是真理定义的实质充分性条件，因为它决定了真理谓词的外延应该是什么。比如，它应该适用于哪些语句适用于真，而不是它称一个语句为真的意思。一个任意谓词的定义实际上是一个谓词的定义，对于一种语言来说是正确的，如果它包含了 T 的

---

① Evine S. *Donald Davison* [M]. California：Stanford University Press，1991：83.
② TARSKI A. The Concept of Truth in Formalized Languages. In *Logic*，*Semantics*，*Metamathematics* [M]. trans by J. H. Woodger. Oxford：Clarendon Press，1956：187-188.

所有实例,对于该语言来说称为 T 语句。任何应用于对象语言语句的谓词,当且仅当它们在元语言中的翻译是真时,谓语才"是真的"。正如戴维森所说,"约定 T 提供了直觉上显而易见的真理和形式语义学之间的唯一联系。如果没有约定 T,我们就没有理由相信真理是塔尔斯基给我们展示的如何描述的东西"①。

20 世纪六七十年代,在戴维森看来,一种适当的意义理论必须满足下述条件:①它必须使我们能够给我们所研究的自然语言 L 中的每个语句提供意义,并且能够解释 L 中有限数量的语词按照规则组合的意义;②它必须是可以经验地检验的。②戴维森采用塔尔斯基的真理理论为自然语言提出了真值条件意义理论,把真与意义联系起来。戴维森的意义理论并没有直接解释意义是什么,他通过塔尔斯基约定 T 中的定理,根据对象语言的成真条件来解释语句的意义。在《真理与意义》一文中,戴维森主张"给出语句的真值条件,也是给出语句意义的一种方式。知道一种语言的语义性真理概念,便是知道一个语句为真是怎么一回事,而这就等于理解了这种语言"③。塔尔斯基的真理理论为戴维森意义理论在形式框架、验证证据形式等方面提供了模型,对其自然语言的意义理论建构影响巨大。

三、拉姆塞的决策论:戴维森信念与行动关系的分析工具

弗兰克·拉姆塞对哲学、数学和经济学做出了开创性的贡献,他在罗素和维特根斯坦的逻辑原子论理论基础上,将他们的思想提高到一个新的高度,开创了分析哲学的一个新阶段。拉姆塞对信念和断言的主要分析出现在他的论文《真理与概率》(1926)、《事实与命题》(1927)和《真理的性质》(1929)中,在《律令与事实的普遍性》(1928)和《普遍命题与因果关系》(1929)中对"普遍信念"发表了一些重要的评论。在《真理与概率》中,拉姆塞提出了对信念、概率和效用的分析。

---

① DAVIDSON D. In Defense of Convention T. in *Inquiries into Truth and Interpretation* [C]. Oxford: Clarendon Press, 1984: 66. 戴维森. 对真理与解释的探究[C]. 牟博,江怡,译. 北京:中国人民大学出版社, 2007: 84.

② DAVIDSON D. *Inquiries into Truth and Interpretation* [C]. Oxford: Clarendon Press, 1984: 11, 14, 41, 75. 戴维森. 对真理与解释的探究[C]. 牟博,江怡,译. 北京:中国人民大学出版社, 2007: 21+24+56+93.

③ DAVIDSON D. Truth and Meaning. in *Inquiries into Truth and Interpretation* [C]. Oxford: Clarendon Press, 1984: 24. 戴维森. 对真理与解释的探究[C]. 牟博,江怡,译. 北京:中国人民大学出版社, 2007: 36.

(一) 信念与欲望

拉姆塞是一位关于信念的实用主义者,他在《真理与概率》以及《事实与命题》中明确地声明了他的实用主义态度。在《真理与概率》中,他将理性方法解释为一种实用主义的范式:我们通过心灵习惯是否有效来判断是否合理。在《事实和断言》中他认为实用主义的实质是一个语句的意义是参照断言它将导致的行动来确定的。他把关于意义的实用主义归因于罗素的影响。事实上,在《心的分析》(1921) 中,罗素通过其因果历史来解释词的意向性属性。对于当时的罗素来说,一个词的意义是它的使用,拉姆塞承认自己关于意义的实用主义的来源就是罗素的心灵哲学的这一立场。作为一个实用主义者,拉姆塞通过关注信念的因果关系来解释个体信念。因此,忽略用以表达两句话的语言构成,如果两句话由相同原因引起且产生相同效果,则它们表达了同样的信念。拉姆塞承认,信念是一个含糊不清的术语。人类和非语言动物都可以说具有信念。在非语言动物中,信念是行动的倾向 (disposition);在语言动物中,信念是一种心灵状态,它包含着一种特定的内容,它涉及相关的语词。拉姆塞举例鸡不吃某种毛虫是因为它将这种毛虫与不愉快的过去经验联系起来,它相信这种毛虫是有毒的。语言动物的信念是根据对逻辑结构符号复合体的态度来明确定义的。[①] 他从语用学的角度分析了两种信念,即语言的和非语言的信念,其中"信念与行动之间的关系确实在拉姆塞关于这个主题的一些最有影响力的著作中占据了中心地位"[②]。

拉姆塞在分析信念时区分了心灵因素和客观因素。最简单的一种以鸡为例,心灵因素是动物外部行为的一部分[③],即鸡基于曾经不愉快的经验而不吃毛虫的行为,这种情况下的客观因素是世界相关方面的综合考虑,即毛虫和有毒的性质,心灵因素与之有某种联系。另一方面,在用语言表达的信念中,心灵因素部分地由那些"大声说出或仅仅是想象的、连接在一起"的词语或符号构成。用语词表达的信念可以分为三类:①内容由谓词或关系及其主目 (arguments) 表示的信念,即由简单结构的原子句表示的信念,如 aRb;②内容包括逻辑连接词的信念 ('not' 'and' 'or'),③一般信念。在①中,最简单的语言例子是,

---

① Hookway. Ramsey and Pragmatism: the influence of Pierce. in *F: Ramsey Critical Reassessment* [M]. ed by Frápolli, M. J. London: Thoemmes Continuum, 2005: 185.

② Hookway. Ramsey and Pragmatism: the infulence of Pierce. in *F: Ramsey Critical Reassessment* [M]. ed by Frápolli, M. J. London: Thoemmes Continuum, 2005: 186.

③ RAMSEY F. Facts and Propositions. in *Foundations of Mathematics* [C]. New York: Humanities Press, 1950: 159.

一个行动者相信 aRb 意味着他以某种方式把单词"a""R"和"b"连接在一起。在语言生物中，心灵因素的另一个组成部分是一种伴随着语言的感觉。拉姆塞所说的"感觉"（feeling）并不是指一种私人情绪，而是指行动者的某种态度，这种态度可以用不太主观的词项来表达。拉姆塞在《真理与概率》一书中解释说，对内容纯粹的个人感觉在信念分析中不起任何作用，对衡量信念程度也毫无用处："一旦我们从数量上看待信念，在我看来，这似乎是我们唯一可以接受的观点。相信和不相信的区别在于是否有内省的感觉。但是，当我们试图知道更坚定地相信和不那么坚定地相信有什么区别时，我们就不能再把它看作或多或少地包含着某种可观察到的感觉；至少我个人不识别这种感觉。①"

他认为个人感情与信念分析无关基本上有两个原因。第一个问题涉及分配客观测量的困难，但可能决定性的原因与我们最不可动摇的信念没有任何特别的感觉这一事实有关。正如拉姆塞所说："没有人对他认为理所当然的事情有强烈的感觉。"② 量化的句子是"行为或态度的规则"③，表达了"我们随时准备做出的推论"④。

第二类的语言信念，即那些也包括逻辑术语如"不是""和"和"或"的信念更为复杂。拉姆塞和维特根斯坦一样，认为逻辑词不是名字，也就是说，它们不代表对象。"不是"和"或"的含义是由行动者对包含它们的句子的态度决定的。相信非 p 和不相信 p 是"等价事件"⑤，即他们表达相同的态度，因为他们的实际效果是不可区分的⑥。

分析第二类信念的一个特殊困难来自需要同时识别对几个原子句的态度。拉姆塞说，在逐一考虑原子句时，行动者只需要考虑两种相互排斥的感觉，即完全相信和完全不相信的感觉。"部分信念的中间态度"，他提议"留给概率论"⑦，在《真理与概率》中讨论。为了同时处理对各种原子句的态度，拉姆塞

---

① RAMSEY F. Truth and Probability. in *Foundations of Mathematics* [C]. New York: Humanities Press, 1950: 65.
② DOKIC J, ENGEL P, RAMSEY F. in *Truth and Success* [M]. London: Routledge, 2002: 7.
③ DOKIC J, ENGEL P, RAMSEY F. in *Truth and Success* [M]. London: Routledge, 2002: 31.
④ RAMSEY F. Truth and Probability. in *Foundations of Mathematics* [C]. New York: Humanities Press, 1950: 237-255.
⑤ RAMSEY F. Facts and Propositions. in *Foundations of Mathematics* [C]. New York: Humanities Press, 1950: 138-155.
⑥ DOKIC J, ENGEL P, RAMSEY F. in *Truth and Success* [M]. London: Routledge, 2002: 24.
⑦ RAMSEY F. Facts and Propositions. in *Foundations of Mathematics* [C]. New York: Humanities Press, 1950: 138-155.

借用了前期维特根斯坦的真值可能性概念。当 n 个原子句在起作用时，有 2n 个完全相信和完全不相信的可能组合。因此，"一个句子的意义是同意和不同意这样或那样的真值可能性"①，命题是"它同意的真值可能性的分离"②。

第三类语言信念是一般信念，即那些表达方式包括"所有"和"一些"的信念。关于一般命题，拉姆塞先后持有两种不同的观点。早期观点在《事实与命题》和《规律与事实的普遍性》中，把量化命题视为原子命题的合取和析取。③后来他发现，合取式和析取式与量化命题有根本区别。合取词和析取词的主目可以列举，而量化命题的主目是通过命题函数给出的。这些命题函数在我们不知道它们的具体实例，或者它们太多以至于无法列举的情况下显示了它们的有用性。当这种列举在逻辑上可能时，我们就有了事实的普遍性；当列举不可能时，我们有规则的普遍性。他认为一般命题的作用是实用主义的，作为"我们的知识系统化为演绎系统"任务的辅助手段，而不是语义。

（二）量化信念与选择行为的关系

意义与整体语境相统一。因此，在某种程度上，一个行动者是理性的，他将采取他认为是最好的选择。当我们解释不同生物的行动时，我们将它们视为理性的行动者，不是基于任何经验，而是期望通过这样的方式可以最大限度理解它们的行为。

拉姆塞提出的决策的经验论是将概率演算的形式化工具与行动者的行为和态度模式相匹配。在建立了这种联系之后，我们就可以用这种工具来解释一个人的行为，把他的行为与他的信念和欲望联系起来；我们可以把他的行为解释为由某种情况引起的。拉姆塞认为我们不必在意描述信念和欲望的确定性，不必诉诸内省了解情感强度；他认为，我们可以用"某人准备采取行动的程度"④来解释此人相信 p 的程度。他以问路的例子解释了人们的信念与行动的关系。他认为旅行者愿意特意问路而消耗的路程的千米数既反映了他的信念程度，又反映了他的效用。通过一个简单的公式，拉姆塞把信念的主观概率、主观效用和行动者可观察的选择联系起来。戴维森借鉴了这个例子，用来解释信念、意

---

① RAMSEY F. Facts and Propositions. in *Foundations of Mathematics* [C]. New York: Humanities Press, 1950: 138-155.
② RAMSEY F. Facts and Propositions. in *Foundations of Mathematics* [C]. New York: Humanities Press, 1950: 138-155.
③ DOKIC J, ENGEL P, RAMSEY F. in *Truth and Success* [M]. London: Routledge, 2002: 30.
④ RAMSEY F. *The Foundations of Mathematics and Other Logical Essays* [M]. ed by R. B. Braithwaite. Landon: Kegan Paul, Trench, Trubner&Co, 1931: 169.

义和可观察的持真态度的关系。

拉姆塞认为,当行动者基于信念与欲望行动时,通过对一个行动者进行多次观察,我们能通过观察行动者的选择行动解释其信念与欲望。例如,假设拉姆塞喜欢数学课而不是语言课,他有以下两种选择:

选择1:如果从一副牌中抽出红牌,他将去上数学课,而如果抽出的不是红牌,他将去上语言课。

选择2:如果从一副牌中抽出的不是红牌,他将去上数学课,而如果抽出红牌,他将去上语言课。

如果拉姆塞在选择1和选择2之间表现客观中立,那么他在选项1(上数学课,上语言课)中为两种可能的结果分配的概率值与他在选项2(上语言课,上数学课)中为结果分配的概率值相反;如果是这样的话,那么我们就可以消去欲望程度,得出他的信念程度。我们推断出他详细抽出红牌的概率为1/2,如果这是正确的,他认为选择红牌的概率与选择黑牌的概率是相等的,这就解释了拉姆塞对自己喜欢的结果(他上数学课)与红牌被抽或不被抽之间的中立的态度。只要我们假设行动者的行为和态度形成一个融贯模式,就可以很容易地为他的一些其他信念分配程度,并校准他的欲望的强度。假设一张红牌将被抽出,他在确定(概率=1)和完全不相信(概率=0)之间分配了一个概率(1/2),我们为他提供进一步的博弈,以确定他分配概率3/4,这是确定性和他相信红牌会被抽出的程度之间的中间点;同时,以确定他分配概率1/4的陈述,这是完全不相信和他相信红牌将被抽出的程度之间的中间点。基于类似方法,可以计算出他的欲望强度。[①]

戴维森采纳拉姆塞在决策论中的方法来说明塔尔斯基式真理理论的形式工具与实际言语行为的联系。解释者必须找到一种合理的方法,在解决信念和意义中的一个因素的同时可以确定另一个因素。戴维森认为,一个解释者有理由假设说话者的大部分核心信念与他自己的一致。证明这种假设的理由是,只有在达成广泛一致的背景下,分歧和普遍的信念认同才有可能。

戴维森把解释者面临的经验情况类比于拉姆塞的例子,他将对一个行动者公开行为的观察作为解释者形成解释理论的证据。关注可观察的行动意味着解释者的证据置于在对说话者说什么和做什么的描述中,例如,对说话者在这样或那样的情况下发出某种言语声音的描述。他认为,"意义理论在本质上是语义

---

① JOSEPH M. *Donald Davidson-Philosophy Now* [C]. Delaware:Acumen Publishing Limited,2004:51-52.

的，而证据是非语义的"①，但后来他承认可能是一种过度限制，并承认证据会涉及与意义密切相关的概念，尤其是信念、欲望等命题态度。解释者现在可以合理地开始将说话者在某些场合所持真的语句与当时环境中所发生的语句联系起来。通过观察解释者认为是什么在环境中导致了说话者对这种语句持真，解释者就可以开始通过他的话意味着什么来确定说话者的话的意义。因为解释者现在可以假设，他自己认为在当时的环境中正在发生的事情正是说话者认为正在发生的事情。戴维森认为，成功的解释者通常必须把说话者的话语和信念视为对正在发生的事情的大体正确的反映。一旦解释者掌握了与环境中发生的可观察的事情直接关联的话语，他就可以继续尝试，通过他已经了解的东西来确定那些与可观察的环境没有那么直接联系的话语的意义。

总之，戴维森把意义问题与知识、心灵、行动和逻辑的传统哲学问题交织在一起，彰显其意义研究对时代主题的把握之特征。戴维森意义理论的目标是自然语言，而非形式语言；意义理论应该满足递归性原则，以衍生出对象语言的无限语句，塔尔斯基的真理理论为戴维森的自然语言的意义理论提供了形式表征基础。同时为了解释成功，我们应该以语词、语句的整体性为原则，以及信念和意义的整体性为基础进行理论建构，奎因的语言思想是戴维森关于自然语言解释的思想基础。最后，拉姆塞的决策论成为戴维森解决信念和行动的分析工具，有助于在解决信念和意义中的一个因素的同时，将另一个因素也固定下来。

---

① DAVIDSON D. Belief and the Basis of Meaning. in *Inquiries into Truth and Interpretation* [C]. Oxford: Clarendon Press, 1984: 142. 戴维森. 对真理与解释的探究[C]. 牟博，江怡，译. 北京：中国人民大学出版社，2007: 173.

第三章

意义与解释

戴维森认为理解"语词的意义是什么"的任务可以通过考虑我们如何在证据的基础上确认说话者的真理理论而得到有效的解决，这些证据最初并不假定对说话者的意义或其命题的详细内容有任何了解，他通过倒转塔尔斯基约定T理论中真理与意义的关系，给出话语的真值条件来解释话语的意义。戴维森通过彻底解释的思想实验，为应用于自然语言的塔尔斯基的约定T做出经验确证。"真"是重要的，如果没有真之概念，我们就不是能思考的生物。将真之概念与语言、信念和具有意向的行动连接在一起，是真成为心灵理解世界的关键。他对真理认识的变化，也影响着我们对其意义理论的解读。通过先在理论和当下理论的区分，我们获知意义可以分为字面意义、第一意义和说话者意义，更加凸显了戴维森意义理论的语用倾向的解释。

第一节 自然语言的真值条件意义理论建构

在《意义理论与可习得的语言》（1965）和《真理与意义》两篇文章中，戴维森揭示了自然语言意义理论的可能性。他认为，一种适当的意义理论必须满足一些条件。在他看来，如果一种意义理论给所研究的语言中的每个语句 s 提供了一个相配语句，以取代"s 意谓 p"中的 p，这个语句 p 就提供了 s 的意义，那么这种意义理论就算完成了它的任务。

一、组合性的自然语言：戴维森意义理论的出发点

戴维森对语言的分析工作开始于为自然语言建立形式化的语义学。尽管很多分析哲学领域的先辈如弗雷格、维特根斯坦等人，对待形式语言和自然语言的关系各有差异，但是他们一致认为自然语言是模糊混乱的，易引起歧义，无法进行形式化处理。戴维森说："关于自然语言的形式语义学前景如何呢？根据塔尔斯基的看法，这种前景是很可悲的。我相信大多数逻辑学家、语言哲学家

和语言学家都会赞同他的看法。"① 塔尔斯基认为，只有根据形式化概念改造自然语言，才能对其使用形式化概念从而避免混乱模糊。戴维森认为，意义理论的主要任务并不是对自然语言进行改造、改进，而是对其描述和理解。所以他认为"塔尔斯基的论点，是我们必须在我们能够应用形式语义学方法之前彻底改造自然语言。如果这是正确的，它对我的计划便是致命的"②。戴维森认为，理解形式语言必然以自然语言为基础，因为我们认为形式语言是自然语言的一部分，以自然语言为出发点的意义理论是可能的。

戴维森在《意义理论与可习得的语言》一文中提出，可习得语言的一个必要特征就是能够对语句的意义做出"构造性说明"，"这种理论一定能够给出一种语句意义的构造性说明。我把这种说明就称为这种语言的意义理论，而且我认为，如果一种意义理论与这个条件相冲突，无论它是由哲学家、语言学家还是由心理学家提出来的，它都无法作为一种关于自然语言的理论；如果它忽略了这个条件，它就没有讨论语言概念中的核心内容"③。自然语言中语句意义的构造性说明是可能的，这一论点的基础是我们是有限的存在，自然语言有无限多的非同义语句。要理解它们，就必须掌握有限数量的语义初始项和控制它们组合的规则。④ 意义理论的主要任务就是解释说话者理解对象语言的每句话的能力。因此对于（有意义的）无限的每一个语言的语句，意义理论应该以某种方式给出意义。意义理论的这个条件被称为"组合性"条件。他最初在《真理与意义》一文中所阐述的正是试图提供一种组合理论，说明语句的意义如何依赖于其组成部分的意义。显然，重点是理解自然语言中的意义，戴维森认为它应该采取一种特定的形式。

自然语言是组合性的。戴维森的"可习得的"论据的本意是指既然语言是可习得的，那么关于它的理论必须反映自然语言如何在有限的资源基础上产生

---

① DAVIDSON D. Truth and Meaning. in *Inquires into Truth and Interpretation* [C]. Oxford：Clarendon Press，1984：28. 戴维森. 对真理与解释的探究[C]. 牟博，江怡，译. 北京：中国人民大学出版社，2007：40.

② DAVIDSON D. Truth and Meaning. in *Inquires into Truth and Interpretation* [C]. Oxford：Clarendon Press，1984：29. 戴维森. 对真理与解释的探究[C]. 牟博，江怡，译. 北京：中国人民大学出版社，2007：41.

③ DAVIDSON D. Theories of Meaning and Learnable Languages. in *Inquiries into Truth and Interpretation* [C]. Oxford：Clarendon Press，1984：3. 戴维森. 对真理与解释的探究[C]. 牟博，江怡，译. 北京：中国人民大学出版社，2007：14.

④ DAVIDSON D. Theories of Meaning and Learnable Languages. in *Inquiries into Truth and interpretation* [C]. Oxford：Clarendon Press，1984：8-9. 戴维森. 对真理与解释的探究[C]. 牟博，江怡，译. 北京：中国人民大学出版社，2007：18-19.

无限数量的非同义句。"我提议……可习得语言的一个必要特征：必须能够对语言中语句的意义做出构造性说明。我把这种解释称为语言的意义理论。与这个条件相冲突的意义理论，不可能是自然语言的理论。"① "我们有责任事先考虑从经验上研究什么才能算作我们所谓的知道一种语言…… 一个自然的条件是我们一定能够定义表达式的谓词，这完全是基于它的形式属性……对任意一个语句而言，语言的说话者用这个语句所意谓的东西，在适当的理论指导下，我们可以看到说话者的行动和倾向是如何在语句中产生语义结构的。"② 语言使用者是有限的人，但我们可以理解和产生无限的话语。因此，自然语言可以说是组合的；语义初始项是无限语义复合物（语句）的有限构建模块。组合性机制显示了这种语句的增殖机制。这种机制可以无限地生成新的语句。以"并且"为例，"猫喜欢牛奶"这句话可以和另一句话"养猫的人是有同情心的人"结合起来，把它们和"并且"联系起来。由此产生的语句"猫喜欢牛奶，并且养猫的人是有同情心的人"是一个新的语句，它的意义取决于它的子句的意义。"因为""或""不是"和"如果……那么……"是其他组合手段，它们可以通过连接子句而产生新的无限多的复合句。此外，我们还可以用词组来表现语言的组合性，例如"x 的祖先"："唐纳德的祖先"指的是唐纳德的祖先，但我们可以通过将这个函数再次应用到这个表达中，从而得出"唐纳德的祖先的祖先"。要接受这种递归现象，就必须对语言进行构造性的说明，这种构造性对于戴维森来说是意义理论的一般条件。

在可习得性论据中被称为语义初始项的有限数量的元素是在公理集合中给出的。③ 语言使用者可以从公理所定义的语义初始项中构建语义复合物，即语句。对我们来说，重要的是真理理论的作用在于"使每个语句的已知的真值条件与语句里的那些重新出现在其他语句里的方面（'语词'）相关，并能在其

---

① DAVIDSON D. Theories of Meaning and Learnable Languages. in *Inquiries into Truth and interpretation* [C]. Oxford: Clarendon Press, 1984: 3. 戴维森. 对真理与解释的探究[C]. 牟博，江怡，译. 北京：中国人民大学出版社，2007：14.

② DAVIDSON D. Theories of Meaning and Learnable Languages. in *Inquiries into Truth and interpretation* [C]. Oxford: Clarendon Press, 1984: 8. 戴维森. 对真理与解释的探究[C]. 牟博，江怡，译. 北京：中国人民大学出版社，2007：18.

③ DAVIDSON D. Theories of Meaning and Learnable Languages. in *Inquiries into Truth and Interpretation* [C]. Oxford: Clarendon Press, 1984: 9. 戴维森. 对真理与解释的探究[C]. 牟博，江怡，译. 北京：中国人民大学出版社，2007：19.

他语句里被赋予相同的作用"①。举个例子,如果我们想当然地认为我们知道语义初始项"雪"是什么意思,就意味着这个初始项是如何影响它出现于其中的语词的真值。以下列语句为例:"雪是白色的""如果云是白色的,雪与云的颜色相同"和"雪是冷的";如果这些语句中的"雪"这个语词被替换为"雨",那么对"雪"来说正确的前两句话就变成了假的,第三句话有时是真的,有时是假的;然而,对"雪"来说,它总是真的。②

语言是可习得的,我们也可以用形式的方式来展示。让我们定义两个基本子句和两个递归子句,以说明它们如何在持真的同时生成无限多个非同义语句。使用"或"和"和"作为递归手段,并使用两个简单句(φ 和 ψ)作为基本子句。

1. 基础子句③
(1)"雪是白的"是真的,当且仅当雪是白的。
(2)"草是绿的"是真的,当且仅当草是绿的。

2. 递归子句④
(1)「φ 或 ψ」为真当且仅当 φ 为真或 ψ 为真。
(2)「$-\varphi$」是真的,当且仅当 φ 不是真的。

有了这两个基本子句,我们就可以生成无限多个复合句,通过它们与递归子句的结合,这些语句的真值取决于简单子句。

诉诸意义实体化是徒劳的。戴维森在《真理与意义》中指出,在给"泰阿泰德飞翔"中的"泰阿泰德"和"飞翔"赋予意义时,你似乎需要回答这样一个问题:如何将这些语义部分结合起来,以达到整体的意义。让"泰阿泰德"指泰阿泰德,谓词"飞翔"指的是从属于事物的功能。如果你理解指称表达式和谓词表达式,那么你是否也理解复合主谓表达式?也就是说,知道这两个表达式的所指对象是否为你提供了有关复杂表达式的知识?戴维森认为答案是否定的。这是戴维森所说的确定"命题的统一性"问题的一个方面,也是他在著作《真与谓述》(2005)中讨论的问题。⑤ 问题的关键是,各个部分如何结合形

---

① DAVIDSON D. Truth and Meaning. in *Inquiries into Truth and Interpretation* [C]. Oxford: Clarendon Press, 1984: 25. 戴维森. 对真理与解释的探究[C]. 牟博,江怡,译. 北京:中国人民大学出版社,2007: 37.
② WHEELER D. *On Davidson* [M]. CA, USA: Thomson/Wadsworth, 2003. p: 4.
③ WHEELER D. *On Davidson* [M]. CA, USA: Thomson/Wadsworth, 2003. p: 6.
④ WHEELER D. *On Davidson* [M]. CA, USA: Thomson/Wadsworth, 2003. p: 6.
⑤ DAVIDSON D. *Truth and Predication* [C]. Cambridge, Mass: Harvard University Press, 2005. 戴维森. 真与谓述[M]. 王路,译. 北京:上海译文出版社,2007.

成新的整体。

我们如何确定"布鲁图斯杀了恺撒"这个复杂句的含义？你可以从赋予这些部分以意义开始，例如"布鲁图"是布鲁图，"恺撒"是恺撒，"杀人"的行为是杀。那么，如何将这三种意义结合起来，以达到整体的意义呢？可以引入主谓分析："杀"中的行动者角色指的是谓词左侧的指代表达式，主语是做杀的主语；谓语右侧是受话者角色，行动者对其起作用。但是你还有更多的意义需要结合起来才能形成整体。在这个论证中，戴维森认为弗雷格引入实体来解决意义的问题是徒劳的，是无限的倒退的，同时无法解释各个部分是如何结合形成一个意义的整体。将意义实体化的另一个困难是，虽然这样的解释引入了意义的指称，以绕过内涵语境的问题，但这些对意义的指称在解释意义概念方面没有任何作用。如果我们展示"布鲁图斯杀死恺撒"是如何指布鲁图斯杀死恺撒的意思，我们也没有更好的解释概念的含义。在将一个对象语言语句和一个元语言语句配对时，如"s"指的是 m 的意思，我们需要展示的是我们如何能够将这两个语句配对。我们对对象语言与之搭配的表达的预先理解，在配对中起到了作用，但是我们无法解释这种配对。

自然语言是一种具有内在形式结构的语言，构造性就是将这种结构以有限的语词用组合理论产生无限的语句，进而实现对意义的把握。一个恰当的意义理论应该是自然语言的一种构造性说明，将意义诉诸实体是徒劳的，对象语言的语句和元语言配对是一种构造性的结果。

二、约定 T：真值条件语义学的形式模型

戴维森认为塔尔斯基语义性真理理论为其提供了意义理论的基本模型。约定 T 在外延上表达了真理谓词的意义，通过给出对象语言语法结构、形式规则最后给出真理定义。塔尔斯基向我们展现了形式语言及其真理理论的逻辑形式与构造方法。尽管其初衷是在形式语言的基础上探究真理，却给戴维森以深刻启示。戴维森正是运用了塔尔斯基的真理与意义的关系模型来探讨自然语言的意义。

塔尔斯基在《形式语言中的真概念》一文中区分了对象语言与元语言，如果把"在 L 中为真"这个语句视为 L 的元语言 M 中的一个语句，就能够消解语义悖论。如果元理论的演绎系统证明以下内容，则元语言中对符号"Tr"的形式正确定义将被称为真理的适当定义①：

（1）从表达式"Tr（x）当且仅当 p"中获得的所有语句，把符号"x"替换为 L 中任何句子的结构描述名称，把符号"p"替换为该语句在元语言中的翻译；

（2）"对于任何 x，如果 Tr（x），那么 x 是 L 的一个语句。"

塔尔斯基把元语言 M 里的 s 的成真条件称为 T 等式，其表述形式为：

（T）s 是 t 当且仅当 p。②

塔尔斯基认为语句的名称和语句的关系是 s 是真当且仅当 p，将其称为 T 等式。塔尔斯基构建约定 T 是为了确保如何定义真理谓词。约定 T 假定我们对 s 有个解释，还假设我们知道 s 的意义，为了应用约定 T，我们必须能够确定 p 是不是 s 的翻译。塔尔斯基运用意义的概念或解释来获得真理概念。戴维森正好与之相反，他是将真理理论作为探究意义的路径，这种关系是理解语句意义的关键。只要将真理概念理解为一种先验把握，通过 T 等式就能获得意义。当受试者熟练掌握对象语言时，他能把一个符合语法的语句和一个不符合语法的语句区分开来，并且知道每个语法语句的意思。但如果受试者是一个彻底解释者，他必须亲自测试他的理论，他可能对语言只有一点点了解甚至根本不懂，但测试必须是一种即使是这样的人也能做的测试。我们可以给出这种语言的每一句话的意义，那就是有一种理论，对每一个语句，给出形式语句：

（M）s 的意谓是 m。

其中 s 被对象语言 L 的语句结构描述所取代，m 被元语言的语句所取代。③但是"意谓"涉及意义理论希望阐明的内涵概念。因此，戴维森提出用外延概念代替"意谓"是当且仅当，并要求一个令人满意的意义理论必须在不使用任何进一步的语义概念的情况下，对谓语"is T"施加足够的限制，以便理论包含所有形式的语句：

---

① TARSKI A. The Concept of Truth in Formalized Languages. In *Logic*, *Semantics*, *Metamathematics*［M］. trans. by J. H. Woodger. Oxford：Clarendon Press，1956：187-188.

② TARSKI A. The Concept of Truth in Formalized Languages. In *Logic*, *Semantics*, *Metamathematics*［M］. trans by J. H. Woodger. Oxford：Clarendon Press，1956：187-188.

③ DAVIDSON D. Truth and Meaning. in *Inquires into Truth and Interpretation*［C］. Oxford：Clarendon Press，1984：18. 戴维森．对真理与解释的探究［C］．牟博，江怡，译．北京：中国人民大学出版社，2007：29.

(T) s 是 t 当且仅当 p。①

这里 s 由对象语言语句的结构描述代替，p 由元语言的语句代替。我们的目标是（T）导致一个语句取代 p，从而产生对 s 所描述语句的正确解释。换句话说，我们希望在（T）中 p 与 s 具有相同的含义，或者说 p 是 s 的翻译，我们怎么如何能够不假设 p 是 s 的翻译，也就是说在获得这样的（T）语句之前，不使用翻译的概念或类似的概念？假设 s 和 p 通过"是 t 当且仅当"连接，则 s 必须至少在外延上与 p 等价。如果 s 和 p 的真值不同，那么显然它们不可能具有相同的含义。因此，对"是 t"的最好的外延解释可能是"是真的"。因此，事实证明，该理论要求对象语言的每个语句都包含 T 语句，这是塔尔斯基的约定 T。人们自然会怀疑，T 语句没有给出条件，只是要求 s 与 p 有相同的真值关系，是否足以给出 p 的正确意义。因为在 T 语句中，s 只与 p 有着外延的联系，而 p 应该给出 s 的意义。正如塔尔斯基所寻求的那样，为了使这成为一种特定语言的真理谓词的实质上充分的定义，"是 t"的外延必须涵盖语言 L 中符合 T 语句中的所有持真句。原因是约定 T 的每一个实例都只是真理的部分定义，我们希望真值谓词的外延能覆盖"是 T"的所有实例，因为语言以我们所说的方式是有生产力的，这相当于可以构建出无穷多的语句。对真值谓词的限制被称为约定 T，它保证了一个外延正确的谓词。

当我们用充分的定义谓词"是 T"代替谓语"意谓"时，所谓的 T 语句，在 p 中陈述了 s 为真的充要条件。陈述这些条件说明了世界必须是什么样的，因此诉诸外延方式。说出某事必须是什么样的东西才能是真的，即陈述真值条件，是表达该句话意思的一种方式，如下例所示：

（T 语句）"Snow is white"（s）是真的，当且仅当雪是白的（p）。

在这里我们"提及"研究对象语言中的语句，断言它是"真"，并说明在将其与元语言语句的"用法"连接时确定真值条件元语言语句。如果元语言与对象语言不同，那么我们可能会有如下的 T 语句：

（T 语句）"Snow is white"当且仅当雪是白的。

这些信息对于不知道上述语句意义的人来说是很有价值的，这也说明了 T 语句的重要性。当然，约定 T 必须与时间和说话者相对化，因为同一个语句可能意味着不同的东西，这取决于这些参数——也许还有其他。话语的语境很重

---

① TARSKI A. The Concept of Truth in Formalized Languages. In *Logic*, *Semantics*, *Metamathematics*［M］. trans by J. H. Woodger. Oxford: Clarendon Press, 1956: 187-188. 戴维森. 对真理与解释的探究［C］. 牟博, 江怡, 译. 北京：中国人民大学出版社, 2007: 35.

要，一个明显的例子就是索引式表述。因此，我们可以提出一种 T 语句的变体，它将考虑到这种被广泛接受的索引性，产生 Tc：

（Tc）对于任何说话者 S，时间 t，s 对于 S 在 t 时间是真的，当且仅当 p。

如果你说出一个语句，就像说话者在某个特定的时间和地点所说的，这个语句要求一个可能的或实际的世界是真的，那么你可以说，这个语句在对象语言中意味着什么。因此，我们可以利用这个简单的方法来匹配或配对我们所学语言中的一个语句和一个元语言语句，而没有实体意义。

总之，戴维森通过改造塔尔斯基的真理理论以适应自然语言构建意义理论，不但满足意义理论的组合性和整体性要求，而且塔尔斯基的约定 T 回答了"知道一个语句为真意味着什么"，避免了以往意义理论论述的模糊性和内在的困难。

第二节　彻底解释：戴维森意义的理解方式

戴维森在《彻底解释》（1973）一文中明确指出，与《真理与意义》相比，仅仅知道真理理论是不够的，因为 T 语句很显然并不能给出它所论及的那个语句的意义：T 语句确实确定出相对于某些条件的真值，但它并不是说对象语言语句之所以为真是因为这些条件成立，因为条件是 p，它的意谓是 p。这种情况下，就要引入彻底解释的方法来生成意义。彻底解释要解决什么样的知识使解释者能够理解完全陌生的语言中的话语的问题，戴维森认为持真态度及话语中真信念是解释成功的重要组成部分。

一、彻底解释的内涵

术语"解释"本身有一个过程性产生的模糊性：在结果的意义上，由一个解释者表示一个内容指派，或内容本身。从过程意义上讲，解释是导致结果意义上的解释的过程。解释过程的"目的"是理解，即对内容的了解。从过程意义上讲，解释涵盖了从自主或半自主（automatic or semiautomatic）理解一种众所周知的语言的话语，到对旧文本的方法上的精心解释，或是努力理解一种不同语言的人。如果目的是理解一门完整的语言，那么解释的结果就是戴维森所说的意义理论。戴维森强调，解释理论必须揭示目标语言的语义结构，而翻译理论不必：翻译理论必须把某种结构解读成语句，但我们没有理由期望它能提供任何关于语句意义如何依赖于语句结构的见解。用于解释一种语言（包括我们自己的语言)之表达的令人满意的理论会揭示重要的语义结构。例如,对复杂语句之表达的解释便系统地依赖对较简单的语句之表达的理解。①解释和翻译成自己的语言都能使人理解其他种类的话语,但解释是一项更具理论意义的工作。

"彻底解释"这个语词仍然是效仿奎因在《词语和对象》(1960)第二章中的"彻底翻译"而产生的。直观上是指"从零开始"的翻译/解释,没有对所涉语言的任何预先了解,也没有对说话者态度的详细了解,奎因和戴维森对其的描述都是更倾向于一种思想上的实验。

戴维森《彻底解释》的开篇:

"库尔特(Kurt)说出了'Es regnet'这些语词,我们在正确的条件下知道他说天在下雨。把它说出的话辨识为意向性和语言的,我们就能继以解释他说出的那些语词:我们能够说明他的那些语词在那种场合下的含义。我们要具备什么样的知识以便能使我们做到这一点?我们如何能够得以了解这种知识?在适当的条件下,我们知道他说过正在下雨。我们可以在他的话语中,有意识地去解释他的话语。我们能知道什么能让我们做到这一点?我们如何能够得以了解这种知识?"②

这实际上包含两个问题,第一个是让解释者能够理解说话者的任意语句需要什么理论,第二个是解释者凭什么能获得这种知识。其中第一个问题,我们也可以拆分为两个,也就是什么样的理论形式使解释者对说话者的语言的任何语句都有足够的了解,以及解释者要具备这种能力,需要具备什么样的理论知识。显然,仅仅知道事实上拥有正确的理论是不够的。我们也必须知道它有正确的属性,至少它必须是真实的。所以,对后者的回答至少应该包括理论是真的。对于第一个问题,戴维森认为自然语言的意义理论应该借鉴塔尔斯基真理定义的形式(第一节中已讨论)、定理(T 语句)的形式:s 在 L 语言中是真的,当且仅当 p。戴维森对第二个问题的答案就是我们本章的核心,那就是彻底解释。

戴维森认为,语言的真理理论应当是一种经验理论,应当根据特定说话者

---

① DAVIDSON D Radical Interpretation. in *Inquires into Truth and Interpretation* [C]. Oxford: Clarendon Press, 1991:130. 戴维森. 对真理与解释的探究[C]. 牟博,江怡,译. 北京:中国人民大学出版社,2007:158.

② DAVIDSON D Radical Interpretation. in *Inquires into Truth and Interpretation* [C]. Oxford: Clarendon Press, 1984:126. 戴维森. 对真理与解释的探究[C]. 牟博,江怡,译. 北京:中国人民大学出版社,2007:154.

或者语言群体的行为而被证实。① 这包括对语句的持真态度和对说话者环境中事件和情况的确定。解释者可以合理地将说话者在某些场合所持真的语句与当时环境中所发生的语句联系起来。通过观察解释者认为是什么在环境中系统地导致了说话者对这种语句持真，解释者就可以开始通过他的话意味着什么来确定他的意义。因为解释者可以假设，他自己认为在当时的环境中正在发生的事情正是说话者认为正在发生的事情。根据戴维森的观点，成功的解释者通常必须把最基本的话语和信念仅仅看作世界上那些导致这些话语和谎言的东西。解释者一旦掌握了说话者的部分话语，将这些话语与环境中发生的可观察的事情联系在一起，他就可以继续尝试，通过已经了解的东西，来确定那些与可观察的环境没有那么直接联系的话语的意义。

戴维森认为，除了说话者的实际话语和话语所处的环境外，解释者还能够检测出说话者何时认为特定的话语或语句是真的。然而，困难在于一个人认为一句话是真的，既因为他所指的是什么（意义），也因为他所相信的（信念）。戴维森把持真态度称为意义和信念的"矢量/载体（vector）"，解释者却都不知道这个持真态度。例如，假设解释者注意到说话者说出"Gavagai"是真的，这句话只适用于解释者看到兔子从说话者面前经过的所有情况。如果没有理由认为在这种情况下，说话者自己相信附近有一只兔子，那么几乎没有理由认为他所说的"Gavagai"与兔子有任何关系。但存在的问题就是一个彻底解释者根本不知道说话者的信念，厘清意义和信念相互影响的关系就成为解释者的中心任务。

根据拉姆塞在决策理论中提出的方法，戴维森采纳了这样一种观点，即为了分清这些影响，解释者必须找到一种合理的方法，在解决信念和意义两个要素中的一个的时候也要将另一个确定下来。戴维森认为，这种方法就是一旦我们看到一个解释者有理由假设说话者的大部分核心信念与他自己的一致。证明这种假设的理由是，只有在达成广泛一致的背景下，分歧和普遍的信念认同才会成为可能。戴维森认为，"奎因的关键思想是，另一个人对一个行动者的正确解释不能清楚地承认解释者和被解释者在信念方面的某些种类和程度的差异"②。这种一致不仅包括信念本身，还包括连接和支撑这些信念的理性和逻辑原则信念。如果不假定说话者的信念与他自己的信念具有相似的理性结构，那

---

① 柯克·路德维希. 戴维森[M]. 郭世平, 译. 上海：复旦大学出版社, 2011：16.
② DAVIDSON D. The Structure and Content of Truth [J]. *Journal of Philosophy* 87. 1990：319. 牟博. 真理、意义与方法：戴维森哲学文选[C]. 北京：商务印书馆, 2008：110.

么就没有什么可以指导她建构自己的意义理论。因此，解释的策略是假设说话者和解释者一样相信和推理，直到被证明是错误的。尽管这种假设可能是错误的，但假设达成一致至少是一个可行的策略。戴维森认为，如果这种一致性不普遍存在，那么解释从一开始就注定了失败。因此，这种一致性既能促使解释成功，也是对成功解释的要求。

彻底解释是关于说话者在什么时候和在什么情况下认为语句为真的事实，并且彻底解释使用证据打破信念和意义的相互依赖。这种解释必须是彻底的，因为如果它要为意义理论提供证据，如果关于意义的事实也可以作为理论的证据，那么意义的解释将是循环的。[1] 对说话者信念的诉求不会直接循环，而是间接循环，因为我们只能通过解释来了解他人的细微态度。关键的问题是，有什么理由相信以正确的方式进行的彻底解释会产生正确的结果，也就是说，提供正确理论的知识。一些批评家声称，戴维森的观点认为这只是一种验证主义。然而，戴维森的观点是，由于知识对象的特殊性——说话者意义——这一领域的事实是可知的。语言是一种社会现象[2]，因此语言意义本质上必须是公共的；一个人的意思必须是其他人可以理解的。奎因彻底改变了我们对言语交际的理解，因为他认真对待这个事实，这个事实本身就足够明显，即没有什么比一个有足够能力的人所能学习和观察到的意义更多的东西。因此，解释者的观点是对主题的启示。[3] 我们不能想当然地认为两个说话者属于同一个言语共同体，只有运用彻底解释才能揭示他们是否属于同一个群体。通过诉诸语言的社会性和公共性来激发彻底解释方法，恰恰是预先假定了成功的语言交际，这正是语言成为一种社会现象的体现。

意义是公共性的立场不仅意味着说话者可以知道其他说话者的意义，而且在语言意义的性质上，语言的语义特征是公共性的，就本质而言，不能从相关证据中描绘出来的东西，就不能构成任何意义。[4] 彻底解释不仅为意义理论提供

---

[1] DAVIDSON D. Belief and the Basis of Meaning. in *Inquiries into Truth and Meaning* [C]. Oxford: Clarendon Press, 1991: 142. 戴维森. 对真理与解释的探究[C]. 牟博, 江怡, 译. 北京: 中国人民大学出版社, 2007: 173.

[2] DAVIDSON D. *Truth and Predication* [C]. Cambridge, Mass: Harvard University Press, 2005: 56. 戴维森. 真与谓述[M]. 王路, 译. 北京: 上海译文出版社, 2007: 58.

[3] DAVIDSON D. Meaning, Truth and Evidence. in *Truth, Language and History* [C]. Oxford: Clarendon Press, 2005: 56.

[4] DAVIDSON D. The inscrutability of reference. in *Inquiries into Truth and Interpretation* [C]. Oxford: Clarendon Press, 1984: 235. 戴维森. 对真理与解释的探究[C]. 牟博, 江怡, 译. 北京: 中国人民大学出版社, 2007: 280.

了证据，成功的解释也保证了意义理论的正确。从某种意义上说，彻底解释或可解释性决定了意义和信念。任何一个说话者都可以被某个解释者（也许是一个非常相似的人）进行彻底解释。戴维森评论说，"我们不能判断他人的概念或信念与我们自己的完全不同"①。这是一个认识论立场，但它与一个关于真理的概念主张有关：我们对真理概念的最佳理解来自塔尔斯基的工作，但塔尔斯基将真理概念应用于任意对象语言，本质上与作为元语言翻译成我们的语言或我们理解的语言有关。②因此，戴维森认为，一个潜在的解释者能够通过非语言现象解释语言现象，证据的解释来源于语言使用者的外部可观察行为，并通过一致性的假定实现对意义的解释。

我们在特定话语环境中如何确定持真态度，这是获取意义的条件之一。例如如何确认"'天在下雨'这句话是真的，对于任何一个说话者来说，时间 t，'天在下雨'是真，当且仅当 S 在 t 时间下雨了"？也就是说，我们怎样才能确认语句的真呢？在说话的时候，在言语行为范围内，说话者认为它是真的？有人可能会问，为什么它必须事实上是真的，而不是被说话者简单地当作真的呢？为什么许多说话者认为他们对世界有真信念还不够？难道这不足以使解释成功吗？如果我们希望维持形而上学的实在论，那么我们希望真理独立于一个或多个个体相信的真理。因此，我们需要客观的真的概念。所以，我们要做的就是确认 T 语句的真，这样我们的塔尔斯基式意义理论就可以作为一种解释理论。我们对这种理论的经验证据是建立在持有真态度的基础上的。我们没有任何理由假设说话者认为一个语句 s 是真的这一事实实际上表明了这个语句是真的，因为特定的说话者有时可能会对"什么是真的"持有错误的观点。他们相信 p 是真的，但事实上却不是 p，那么戴维森需要解决从"相信是真的"到"事实为真"的问题。对一个语句的持真态度是由两个因素构成的态度：说话者对世界的看法（信念）和语句的意义。③

---

① DAVIDSON D. On the Very Idea of a Conceptual Scheme. in *Inquires into Truth and Interpretation* [C]. Oxford：Clarendon Press, 1984：197. 戴维森. 对真理与解释的探究[C]. 牟博，江怡，译. 北京：中国人民大学出版社，2007：235.

② DAVIDSON D. On the Very Idea of a Conceptual Scheme. in *Inquires into Truth and Interpretation* [C]. Oxford：Clarendon Press, 1984：194-195. 戴维森. 对真理与解释的探究[C]. 牟博，江怡，译. 北京：中国人民大学出版社，2007：231-233.

③ DAVIDSON D. Belief and the Basis of Meaning. in *Inquiries into Truth and Meaning* [C]. Oxford：Clarendon Press, 1991：142. 戴维森. 对真理与解释的探究[C]. 牟博，江怡，译. 北京：中国人民大学出版社，2007：173.

二、彻底解释的条件

戴维森对彻底解释的定位并不是日常生活中的交流，而是一种概念上或思想上的实验，因此他更加关注的是到底是什么可以让彻底解释成为可能。正如他自己所说：

我一直在陈述对意义、信念和意向问题的探索，其意并非直接揭示我们在实际生活中是如何达成相互理解的，也并非揭示我们是怎样掌握我们的第一批概念和第一批语言的。我对这一点的认定是相当清楚的。我一直致力于一种概念操作，旨在搞清楚我们的基础性命题态度在足够基本的层次上的相互依赖性……这种概念操作要求我们能够说明：一次性同时达成这些命题态度的整体在原则上是如何可能的。如此，就等于以一种非形式的方式，证明了我们已将使得解释成为可能的某种结构赋予了思想、意向和言语。当然，我们事先已知这是可能的。哲学问题是：什么使它成为可能的？[①]

（一）整体论原则

语言哲学中语义整体论源于"杜恒-奎因论题"，其主旨是意义和真不能割裂的评价，而必须放在一起作为理论整体进行讨论。奎因的整体论方法为戴维森提供了意义理论所需的那种经验基础。戴维森说："如果要按照我所提议的那种方式从真理理论中得出形而上学的结论，那么研究语言的方法必定是整体论的。"[②] 弗雷格和奎因都把形式化了的语言看作对自然语言的改进，而不是一种关于自然语言理论的一部分，而戴维森直接把整体论应用到自然语言意义研究，部分地实现了对弗雷格和奎因的超越。

命题态度的整体论可以采取多种形式，但是整体论者声称命题态度只能以相互依赖的模式出现。态度必须符合特定的理性标准：例如，有一个强有力的假设，即如果行动者相信p&q，那么他相信p；如果他对p的信任程度高，那么他对p的否定程度则低。还有其他形式的相互依赖。例如：

---

① DAVIDSON D. The Structure and Content of Truth [J]. *The Journal of Philosophy* 87, 1990：324-325. 牟博. 真理、意义与方法：戴维森哲学文选[C]. 牟博. 北京：商务印书馆，2008：117-118.

② DAVIDSON D. The Method of Truth in Metaphysics. in *Inquiries into Truth and interpretation* [C]. Oxford：Clarendon Press, 1984：203. 戴维森. 对真理与解释的探究[C]. 牟博，江怡，译. 北京：中国人民大学出版社，2007：243.

为了相信猫爬上了橡树，我必须具有非常多的信念，如猫和橡树，这只猫和这棵树，猫和树的位置，外貌和习性，等等；但是如果我不知道猫是不是爬上了橡树，害怕它爬上了橡树，希望它爬上了橡树，希望它已经爬上了橡树，或者打算让它爬上橡树，也是一样的道理。①

戴维森在《指称的不可理喻性》（1979）一文中指出："就本质而言，没有人可以从相关证据的描述中找出不是意义的一部分。"② 戴维森说："我们不妨假设我们已经掌握了关于这种态度的所有信息，包括过去、现在和未来。"③ 任何真正的解释者只能接触到说话者态度的一小部分，而且需要从这些态度中大量推断。新的证据可能很容易指向另一个方向，从而打乱当下的假设。所以，从某种意义上说，对证据整体性的诉求解决了归纳问题。当然，由于对证据整体性的诉求将所有实际的解释者排除在外，实际解释与意义理论项目之间的关系就变得不那么清晰了。

如果我们知道"'雪是白的（s）'是真的，当且仅当雪是白的（p）是真的"，那么我们就有理由相信我们获得了意义和信念相一致的结论。原因是说话者说 s 既因为他认为这是语句的意义，也因为他对这个世界的看法。如果我们知道 s 的意义，我们也就知道说话者在用语句表达时相信什么，我们要承认所说的大多数的陈述语句都是真的，那么彻底解释者将在大多数情况下证实 T 语句的真。在这种情况下，我们至少有理由将证据基础建立在对判断的某些态度上。解释的方法论问题的目的是"假定某人接受的语句在某种情况下为真，要如何得到他所相信的东西以及他的话语所指的东西"④。

信念和意义相互依赖是戴维森整体论原则的直接体现。"一个语句的含义部分依赖于使之赢得某种程度上的信服的外部环境，部分依赖于那个语句于其他

---

① DAVIDSON D. Rational Animals. in *Subjective, Intersubjective, Objective* [C]. Oxford：Clarendon Press, 2001：98-99.
② DAVIDSON D. The Inscrutability of Reference. in *Inquires into Truth and Interpretation* [C]. Oxford：Clarendon Press, 1984：235. 戴维森. 对真理与解释的探究[C]. 牟博, 江怡, 译. 北京：中国人民大学出版社, 2007：280.
③ DAVIDSON D. Belief and Basis of Meaning. in *Inquires into Truth and Interpretation* [C]. Oxford：Clarendon Press, 1984：144. 戴维森. 对真理与解释的探究[C]. 牟博, 江怡, 译. 北京：中国人民大学出版社, 2007：175.
④ DAVIDSON D. Thoughts and Talks. in *Inquires into Truth and Interpretation* [C]. Oxford：Clarendon Press, 1984：162. 戴维森. 对真理与解释的探究[C]. 牟博, 江怡, 译. 北京：中国人民大学出版社, 2007：195.

带有不同程度的说服力,并认为是真的语句的关系。"① 这些关系最终表现为信念,因此,我们可以看出意义依赖于信念。同时,信念也是依赖于意义的,因为只有通过说话者和解释者表达和描述的语句才能了解结构精细和个体特性的信念,这是"唯一途径"②。因此,一个解释者要想成功地解释说话者说出的话语意义,就必须以信念意义整体论为条件,这在戴维森的解释中是一个必要条件。

(二)宽容原则

戴维森并没有对宽容原则进行集中的、清晰明确的阐述,多数论述都是散见于论文中,如《彻底解释》《论概念图示这一概念》《思想与言谈》。戴维森彻底解释试图在不知道说话者信念的情况下给说话者的话语赋予意义,或者是在不知道说话者话语意义的情况下确定其信念。因此要想调和两者之间的鸿沟,说话者的基本要素也就是彻底解释一种条件应该是遵循宽容原则。

宽容原则在所有解释中既是一种约束,也是一种必备原则——这不是解释之中的一种选择,而是说话者的基本要素,在解释的初始阶段就应该应用。宽容原则可以被看作两种假设的结合:一个是关于信念合理性的整体假设,一个是关于信念与信念对象之间因果关系的假设。宽容原则的第一个假设是说话者的信念大体上是融贯的,由赞成态度所体现的行动与其命题的意义和信念的归属必须是一致的,同时还应该与行动者所处环境提供的证据保持一致。只要我们能够识别持真态度,信念和意义之间的相互联系就能够帮助我们解释说话者话语的意义——我们得到了信念的基本理论和意义的基本解释的基础。例如,当说话者在我们认为是兔子的情况下重复使用某个声音序列时,作为一个初步假设,我们可以将这些声音解释为关于兔子或某个特定兔子的话语。一旦我们对话语做出意义的分配,我们就可以根据说话者的进一步言语行为来测试我们对意义的初步预测,并根据结果修改。利用我们不断发展的意义理论,我们可以测试通过宽容原则产生的信念的初始属性,必要时也可以修改这些属性。这反过来又使我们能够进一步调整我们的意义指派,从而进一步调整信念的归属,因此这个过程一直持续到达到某种平衡。因此,一个更精细调整的信念理论的发展使我们能够更好地调整我们的意义理论,而意义理论的调整反过来又使我

---

① DAVIDSON D. A Coherence theory of truth and knowledge. in *Subjective*, *Intersubjective*, *Objective* [C]. Oxford: Oxford University Press, 2001: 147.

② DAVIDSON D. A Coherence theory of truth and knowledge. in *Subjective*, *Intersubjective*, *Objective* [C]. Oxford: Oxford University Press, 2001: 147.

们能够更好地调整我们的信念理论。

戴维森全面应用了宽容原则,也是继承并发展了奎因的立场。奎因诉诸威尔逊(N. Willson)的"宽容原则"制定了一个关键的翻译准则:"表面上错误得惊人的言论很可能会引起语言上隐藏的差异。这个信念如此强大以至于使我们偏离了谐音法,而谐音法是习得和使用母语的基础……或者在同一语言的情况下,语言分歧的可能性要小。"① 正如戴维森所说,他"运用奎因所激励的方法,有时与他的方法大不相同"②。在运用奎因的方法基础上,戴维森也注意到奎因对该原则的限制,他在《词语和对象》的序言中这样写道:

语言是一门社会性技能。在获得它时,我们必须完全依赖于主体间可用的线索,比如说什么和什么时候说。因此,没有理由对语言意义进行整理,除非是从人们对社会可观察到的刺激做出公共性的倾向来看。认识到这一局限性的一个效果是,翻译活动被发现涉及某种系统的不确定性。③

戴维森同意奎因的观点,即意义以及命题态度从观察中获得的证据最重要。命题态度在这个意义上依赖于证据,而且观察永远不会唯一地决定这些态度。首先,戴维森从远端观察刺激,与奎因的近端观察形成对比。其次,戴维森通过与测量理论(measurement)的类比,对不确定性进行了新的解读。戴维森认为尽管解释者一开始对说话者的具体信念或其他态度没有任何特别的了解,但他确实有一些常识,他可以加以利用。他知道如果有人具有信念,这些信念中的大多数都是真的。"这种方法旨在通过尽可能认为信念是永恒不变的,而从解决意义问题入手来解决信念与意义的相互依赖性问题。在合乎情理的情况下向这种不同语言中的语句指派使讲这种母语的人正确的真值条件。"④ 在解释中使用宽容的思想是如果一种解释能够带来更多真的信念,那么这种解释会更好。这正是因为信念和意义的相互依赖,特别是因为图式(INF)的有效性:

---

① W. V. O. Quine. *Word and Object* [M]. Cambridge, Mass: MIT Press, 1960: 59. 奎因. 词语和对象[M]. 陈启伟, 等译. 北京: 中国人民大学出版社, 2005: 61.
② DAVIDSON D. The Structure and Content of Truth [J]. *The Journal of Philosophy* 87. 1990: 319. 牟博. 真理、意义与方法: 戴维森哲学文选[C]. 北京: 商务印书馆, 2008: 111.
③ QUINE W V O. *Word and Object* [M]. Cambridge, Mass: MIT Press, 1960: 9. 奎因. 词语和对象[M]. 陈启伟, 等译. 北京: 中国人民大学出版社, 2005: 1.
④ DAVIDSON D. Radical Interpretation. in *Inquires into Truth and Interpretation* [C]. Oxford: Clarendon Press, 1984: 137. 戴维森. 对真理与解释的探究[C]. 牟博, 江怡, 译. 北京: 中国人民大学出版社, 2007: 166.

INF2（1）X 认为 s 为真。

（2）s 意谓 p。

（3）因此，X 相信 p。①

考虑两个全部意义理论假设，理论 T1 和 T2。对于说话者认为正确的大量语句，T1 和 T2 前提（1）为解释者记录证据。前提（2）陈述了他的解释假设。根据 T1，s 表示冰箱里有一只河马，而根据 T2，s 表示冰箱里有一个橘子。② 因此，解释者在说话者的两种信念归因中有一种选择：冰箱里有河马，冰箱里有橘子。第一个信念相当荒谬，而第二个信念很可能是真的。第二种更可取，尤其是如果它是真的。这说明 T2 优于 T1。这说明了信念归属如何通过宽容原则影响语义的基本机制。

通常我们会选择这样一些真值条件，它们尽可能充分地使说话者在语句为真时认为这些语句为真。③ 因此，在最初的原则中，应该选择能够使说话者的信念中真实信念的比率最大化的解释，根据解释者的标准来判断。如果不能达到最大真比率的理论，即不属于最佳理论，我们可以予以舍弃。解释者总是以解释者的标准，或根据解释者对事实的看法，最大限度提高真信念的比率，这与最大限度达成一致意见是一样的。只有假设解释者的信念都是真的，我们才能得到真比率的真正最大化。在最基本的表述中，运用宽容原则就是对理论进行比较，然而，可接受的理论不仅必须是最好的，而且必须是尽可能完善的（optimize）。④ 他们必须使说话者和听话者在很大程度上达成一致，按照解释者的标准，说话者的大部分信念都是真的：这一过程的正当性在于，分歧和一致只有在达成一致意见的背景下才是可理解的。⑤ 大规模一致性的要求通常是在前面提

---

① PAGIN P. Radical Interpretation and the Principle of Charity. in *A Companion to Davidson* [C]. ed by LEPORE E, LUDWIG K. Oxford：Wiley Blackwell, 2013：227-228.

② DAVIDSON D. On Saying That. in *Inquires into Truth and Interpretation* [C]. Oxford：Clarendon Press, 1984：100-101. 戴维森. 对真理与解释的探究[C]. 牟博, 江怡, 译. 北京：中国人民大学出版社, 2007：123-125.

③ DAVIDSON D. Belief and Basis of Meaning. in *Inquires into Truth and Interpretation* [C]. Oxford：Clarendon Press, 1984：152. 戴维森. 对真理与解释的探究[C]. 牟博, 江怡, 译. 北京：中国人民大学出版社, 2007：184.

④ DAVIDSON D. Thought and Talk. in *Inquires into Truth and Interpretation* [C]. Oxford：Clarendon Press, 1984：152. 戴维森. 对真理与解释的探究[C]. 牟博, 江怡, 译. 北京：中国人民大学出版社, 2007：203.

⑤ DAVIDSON D. Radical Interpretation. in *Inquires into Truth and Interpretation* [C]. Oxford：Clarendon Press, 1984：137. 戴维森. 对真理与解释的探究[C]. 牟博, 江怡, 译. 北京：中国人民大学出版社, 2007：166.

到的宽容活动的背景下提出的。

戴维森没有给出真信念率的数值，他在一开始就已经指出这是不可能的。一个原因是无限性：一种自然语言中的语句数量是无限的，那么在同一种语言中有无数个语词的语句。两个集合都是数量上无限的，因此具有相同的基数。① 我们相信的比我们语言表达的要多。如果我们相信雪是白色的，我们是否也相信雪是白色的或草是红色的，并且一般认为 p 或 q，对于任意 q，如果我们相信 p？如果是这样的话，看来我们有无限多的信念，如果没有，我们该在哪里划清界限呢？戴维森后来声称"没有有效的方法来计算信念，因此对于大多数人的信念都是真实的这一观点没有明确的意义"②。在戴维森《对真理与解释的探究》序言中，他把最大化一致性称为"一个混乱的理想"，因为我们想要的是"达成一致的正确类型"。在戴维森早期论文中，他就用了"最大化一致"这个语词简单最大化和最优化的一个主要区别是后者考虑了认识论方面的问题。正如福尔斯达尔（Føllesdal）（1975）和刘易斯（Lewis）（1974）所强调的那样，当说话者没有正确的认知而有理由相信一个真正的信念是错误的解释。同理，当说话者对一个错误的信念有正确的认识时，把它归咎于说话者是错误的解释。

宽容原则的第二个假设是内容和因果关系之间的联系。在基本情况下，信念是关于产生它的事物的：在我看来，阻碍全部感官的怀疑的是，在最简单和最基本的方法论上，我们必须把信念的对象作为这种信念的根源。③ 最基本的是知觉信念或被称为观察信念，即直接基于知觉经验的信念。这是 20 世纪 80 年代早期戴维森哲学中出现的外部主义的一个元素，信念的内容是由环境的特征决定的。宽容原则的一部分被认为是他所说的符合论原则：符合论原则促使解释者认为说话者对世界的特征做出的反应与解释者在类似的情况下会做出的反应相同。④ 从表面上看，符合论似乎与早先提出的宽容原则大不相同。宽容原则用于过去真的内容和语言结构，并不诉诸因果关系（causality）。符合论用于从因果关系中获取内容，而不诉诸事实或结构。宽容原则适用于说话者的全部信

---

① DAVIDSON D. Radical Interpretation. in *Inquires into Truth and Interpretation* [C]. Oxford：Clarendon Press, 1984：136. 戴维森. 对真理与解释的探究[C]. 牟博，江怡，译. 北京：中国人民大学出版社，2007：165.

② DAVIDSON D. A Coherence theory of truth and knowledge. in *Subjective, Intersubjective, Objective* [C]. Oxford：Oxford University Press, 2001：138.

③ DAVIDSON D. A Coherence theory of truth and knowledge. in *Subjective, Intersubjective, Objective* [C]. Oxford：Oxford University Press, 2001：151.

④ DAVIDSON D. Three varieties of Knowledge. in *Subjective, Intersubjective, Objective* [C]. Oxford：Oxford University Press, 2001：211.

念，而符合论似乎适用于个人的感性信念，把它看作对宽容原则的补充，而不是对它的新认识。

在《真理与意义》一文中，戴维森就认为解释者必须让说话者在很大程度上保持融贯一致，这是戴维森解释原则的一部分，从某种意义上讲，这也是宽容原则的一部分。戴维森还认为解释者需要追踪说话者在证据关联和行动解释方面的信念。这是他对思想、意义和行动持有一种统一立场的一部分。戴维森认为，使解释成为可能的是"思想、欲望、言语和行动的规范性将这种结构赋予我们对于他人的理解，因此，要正确地将命题态度归属于他人，从而理解他们的言说和说明他们的行动，就必须具备这种结构"①。戴维森是为了说明当可观察的行为是我们唯一的证据，而且是构成性证据时，如何表达意义和其他命题态度。尽管解释者收集证据和提出假设的顺序取决于技巧和偶然性，但这样的猜想假设是说明解释的结构限制：解释是可能的，因为解释者被迫将解释者的行为解释为符合宽容原则规定的模式，即命题态度基本上是理性的，这是命题态度的组成部分，其中理性包括证据、偏好、愿望和行动等准则。

(三) 合理性原则

合理性涉及对信念和行动的规范性要求。由于成功解释的一个重要条件是使主体具有理性，因此信念的一个基本特征是，它的归因总是受到理性的规范性约束，并与这个人的全部行动和话语保持一致。对戴维森来说，任何一套信念都必须在很大程度上遵守这种规范性原则。在某种程度上，关于一个人的一套信念存在着不止一种理论来优化他的理性，也就是说，在某种程度上，这些理论同样能很好地解释他的行动。行动所体现出来的证据是一个理性人做出合理性的选择的结果。戴维森认为信念的内在融贯性与行动的逻辑应该是相一致的："这些准则包括逻辑一致性的准则、与本质或基本的利益相符的理性行动的准则，以及从证据的角度看合情合理的观点的接受的准则。"②

戴维森认为"行动者不能决定他是否接受基本的合理性指派；如果他们能决定任何东西，那他们就已经拥有了那些指派。正是这个原因，亚里士多德才认为行动者不能习惯性地不自制；不自制是与其他实施不自制行动的所有生物

---

① DAVIDSON D. The Structure and Content of Truth [J]. *The Journal of Philosophy* 87, 1990: 325. 牟博. 真理、意义与方法：戴维森哲学文选[C]. 北京：商务印书馆，2008：118.

② DAVIDSON D. Appendix: Replies to Rorty, Stroud, McDowell, and Pereda. in *Truth, Language, and History* [C]. Oxford: Clarendon Press, 2005: 319.

所共享的"①。因而，一个人多数情况下处于理性状态是常态。因为一个成功的解释者必须假设并赋予其主体理性和一致性的规范性原则，即信念本质上是规范性的，也就是说一个人的一系列信念和其他态度总是建立在信念的本质上，也就是规范性原则的合理性和一致性。如果说话者A能够成功地解释说话者B，不仅A和B的一系列信念本身必须遵守并建立在理性和一致性的规范性原则之上，而且二者所遵循的原则必须非常相似。它们不能有太大的区别，否则就不能解释对方。两者的信念之间也必须有巨大的一致性。因此，如果我们有理由相信，对于任何一个有思想的存在，任何其他有思想的存在原则上能够成功解释前一个存在，基于他的潜在的、所有可能情况下的行动，那么我们就有理由认为所有有思想的人在很大程度上都具有相似的一套信念和理性原则。

戴维森在《不融贯和非理性》（1974）一文中声称，把"合理性的基本原则"列成一个明确的、简短的清单，这样的做法使之显得过于简单化，但实际上却不可能有这样的清单。我们所能理解或解释的偏离理性规范的种类和程度并不能事先确定。当我们在理性的背景下看待反常现象时，我们就能理解它们；但是背景可以以各种方式构成，使各种形式变得易懂。其中非常重要的一点是我们把非理性归因于一个行动者，越是浮夸就越不清楚如何描述他的任何态度，不管是否正确，我们越是把一个规范作为基本准则就越不清楚行动者的思想和行为是否与之一致，这是一个经验主义的问题。如果是这样的话，那么对于一个具有命题态度的生物来说，问这个生物是否总体上是理性的，它的态度和意向性行动是否符合理性的基本标准是没有意义的。在这个原初的意义上，合理性是一个有思想的条件。一个生物是否"赞同"经济性原则、语句逻辑或归纳推理的全部证据原则，这不是一个经验问题。因为只有把一个生物解释为基本上符合这些原则，我们才能明确地把命题态度归因于它，或者我们才能提出它在某些方面是否不合理的问题。

在文章《思想与言谈》（1975）中，解释通常是它诉诸理性概念的方式。解释一种行动的信念和欲望必须是这样的：任何有这种信念和欲望的人都有理由这样做。此外，我们对欲望和信念的描述，在目的论的解释中必须根据信念的内容和欲望的目标来表现行动的合理性。目的论解释的起源取决于它发现一个行动者的融贯模式的能力。融贯性在这里包括了合理理性的概念，既意味着要解释的行动必须对于指定的欲望和信念来说是合理的，也意味着指定的欲望和

---

① DAVIDSON D. Incoherence and Irrationality. in *Problem of Rationality* [C]. Oxford: Clarendon Press, 2004: 196-197.

信念必须相互适应。合理性的方法论预设并不意味着不可能把非理性的思想和行为归因于一个行动者，但它确实给这种归因带来了负担。我们削弱了任何一种思想属性的可理解性，以致我们无法发现一个一致的信念模式，最后是行动模式。因为只有在这种模式的背景下，我们才能识别思想。

在《真与谓述》(2005)一书中，戴维森所说的合理性原则是一种粗糙的、模糊的和不完整的原则，这种条件蕴含对所有思想和行为的解释中的理性标准，包括对思想、欲望、话语以及行动的规范性特征的把握，使人们对他人态度正确指派，从而使对他人的话语的解释和对行动的解释构成一种结构。观察句的命题内容在大多数情况下取决于说话者和解释者的共同点和显著点，这一观点与语言学习的常识观直接相关。它对思想和意义之间的关系以及我们对真理作用的看法产生了深远的影响，因为它不仅确保有一个说话者基本上分享观点的基础，而且确保他们所分享的是一个基本正确的共同世界的图景。客观性和交际性的最终源泉是通过说话者、解释者和世界的关系来决定思想和言语内容的三角形。我们认识到真理一定与理性生物的态度有关；这种关系现在被揭示为源于人际理解的本质。语言交际是人与人之间深度理解的不可或缺的工具，它依赖于相互理解的话语，而话语的内容最终取决于句子的模式和原因。解释的概念基础是真理理论；因此，真理最终取决于信念，更重要的是最终取决于情感态度。

综上所述，彻底解释只有满足以下原则才可以实现：①整体论原则：解释者、说话者的信念与他们的话语意义彼此依赖，形成了一个由命题态度所表征的复杂网络。因此，彻底解释首先需要面临的就是心灵状态与信念、话语意义与命题态度之间的紧密关系。②宽容原则：解释者在整体论的基础上，对说话者意义的解释尽可能最大限度保证其持真态度，包括语句及信念的持真的最大化。③合理性原则：人是具有思想、掌握语言的生物，区别于其他生物。解释者与说话者必须领会初始的真理概念，并能正确地运用约定T。显然，这是对彻底解释的又一个方法论的限制。

第三节　真：戴维森语言解释中的原初概念

戴维森在其意义理论和解释理论中都把塔尔斯基式的真理理论作为基本的理论框架，这个框架蕴含着对概念的一种先在把握。因此，我们要深刻理解戴维森意义理论的表征形式框架，还需要考察他对概念的理解。戴维森多次提到真之概念并强调它的至关重要性，这必定是与概念和真理理论在他心目中的理解以及把握分不开的。

一、真连接语义与解释

真概念是哲学传统中的重要论题之一，然而在 21 世纪面临着包括哲学家在内的很多人的挑战。戴维森认为，真之概念在我们对世界和行动者的心灵的理解中起着关键作用。①戴维森在《为真正名》（1997）一文中在对过去一个世纪以来对真之概念的广泛态度的质疑的基础上，强调真之概念的重要作用。在《试图定义真是愚蠢的》一文中认为，真之概念就如同知识、信念和意向等哲学所研究的课题，都是不可还原的原初概念，描绘了真之概念与可观察的人类行为之间的经验联系。戴维森认为，真不是一个对象而是一个概念，以可被理解的方式被指派给语句、话语、信念和命题。

塔尔斯基解释了如何为满足特定调价的语言提供清晰的真之定义。塔尔斯基关于 L 提供语义的工作，或者对塔尔斯基的解释说明了如何从对语句各部分的解释中得出语句的真。当然，当且仅当 A 为真且 B 为真时，复句 A&B 为真。在这里，我们根据一个复杂语句的构成要素来定义它的真。但我们不能按照刚才提出的思路给出一个真理理论，因为存在一个问题。

只有语句可以是真或假，但 L-语句是由开放的 wffs 构成的。一个 wff 如 Fx 既不真也不假。塔尔斯基的解决方案是定义另一个语义概念"满足"，它确实适用于开放式 wff，我们可以给出一个语言表达的理论，然后用"满足"定义"真"。"满足"的理念是，开放式 wffs 根据事物是否满足某些条件而应用于事物。当且仅当一个对象是 F 时，Fx 被满足。我们现在可以给出"满足"的定义。首先，通过给出谓词的解释，我们明确了哪些事物满足由子句（a）和（b）构成的 wff。假设它们是按照以上逻辑进行解释。F 是"白色的"，G 是"斩首"。然后给出了满足复杂 Fx 的公理。某物满足-A，当且仅当它不满足 A。②

塔尔斯基所展示的是如何为一种特定的语言定义真。因此，严格地说，T 语句应该说是真的，"s 在 L 语言中是真，当且仅当 p"。这个观点不应该与相对

---

① DAVIDSON D. Truth Rehabilitated. in *Truth, Language, and History* [C]. Oxford: Clarendon Press, 2005：3.
② EVINE S. *Donald Davison* [M]. California：Stanford University Press, 1991：84.

<<< 第三章 意义与解释

主义相混淆，相对主义认为一个解释过的语句对我来说是真的，对你来说则不是真的。在我们的工作中，语句没有解释。在给出语义之前，我们在 L 中定义了语句。因此，在什么语言中，我们定义"真"，只是简单地确定了对目标语言中语句的解释。未解释的语句，仅仅是句法字符串，可能有不同的解释。比如，可以看作不同语言的语句。戴维森给出了示例：声音（未被解释的）"Empedokles liebt"，当它应用在英语或德语中，表达"Empedokles loved"，然后，告诉别人 Emedokeles 在 Etna 山上干什么呢，作为回答，是完全能解释通的。①总之，尽管省略了限定条件，但陈述的仍然是"真"。我们给出真理定义的语言，当然是一种非常有限的语言。但是只要谓词限制是有限的，对于每个谓词，必须提供一个单独的公理来说明满足它的条件，那么在使其限制的数量是可以达到我们的预期这一点上是没有原则性困难的。而且，我们可以给出满足的公理与其他真理功能，如析取、物质化和物质对等，以及普遍的量语词。实际上，我们可以给出一个真理理论，它满足了任何一种逻辑是一阶谓词演算的语言约定 T。塔尔斯基式真理理论的定理将目标语言的语句与实质上等同于它们的元语言语句联系起来，也就是说通过"……是真的，当且仅当"连接。单纯的物质对等并不能使我们用元语言语句来解释目标语言的语句。约定 T 的一部分是，T 语句的右侧的语句翻译了左边的语句的名称，如果这一点得到了满足，那么我们可以把 T 语句当作解释。

我们从引起某人认为语句为真的那些事物的证据推出意义和信念，仅仅是因为我们规定了一种结构。在意义方面，一个合理结构是由塔尔斯基提出的那种，但以各种方式加以调整以适应自然语言是由真理论所给出的。我一直主张，可以认为这样一个理论对于解释说话者的话语是足够的。②

戴维森指出："给出语句的真值条件也就是给出语句意义的一种方式。知道一种语言的语义性真理概念，便是知道一个语句为真是怎么一回事，而这就等

---

① DAVIDSON D. On Saying that. in *Inquiries into Truth and Interpretation* [C]. Oxford: Clarendon Press, 1984: 98. 戴维森. 对真理与解释的探究[C]. 牟博, 江怡, 译. 北京: 中国人民大学出版社, 2007: 121.
② DAVIDSON D. A Unified Theory of Thought, Meaning, and Action. in *Problems of Rationality* [C]. Oxford: Clarendon Press, 2004: 156.

于理解了这种语言。"① 真语句为行为证据与信念和意义的联结提供了枢纽,为解释创造了条件。戴维森在塔尔斯基的语义真理理论的基础上,将真理与意义联系在一起,为意义研究开辟了新思路。

语句能被理解是因为人们运用了客观的真之概念。这也适用于表达具有命题态度的语句。只有当人们知道信念是可真、可假的时候,才能拥有信念。我们相信天在下雨,但这只是因为知道无论天是否在下雨并不取决于我是否相信,或者每个人是否相信,或者相信它是否有用,下雨与否取决于自然,而不取决于我或置身的社会或人类的整个历史。取决于我们的,是我们的语词意义。"如若不能抓住真之概念,不但语言,思想本身都是不可能的。"②因此,真是重要的。如果没有真之概念,我们就不是能思考的生物。将真之概念与语言、信念和具有意向的行动连接在一起,是真成为心灵理解世界的关键。戴维森将真与可观察的人类行为联系在一起,就如同他将内容指派给所有态度一样是密不可分的。如果我们能直接理解人们所说的话意味着什么(这被当作基本证据)的话,我们就有机会对他具体表现的思想和意义的言语以及意向做出解释。

二、符合论、融贯论转向语用学的真理观

对真理问题的讨论一直是学术界备受关注的问题,学者们根据自己的不同理解给出各异的见解,形成了诸多理论,如真理符合论、融贯论、冗余论等,由此也产生了关于真理定义的争论。戴维森对真之概念和真理理论的看法也有一个发展历程,并且每当论证他自己的观点时,大多伴随着对一些传统真理理论的评说。戴维森关于真理理论的探索活动经过了"符合论—融贯论—语用学的真理观"这样一个发展历程。

(一)塔尔斯基意义上的符合论

戴维森运用塔尔斯基的真理理论来建立对于自然语言的意义理论,也探讨过塔尔斯基的关于真理的立场。他在《对事实而真》(1969)一文中将塔尔斯基式符合论与传统意义上的事实符合论相对比,在某种意义上捍卫了塔尔斯基的语义学概念。"在本研究中,我捍卫一种符合论的观点。我认为真可以被解释为

---

① DAVIDSON D. Truth and Meaning. in *Inquiries into Truth and Interpretation* [C]. Oxford: Clarendon Press, 1984: 24. 戴维森. 对真理与解释的探究[C]. 牟博, 江怡, 译. 北京: 中国人民大学出版社, 2007: 36.

② DAVIDSON D. Truth Rehabilitated. in *Truth, Language, and History* [C]. Oxford: Clarendon Press, 2005: 16.

求诸语言与世界的关系"。①

传统意义上的符合论是一种最古老、最常见的真理理论，主要内容是真是命题和事实的符合。戴维森认为传统符合论真理观无法解决命题与事实对照的无限倒退的循环论证问题而对塔尔斯基的真理理论持明显的同情态度。塔尔斯基式符合论可以看成亚里士多德对真理直觉性把握的公式化表述，他认为虽然塔尔斯基的真理理论在某种意义上是符合论，但已经不再是命题与事实的符合，而是以满足概念为引导的命题与命题的符合。塔尔斯基的定义就是为了体现这种亚里士多德式真理观的直觉。但塔尔斯基是在一种形式语言中进行定义这项工作式的，因此他不能诉诸具体的客观实在，而是采用数学语言中的抽象化处理方式，是采用语句和对象序列之间的满足关系来给真下定义的。这种做法得到了戴维森早期的肯定，他认为塔尔斯基诉诸定义"满足"提供了各语句为真的不同情况，因为对满足的定义首先是从语句函项开始的，对开语句中的变元指派不同的定义在不同开语句中的满足概念，而闭语句是开语句的一种特殊情形，是建立在开语句的基础上的，因此从语句的定义的背后可以追溯到真，与事实符合。他指出：

> 利用满足概念的符合论与依赖于符合事实的符合论之间的比较至多涉及没有自由变元的语句。如果我们接受弗雷格关于语句外延的论证，这一比较甚至可以延伸出这样的结论，即真语句不可能根据它们的符合论（事实、宇宙）或者根据它为其所满足者（所有函项、序列）彼此加以区分。但塔尔斯基的策略能应付在最终产物上的这种共同性，而事实策略却不能，因为闭语句的满足是根据开语句和闭语句两者的满足来加以解释的，而按照传统看法只有闭语句才有符合事实这回事。因为对变项不同实体的指派满足不同的开语句，又因为闭语句是从开语句构造而来的，因此，对不同的语句来说，真是以语义学手段经由不同的途径而达到的。所有的真语句在同一个地方达到，但关于它们怎样到达那里却有不同的故事；对于一个特定的语句，一种语义学理论以通过适合于该语句的满足的递归性说明的步骤的办法来讲述这个故事……而事实策略不能提供这样具有启发性的种类，因为所有的真语句与事实具有相同的关系，基于它和其他（闭）语句的关系对一个语句的真的解释，如果它要坚持事实策略，

---

① DAVIDSON D. Truth and Meaning. in *Inquiries into Truth and Interpretation* [C]. Oxford: Clarendon Press, 1984: 38. 戴维森. 对真理与解释的探究[C]. 牟博, 江怡, 译. 北京: 中国人民大学出版社, 2007: 53.

那么它必定一旦开始便已结束。①

要将这一理论应用于自然语言，就必须将语句与时间和说话者相关联，以适应语境敏感的因素。从某种意义上说，这种理论是一种符合论，它不是通过把语句与对象联系起来，而是通过把谓词和指称语词对象、说话者和时间联系起来，通过满足关系和指称关系来解释语句的真，并给出这些关系下语句是真的条件。这比传统的符合论更有启发性，因为我们可以通过真理理论的公理来证明一个 T 语句，来展示这个语句的真值条件是如何得到的，在其重要部分满足条件的基础上，对于每一个非同义句，都会有一条通向其真值条件的不同路径。戴维森使用真理概念的大多数情况是针对语句的真值而言，塔尔斯基式符合论在戴维森看来，满足语句的函项或序列与符合事实并不相同。人们对真的内涵、真的概念或它所基于的密切相关的语义概念（即满足和指称）感兴趣，这种方法就无法消除，因此这种方法不应被视为冗余理论或真理紧缩论。正是在这个意义上，戴维森才是一个符合论者。

（二）戴维森意义上的融贯论

在一种特定的语言中，语词是相对于其他语词起作用的。除了名字之外，语词和语句与事物没有一一对应的关系，通常与另一种语言的语词和语句也没有一一对应的关系。考虑到这一点的哲学意义，戴维森赞同一个融贯或整体的真理观。戴维森用以下两句话总结了他被引用最多的一篇文章《论概念图示这一概念》："语句的真仍然和语言有关，但这是尽可能客观的。在放弃概念图示和世界的二元论时，我们并没有放弃世界，而是重新建立了与熟悉对象的不可调和的接触，这些对象使我们的语句和观点是真或是假。"② 语句与语言有关，但世界上的事物使我们的语句有真有假。戴维森在谈到这些因素时，把真理问题和我们与世界的关系视为"三角关系"。说话者和他或她的语句与一种语言、一个言语群体以及他或她所谈论的世界上的事物或状态都有着重要的关系。

在文章《关于真理与知识的融贯论》（1983）导言中："在这篇文章中，我捍卫了一种可以称之为真理与知识的融贯理论。我所捍卫的理论并不与符合理

---

① DAVIDSON D. True to the Facts. in *Inquiries into Truth and Interpretation* [C]. Oxford: Clarendon Press. 1984: 48. 戴维森. 对真理与解释的探究[C]. 牟博, 江怡, 译. 北京: 中国人民大学出版社, 2007: 64.

② DAVIDSON D. On the Very Idea of a Conceptual Scheme. in *Inquiries into Truth and Interpretation* [C]. Oxford: Clarendon Press, 1984: 198. 戴维森. 对真理与解释的探究[C]. 牟博, 江怡, 译. 北京: 中国人民大学出版社, 2007: 236.

论相对抗，而是依赖于一个旨在证明融贯产生符合关系的论点。"① 戴维森认为，融贯必然产生符合关系，因为真理是"原初概念"。真理意味着"对事物本来面目的符合"②。戴维森明确表示他并没有将融贯论作为一种表达方式来定义真理。融贯理论必须公正地对待这种"本来面目"。戴维森的观点是无对照的符合，融贯导致符合。如果我们想要所能直接获得的认知都是自己的信念，我们可以对周围的世界有所了解，那么我们就要使信念在很大程度上是真的，信念和真理之间所需要的联系似乎因此必须以某种方式由信念或真理的性质来保证。融贯论者选择了后一种选择，并认为形成真的只是一组信念的某些性质，即融贯性。然而，融贯论需要的是在某种信念和世界以某种方式存在的联系，在不预先假定对世界的任何先验知识的情况下，就知道这种联系；因此他需要假设一个关于外部世界的与一个人的其他信念相一致的信念，它可以被先验地知道是真的或可能是真的。这种联系根本不需要以真的本质为基础。

戴维森认为用语句和实在相符合来说明真理实现不了，于是诉诸信念之间的融贯。他在这里所说的信念是指带有意向、愿望和感觉器官的人的状态，是由持有信念者的身体之内和之外的事件所引起的状态③，它可以表达为这样一个某人视之为真的语句，信念之间的相容就表现为语句之间的相容。戴维森反对概念图式和概念相对主义，所以他主张一种使我们能够了解真的理论必须是一种非相对化的、非内在形式的实在论。但是一致性并不能确保真，因此怀疑论者都对融贯者提出异议："为什么我们的全部信念不可能既融贯一致又对于世界全都是假的呢？可见，如果我们仅仅局限于体统内的融贯，就不得不接受哲学上的怀疑论。"④ 戴维森的融贯论似乎面临着两难境地：除非信念可以被证明是可以信任的，否则不能证明任何东西能为真。"对意义或知识的经验基础的探究导致怀疑论，而融贯论又似乎不知如何对于一个人相信他的信念（如果这些信念是融贯的话）为真这一点提供理由。我们陷入要么对怀疑论者提出的问题做

---

① DAVIDSON D. A Coherence Theory of Truth and Knowledge. in *Subjective*, *Intersubjective*, *Objective* [C]. Oxford: Clarendon Press, 2001: 137.
② Davidson. A Coherence Theory of Truth and Knowledge. in *Subjective*, *Intersubjective*, *Objective* [C]. Oxford: Clarendon Press, 2001: 139.
③ DAVIDSON D. The Myth of Subjective. in *Subjective*, *Intersubjective*. *Objective* [C]. Oxford: Oxford University Press, 2001: 138.
④ DAVIDSON D. A Coherence Theory of Truth and Knowledge. in *Subjective*, *Intersubjective*, *Objective* [C]. Oxford: Clarendon Press, 2001: 140.

出错误的回答，要么无法做出回答这样一种进退两难的境地。"①

在戴维森看来，历史上有许多哲学家试图通过感官证据来给信念建立根据。奎因就是持这种观念的典型代表。他认为，关于外部世界的唯一源泉是光线和分子对我们的感觉表层所施加的影响，表层刺激向我们提供了关于外部世界的全部线索；对人的感官刺激是任何人所具有的，旨在最终获得他关于世界的全部证据。但是，"一个感觉与一个信念之间的关系不可能是逻辑上的关系，因为感觉不是信念和其他命题态度……这种关系是因果关系。感觉造成某些信念，在这种语义上它们是这些信念的基础或根据。但是，对一个信念的因果解释并没有表明这个信念得以辨明的方式和原因"②。我们如何辨别我们关于世界的信念是否为真或倾向于真呢？一般的思路是符合的，即把信念与世界联系起来，或者是把某些信念逐个地与感官所传递的东西相符合，或者是把信念整体与经验法庭相对照。这样符合的解释也不能完全成功，因为我们根本无法跳出自身之外找出所意识到的那些内部事件的东西。把观察结果作为中介实体引入因果链条无疑会让认识论难题复杂化。把诸如感觉或观察结果的中介手段或中介实体引入因果链条，这种做法只能使那个认识论难题更加明显。这种方式受到当时一些哲学家的质疑，其中最具影响力的就是罗蒂的批评和评论。罗蒂在《实用主义、戴维森与真理》（1986）中阐述了这样的立场，虽然他认同彻底解释理论的理论实验，却质疑戴维森关于信念的解释并不能真正实现，并没有对怀疑论做出回答，反而提供了拒斥信念与对象之间关系的证据，成就了怀疑论的诘难。罗蒂认为，戴维森利用塔尔斯基式的真理理论并不能对怀疑论者做出答复：

值得注意的是，戴维森认为"符合"不是像事实符合理论家们所相信的在一个语句和某种程度上与该语句同构的一种实体之间的关系……他同意斯特劳森（Peter Strawson）这样的观点，即事实世界中以语句刻画的东西是不能满足怀疑者需要的特殊构造物。他认为，重要的是塔尔斯基的满足概念使得更复杂的符合概念能为人所理解，戴维森说，不要把语言-实在之间的符合看作由一个T语句的两边之间的关系来表征的，我们应该关注世界——而不是语言——

---

① DAVIDSON D. A Coherence Theory of Truth and Knowledge. in *Subjective*, *Intersubjective*, *Objective* [C]. Oxford: Clarendon Press, 2001: 146.
② DAVIDSON D. A Coherence Theory of Truth and Knowledge. in *Subjective*, *Intersubjective*, *Objective* [C]. Oxford: Clarendon Press, 2001: 143.

之间的映射……①

罗蒂认为戴维森的初衷是将陌生语言中的语句和世界中的对象匹配起来，但似乎没能够实现：因为这种配对似的方式是解释的副产品而不能为其提供基础。这没有实现戴维森修正古典符合论的初衷。我们期待着能从这样的符合论中获得语言来反映和描述世界，并且能知道用什么样的方式。也许我们从这种符合论中得到的最重要的东西之一是知道我们的语言是否和以什么方式能够反映或描述世界。但是根据戴维森的理论，我们需要首先拥有一种理论的语言，然后才能够清楚地反映或描述世界。

（三）重语用的真理观

戴维森认为使用语言是思考真理的正确方法，用这种方法有助于实用主义者将真理与人类的欲望、信念、意向联系在一起。戴维森在《对事实而真》中就论证过，无法把任何东西以有益的和可理解的方式说成符合于语句的，他在《关于真理与知识的融贯论》中又重复了这一观点。他明确表示后悔把自己的观点称作融贯论。② 他指出他所强调的融贯论更多是指对一个信念的证据或辨明的东西都必须来自这个所属的同一个信念整体。这种观点会明显地导致实在和真理是思想的构造物这一结论。出于这个理由，他认为不应当把自己的观点称作融贯论。因为融贯性就是一种相容性，一组信念原本就是内在相容，所以就没有理由再次强调融贯性。因此一个人所具有的多组信念应该就是大规模的自我相容。融贯性定义或"理论"具有它们的吸引力，但只是作为认识论理论，不是作为对真的解释。因为清楚的是只有一个相容的信念集合能拥有所有真信念，但没有理由假设每一个相容的信念集合只包含真理。③

戴维森哲学中，真理在某种程度上有着实用论的倾向。在他的意义理论和解释理论中，他说明概念的方式是概念之间的关系，如意义、信念、因果、行为和事件等概念之间的联系，这些概念之间的关系就是对概念的解释和说明。而这些概念又是与人的思想、行为、价值观念、命题态度等密切联系在一起的，

---

① RORTY R. Pragmatism, Davidson and Truth. in *Truth and Interpretation: Perspectives on Philosophy of Donald Davidson* [C]. ed by Ernest Lepore Basil. Oxford: Blackwell Publisher, 1986: 343.

② DAVIDSON D. A Coherence Theory of Truth and Knowledge, Afterthoughts. in *Subjective, Intersubjective, Objective* [C]. Oxford: Clarendon Press, 2001: 155.

③ DAVIDSON D. Truth Rehabilitated. in *Truth, Language and History* [C]. Oxford: Clarendon Press, 2005: 8.

因此，在这种意义上，概念并不是一个抽象的哲学范畴，而是一个具有一定程度的"人性化"的概念。实用主义者不能接受传统的真理概念。真理将从理性主义者所认为的事物与认知的符合，过渡到获得工具性的、功能性的价值。但这并不意味着实用主义者致力于探求怀疑主义、主观主义或个人主义的真理观。相反，即使真理的辨明在于正确地履行职能，实用主义者也会提出不同的真理标准，并首先捍卫获得真理的机会。实用主义是廓清概念的一种方法，是意义研究的方法。"在我看来，实用主义者所说的问题——如何把真与人类的愿望、信念、意向和语言的使用联系起来的问题——恰是在思考真时所要集中考虑的问题。"① 戴维森选择了人们可成功交流这一事实作为突破口。这一事实蕴含着主体间能正确地理解对方的言语、信念、愿望、意向等。双方能够交流预设了可理解性，也就意味着说话者、解释者之间对聚焦的对象有大体相似的信念。戴维森认为语言意义来自所有的情境，在这些情境中主体对自己的话语持有真的信念。语言（即意义）和思维（如信念）都无法用另一个得到完全的解释，两者都不具有概念上的优先权。事实上，两者是相互联系的，每一个都需要另一个才能得到理解；但这种联系并非完全可以使得一方阐明对方。② 从共享世界的终极视角来看，戴维森将行动理论与意义理论结合起来，语言意义起源于此；我们看到有某种东西，一方面，我们称之为语句意义，另一方面，是指语言中主体可以通过说出一个有特定意义的语句来表达的东西。

罗蒂认为戴维森的观点与实用主义者詹姆斯（James）的立场有一定的承接性：①"真理"没有任何说明性用途。②对真理的理解实际上就是对信念和世界关系的理解；对相关术语的理解如"关于""……真"来源于对言语行为的一种自然主义。罗蒂断言："我的真理观既是对融贯论的拒斥又是对符合论的拒斥，应当把我的真理观恰当地归类于实用主义的传统；当我确实把怀疑论者打发走的时候，我不应当自称在回答怀疑论者的问题。"在这两点上，戴维森差不多与罗蒂的看法一致。③

戴维森曾表示认同杜威（Dewey）关于真理的两个结论：对真理的探究及触

---

① DAVIDSON D. Theories of Truth. in *Truth and Predication* [C]. Cambridge, Mass: Harvard University Press, 2005: 9. 戴维森. 真与谓述[M]. 王路, 译. 北京: 上海译文出版社, 2007: 9.

② DAVIDSON D. Thought and Talk. in *Inquiries into Truth and Interpretation* [C]. Oxford: Clarendon Press, 1984: 156. 戴维森. 对真理与解释的探究[C]. 牟博, 江怡, 译. 北京: 中国人民大学出版社, 2007: 189.

③ DAVIDSON D. Afterthoughts of A Coherence Theory of Truth and Knowledge. in *Subjective, Intersubjective, Objective* [C]. Oxford: Clarendon Press, 2001: 154.

及并不只能是哲学的特权；真理与人类旨趣有必然联系。"按照我的理解，杜威认为真一旦下降到尘世，关于它与人类态度的联系就具有哲学重要性和教益的东西可说，在某种程度上，这种联系构成了'真理'这个概念。这也是我的观点，尽管我不认为杜威正确地理解了这种联系。"① 在杜威的术语中，出发点是情境，从主体的角度来说，对客体的体验从来都不是孤立的，而是完全沉浸在一个语境的整体中，这是一种强制性力量。戴维森认同杜威的这种解读，认为真理至少应该与人类态度相关。真理既与人的思想、行动和命题态度相关，又是客观的。主体从一开始就发现自己已经与客体相关。正是在这种意义上，戴维森也对达米特和普特南处理真理的那种态度表示同情。戴维森这种立场与实用主义理论具有相同的原因，即"它把真连接于像信念、意向和意愿之类的人类态度之上，我相信任何对真理的完整说明都必须这样做"②。

实用主义者一般认为，真理的客观性独立于语句或信念，作为其辨明的标准。客观的真意味着信念或语句的真独立于它是否被辨明。罗蒂认为在实用主义思潮中，对真理的探究一直都不是古典哲学意义上的恒久的、不变的真理。戴维森在一篇与罗蒂的对话中说：

我断定最简单、最基本的信念的大部分是真的，罗蒂把这一断定解释为"任何人的大部分信念必定与我们的大部分信念相一致"……或者，"真所采取的模式就是我们所采取的模式"……我赞同这些断言，但不赞同它们给出了承认我们大部分信念为真的理由。我在心中所想的信念是我们的感觉信念，这些信念直接由被我们看到的、听到的以及通过其他方式感觉到的东西所引起。我认为这些信念在主体上为真，是因为它们的内容在事实上由引起它们的东西所定……关键在于，我相信日常的概念：正像我们认为其存在就像存在着人、山岭、骆驼和远处的群星一样……但这并不意味着它们没有真实地、有效地描述一个客观实在。③

---

① DAVIDSON D. Theories of Truth. in *Truth and Predication* [C]. Cambridge, Mass: Harvard University Press, 2005: 10. 戴维森. 真与谓述[M]. 王路, 译. 北京: 上海译文出版社, 2007: 10.
② DAVIDSON D. Truth Rehabilitated. in *Truth, Language, and History* [C]. Oxford: Clarendon Press, 2005: 8.
③ DAVIDSON D. Is Truth a Goal of Inquiry?. in *Donald Davidson: Truth, Meaning and Knowledge* [C]. ed by U. M. Zeglen. London: Routledge, 1999: 18-19.

人与人之间交流的成功成为戴维森真理观的支撑点。人的信念的大部分应该是彼此融贯的，应该是与他人融贯的，这些信念形成了戴维森意义上的"信念之网"。这种融贯性既能解释说话者与世界的关系，又能解释说话者与解释者的关系。只有信念是融贯的、一致的才能保证我们可以交流，即便是错误、误会也只是提示了我们共享语言，共享信念，不一致的信念折射出共享的真的信念。而这种世界图景的实在性或真实性是不容置疑的。戴维森的真理观呈现出修正的过程，这本身也是一种实用主义气息的体现。戴维森建立的自然语言的真值条件意义理论，把真和语义连接在一起，并反对语义的约定性，用交流替代约定，语义或者是语法规则并不是一种语言本质上的必要条件，规则并不是交流的前提，而交流可以生成规则；语言之所以存在，并不是因为约定、规则，而是因为交流，真理存在于人的生活世界，连接人的信念和世界，因为交流，真也成了自我和他者连接的必要条件。戴维森自己虽然不承认自己是"实用主义者"，但他对"真理"的解读和杜威关于人类"生存"意义上的实用主义保持一致，可以说戴维森在用"效用"来定义真。

总之，戴维森的真理观，从塔尔斯基式的符合论到融贯论，再到实用主义色彩的真理，是一种调和的态度，促进其意义理论的形成。从塔尔斯基的真理理论开始，戴维森吸收了其形式条件的模型，把真作为原初条件来构建自己的意义理论；对塔尔斯基式符合论表示同情，进而运用融贯的方式，提出无对照的符合，因融贯而符合；随后又借鉴实用主义对真理的态度，用"效用"的方式定义真，在交流中通过说话者、解释者互动，锁定对象，获得意义。

第四节　意义的区分及语用解释

在文章《彻底解释》之后，戴维森对建构意义理论进行了不断的完善与丰富。意义概念的唯一目的是通过语言来解释或说明交流。在成功的语言交流中，话语意味着说话者希望听话者将其理解为意义。他声称，从意义理论的角度来看，它是我们通常所说的字面意义或语义意义中最有趣的概念。因此，我们要明确语言的意义在什么意义上是由一系列的环境（circumstance）决定的，因此戴维森区分第一意义、字面意义、说话者意义。同时，引入两个理论：先在理论和当下理论。戴维森将行动理论与意义理论结合起来，语言意义起源于此；一方面，我们称之为语句意义，另一方面，是指语言中主体可以通过说出一个有特定意义的语句来表达的东西。事实上，后一种区别是描述语义学——语用学区别的一种标准方式：语用学是关于我们如何通过语言进行交流的学科。语义学应该告诉我们，我们为这些语用目的而使用的语言的系统性和组合性。

一、戴维森对意义的区分

戴维森在文章《墓志铭的微妙错乱》（1986）中对语言意义做出了区分："我理所当然地认为没有什么能够抹去或模糊说话者意义与字面意义。"①但同时，也承认"'字面意义'这一语词，很多哲学家和其他领域已经做出了诸多解释，对于它，我已经没有多少工作可做"②。因此，他所关注的意义是第一意义。"这一概念适用于具体说话者在具体场合下所说出的语词意义和语句。"③

（一）字面意义

字面意义就是原有意义或通常意义，就是语词或语句通常所具有的意义，无论在陈述句还是比喻句或是命令句中，意义就是通常意义。这种意义和真理理论息息相关，与说话者的意向无关。在文章《隐喻意义》中戴维森指出："可以脱离语言使用的特定语境向语词和语句指派字面意义和字面上的真值条件，这便是论及这些字面意义和字面上的真值条件这种做法之所以具有说服力的原因。"④ 并且，戴维森在解释隐喻和字面意义关系时有时也用通常意义或原有意义："隐喻完全依赖于这些语词的通常意义，从而完全依赖于由这些语词所组成的语句的通常意义。"⑤通常意义并不关注那些特殊情况的使用，也就是语词或语句的意义与所应用的特定语境关系不大。戴维森在《墓志铭的微妙错乱》一文中声明："……没有什么当下能够取消或抹杀说话者的意义和字面意义之间的区别。……我们必须使语言的字面意义脱离约定的或已有的意义。这是刻画我所称作的字面意义的最初努力。"⑥ 戴维森反对意义的"约定论"，但是他所谓

---

① DAVIDSON D. A Nice Derangement of Epitaphs. in *Truth, Language and History* [C]. Oxford: Clarendon Press, 2005: 91.
② DAVIDSON D. A Nice Derangement of Epitaphs. in *Truth, Language and History* [C]. Oxford: Clarendon Press, 2005: 91.
③ DAVIDSON D. A Nice Derangement of Epitaphs. in *Truth, Language and History* [C]. Oxford: Clarendon Press, 2005: 91.
④ 戴维森. 隐喻的含义：真理、意义与方法 [C]. 牟博，译. 北京：商务印书馆，2008: 148.
⑤ 戴维森. 隐喻的含义：真理、意义与方法 [C]. 牟博，译. 北京：商务印书馆，2008: 148.
⑥ DAVIDSON D. A Nice Derangement of Epitaphs. in *Truth, Language and History* [C]. Oxford: Clarendon Press, 2005: 91.

的字面意义就如同字典意义一样仍然诉诸已有意义,但这样的意义并不能解释用词错误等语言现象。戴维森认为这并不是哲学意义上的探讨,毕竟我们所需要的是在不同语境中所呈现的复杂意义。正是在这样的诉求下,戴维森转向对他所谓的第一意义的追问。

(二) 第一意义

第一意义就是结合具体语境所意向呈现的意义。"这个语词(即第一意义)可以应用于由具体的说话者在具体的场合说出的语词和语句。"① 第一意义处于解释序列的首位这点与字面意义的含义是一致的,即理解了语句的第一意义就理解了语句本身。"第一意义处于解释序列的首位。"② 但是,戴维森还指出:把握语句的意义就是获得语句的字面意义或通常意义,这跟说出语句的真值条件密切相关,这与第一意义完全不同。因为用语词错误不能由已有的意义说明,所以也不能由通常意义(即字面意义)来把握,既然既定的意义不可以,那只有用语词错误说出的当下场合能够说明和解释,因此,将第一意义与具体应用的语境紧密联系在一起就十分有必要。

戴维森解释,如果场合、说话者和听话者"正常"或者"标准"的话,也就是没有必要做出进一步解释的意义,那么言语表达的第一意义就应该是基于实际用法而编纂的语词典上查阅到的意义。也就是说言语表达的第一意义就是解释次序中最初出现的。从这个意义上来说,第一意义实际上就相当于前面提及的字面意义。然而,戴维森列举了莎士比亚(Shakespeare)的诗句来进一步解读:

一提起春的明媚和秋的丰饶,
一个把你的绰约的倩影显示,
另一个却是你的慷慨的写照……
尽管海伦的颊上有风情万种,
而佩戴希腊头饰你是新的美景。③

---

① DAVIDSON D. A Nice Derangement of Epitaphs. in *Truth, Language and History* [C]. Oxford: Clarendon Press, 2005: 91.
② DAVIDSON D. A Nice Derangement of Epitaphs. in *Truth, Language and History* [C]. Oxford: Clarendon Press, 2005: 91.
③ 转引自 Donald Davidson. A Nice Derangement of Epitaphs. in *Truth, Language and History* [C]. Oxford: Clarendon Press, 2005: 91-92.

诗中对于"丰饶""头饰"的解释，如果只是从字面意思理解，恐怕是不能抓住诗歌的真正意蕴的。只有先了解说话者的目的，才能由此辨认出某个语词或短语的原义。因此"辨认出第一意义的更好方式是通过说话者的意向"[①]。做出一个行为所依据的意向通常是由手段与目的的关系所清晰规定的。所以，诗人是想赞赏他的守护神的美丽与慷慨。他所用的方法是使用意向，认为要赞美的这个人身上有着自然与人性中所有好的方面。他依次使用"头饰"意指"盛装"（attire），用"丰饶"意指"丰收"（harvest）。这里借助"通过"（by）而建立的次序可以通过使用"为了"（in order to）这个短语而颠倒过来。在"为了"这一序列中，第一意义就是所指的第一意义。说话者意向让听话人掌握第一意义，而且如果交流成果的话，第一意义就被领会了。同时，戴维森所区分的第一意义并没有限制于语言之内，是格莱斯的非自然的意义，它适用于任何有着意向的解释的符号或记号。如果我们把第一意义严格地限制在语言的意义之内，听话者与说话者共享有一个复杂的系统或理论，这一系统将使得我们有可能阐明言语表达之间的逻辑关系，并能解释以有组织的方式来解释新的言语表达的能力。

第一意义具备三个特征，那就是系统性、共享性以及受约定或规则支配。格莱斯揭示出在语词的原义或者就是戴维森的第一意义和使用这些语词的某个人一般蕴含意义之间是有区分的。格莱斯探讨了我们这种能够理解"言下之意"的能力背后的一般原则，当然这些原则必须为希望以此为基础的说话者所知。关于这些原则的知识是否应该被包含在对语言能力的描述之中这一问题，可能还未被解决：一方面，这些事情是些聪明人无须通过事先的训练或启发就可以理解的，它们也不是我们所必需的。另一方面，它们代表了一种我们希望解释者应该具有的机能，没有它们，交流就不会得到极大的推动。

因此，我们倾向于相信，这也许就是戴维森所说的说话者用一句话来表达某种意思，实际上指我们已经掌握了一些语言意义的知识。如果语言意义或语义学在某种意义上确实不同于语句的特定话语，那么我们就可以认为我们试图将语义与语用学分开是有道理的，并且认为语义学是具有某种"稳定"性的。语义学的概念可能过于专注于语言意义是稳定的，因此在我们的言语交流之前就已经给出了。这种观点并不是戴维森在《墓志铭的微妙错乱》一文中的立场。"除了成功的交流之外，语言是没有意义的。说话者创造了语言；意义是我们从

---

① DAVIDSON D. A Nice Derangement of Epitaphs. in *Truth, Language and History* [C]. Oxford: Clarendon Press, 2005：92.

已完成的言语交流中抽象出来的东西。"① 将戴维森映射到语义——语用学的区别上，这一点反映在他在文中的总结语中：

我们还没有发现一致行为的可习得的共同核心，没有共享的语法或规则，没有便携式的解释机器可以用来磨出任意话语的意思。我们可以说，语言能力是一种能力，它能不时地让我们应用当下理论，但如果我们这么说，那么……我们就抹去了了解一种语言和了解我们在世界上的方式之间的界限。②

戴维森认为，并不存在很多哲学家或是语言学过去所设想的那种语言。这种意义上的语言是那种可以被习得、掌握或者是与生俱来的东西，约定或习得的意义并不能有助于成功的交流。

（三）说话者意义

戴维森认为语言意义的生命源于所应用的情境，在这些情境中，行动者对自己的话语具有持真信念。尽管在戴维森的例子中，说话者意义可能没有明确的定义，但解释者可以理解说话者在说出话语 U 时的意向，即使这种意向偏离了用话语 U 表示的语句的语词典意义（通常的意向），马拉普罗（Malaprop）夫人说"……还有 derangement epitaphs（错乱的墓志铭）"，而她真正想说的是"arrangement epithets（排列绰号）"③。事实上，流利的英语使用者会理解她在这种语境下所说的话。但是在当前的情况下，她并不是在用正确的语词说别的话，而是用语词不当。在这种情况下，应用类似的替代语词来表达正确的话即表达她的意向。前者的一个例子是"用正确的语词表达其他意义"，这就直接表明了语句意义和说话者意义的区别。例如通过使用反讽或隐喻来表达意义。在这种情况下，她可以说"很好的墓志铭"，说话者的意义是"不好的墓志铭"。对于更重要的误用情况，我们作为解释者能够理解她想说的话，即使语词或语句的意义不能为我们提供正确解释的完整依据。这种情况下，字典里的字面意义对交流似乎没有太大的帮助。这可能存在于后两种意义类型的区分之上，马拉普罗夫人可能会讽刺地说，她是否真的能识别出一个很好的墓志铭，同时仍

---

① DAVIDSON D. *Dialectic and Dialogue*. in *Truth，Language，and History*［C］. Oxford：Clarendon Press，2005：258.
② DAVIDSON D. *A Nice Derangement of Epitaphs*. in *Truth，Language，and History*［C］. Oxford：Clarendon Press，2005：107.
③ DAVIDSON D. *A Nice Derangement of Epitaphs*. in *Truth，Language，and History*［C］. Oxford：Clarendon Press，2005：104.

然滥用语词。除此之外,我们还可以看到第一意义(说话者的本意是字面意思)和说话者意义(她具有讽刺意义)之间的区别对于说话者来说是相对化的,也就是说,说话者意向的区别是她的字面意义和她认为说话者用这些语词的意义。

戴维森关于意义的区分,具有重要的哲学意义。对语句的字面意义、第一意义和说话者意义的区分明确了意义的种类,区分了语义学语用学维度,区分了语言能力与语言语用维度。字面意义相当于字典意义,跟具体的说话场景不相关,其使用是对语句或语词的抽象规定。第一意义与之相对,其使用与具体说话场景紧密相关,不可能是预先习得的东西。而说话者意义更是将错误用法作为一种特例解决误用问题。戴维森对意义的区分体现其意义研究范围的扩大,由语言静态的意义分析向从动态的交流语境中寻求意义的尝试发展。

二、先在理论与当下理论

戴维森认为,他想知道"已经掌握一门语言的人(无论是什么意思)是如何将他们的技能或知识运用到实际的解释案例中的"①,这个时候就会区分字面意义与交流产生的意义。戴维森说,如果说话者和解释者都能理解说话者的话,尽管有时候可能偏离了语言的正常的使用,但在原则上这就足够了。听懂说话者的话就是理解他在特定环境下使用某些语词和语句的倾向(dispositions)。说话者对话语的持真态度是另一种表达观点的方式。成功的交流就已经发生了。对戴维森来说,最重要的是我们在解释话语时所获取的知识是与场合(occasion)相适应的,把环境(circumstance)当成理解必不可少的元素是合理的。

在实际的交际情境中先在理论和当下理论开始发挥作用。对于解释者来说,先在理论是"他如何事先准备好解释说话者的话语"②,这一理论是由他迄今为止收集到的关于说话者的证据形成的。这可能包括"通过观察说话者的行为、语言或其他行为而获得的关于性格、衣着、角色、性别……的知识"③。对于说话者来说,先在理论就是他认为的解释者理论。说话者对自己的语言会被某个解释者解释成什么样子有一种信念。这些先在理论与当下的理论形成对比。后者是解释者如何实际地解释说话者的话语,而对说话者来说则是他希望解释者

---

① DAVIDSON D. A Nice Derangement of Epitaphs. in *Truth,Language,and History* [C]. Oxford: Clarendon Press, 2005: 100.
② DAVIDSON D. A Nice Derangement of Epitaphs. in *Truth,Language,and History* [C]. Oxford: Clarendon Press, 2005: 101.
③ DAVIDSON D. A Nice Derangement of Epitaphs. in *Truth,Language,and History* [C]. Oxford: Clarendon Press, 2005: 100.

使用的理论。从这个意义上讲，正如格莱斯所说，交流是一种高度合作的实践。一方面，我们有一个解释者，他对他要解释的说话者提出假设；另一方面，我们有一个说话者，他对自己的话语将如何被解释抱有信念。对解释者来说，他们在交流时所做的是调整他的理论，以便更好地理解说话者的话语，或合理地适应说话者，而对说话者来说，重要的是要按照他想要被理解的方式去理解他。为了使他有理由相信自己被如此解释，他必须对自己的话语事实上如何被解释做出假设。

  第一意义将与当下的理论完全吻合。如果第一意义偏离了语词字典意义，那么第一意义就是说话者希望解释者掌握的意义，而这实际上是在交际成功的情况下解释者所掌握的意义。更重要的是，一般来说第一意义是解释顺序的第一位。戴维森否认解释者需要在一开始"获得"字典的含义，以便在此基础上调整他对说话者的解释。这将在语句层面上模仿一种所谓的自下而上的方法：你从实际语词或实际语句开始，然后从那里"向上"进行解释。然而，我们在这一点上看到的是一个自上而下的、语境驱动的推理。在这里，解释者在说话者说话之前，先于任何反映语词字典意义，就已经掌握了其意向。正如戴维森所说，"我们常常可以通过先了解说话者的意向来判断一个语词或短语的字面意思"[1]。说话者可以在言语交流的过程中提供解释性线索，因为在互动之前掌握的所有知识都是不够的。交流要取得成功，需要的是共享当下理论。此外，一个当下理论是无法提前学会的。也就是说，我们在实际的言语交流中的语言能力，因为不恰当（malaprogisms）和其他可能的异常（other anomalies）不能符合于事先学过的东西。因此，我们的语言能力在于对当下理论的融合（converging）。戴维森从先在理论和当下理论的划分中得出结论：语言约定不能嵌入我们成功地进行交流的图景，因为对这些约定的知识是不足够的。尽管如此，戴维森还说，对于说话者或解释者来说，对先在理论的了解是"达成当下理论的必要条件，但所学到的不可能是当下理论"[2]。这种关系的性质——就像戴维森构建的其他许多关系一样——是模糊的。但是他还是强调了动态交流中所应用的当下理论更为重要，"除了成功的交流之外，语言是没有意义的。说话者创造了语言；意义是我们从已完成的言语交流中抽象出来的东西"。

  戴维森早期的意义理论倾向于认为一种塔尔斯基式的语言真理理论会给出

---

[1] DAVIDSON D. A Nice Derangement of Epitaphs. in *Truth, Language, and History* [C]. Oxford: Oxford University Press, 2005: 92.

[2] DAVIDSON D. A Nice Derangement of Epitaphs. in *Truth, Language, and History* [C]. Oxford: Clarendon Press, 2005: 103.

语言中任意语句的意义。事实上，这种理论所起的作用将是一台"便携式解释机器，用来钻研任意话语的含义"。他认为一个理论给出了所有语句或话语的含义，而1984年就是一个转折点，之后他认为同一个语句的话语在不同的语境中可能意味着完全不同的东西，这完全取决于说话者的意向。

　　戴维森认为理解"语词的意义是什么"的任务可以通过考虑我们如何在证据的基础上确认说话者的真理理论而得到有效的解决。戴维森将塔尔斯基关于真理定义的约定T作为自己语义学分析的逻辑公式，它可以衍生出无限多的等值式。每一个等值式都表征对象语句的真值条件，从而显示语句的意义。彻底解释要回答这样一个问题，即什么样的知识使解释者能够理解完全陌生的语言中的话语。戴维森做出的回答是持一个语句为真的态度，解释的成功在于这种语言中的大多数话语表达着真的信念。如果没有真之概念，我们就不是能思考的生物。戴维森由初期的符合论思想到融贯论思想的转变再到语用学的真理观，也让其意义理论的解读发生了改变，将意义区分为第一意义、字面意义以及说话者意义。在该基础上，戴维森引入先在理论和当下理论区分语句意义以及语言主体在具体环境中如何通过语言进行交流。戴维森在1984年之前对意义的追问更近乎一种静态的语义分析，但鉴于当下理论，对意义的追问更接近于语用的方式。

第四章

意义与信念

信念在意义的解释过程中是不能回避的重要元素,解释者想要观察说话者的意义,需要解决信念的相关问题。信念和意义之间的关系是戴维森意义解释的核心。戴维森哲学中对语言和解释的考虑始终来自他对心灵的理解,最核心的一个部分就是心灵状态或思想只是出现在交流和解释的语境中。戴维森关于心灵现象本质的许多实质性结论主要是通过对信念的讨论而得出的。通常意义上,一个人的信念就是关于那些在自己的环境中导致这些信念的物体和事件,决定这些原因中哪一个是信念的内容涉及解释者和主体的三角测量过程。在这一章中,我们将探讨因解释内容的客观性、确定性问题而建构的三角测量模型以及在语言理解新模型中的信念及其概念。信念的概念、内容、确定性、客观性都直接影响我们对戴维森意义理论的理解。

第一节 三角测量模式:戴维森意义产生的新模型

戴维森在《理性动物》(1982)一文中,以三角测量作为新模型解释意义的生成。尽管这个想法最初只是作为一种隐喻,但其结构实际上提供了说话者、解释者与世界相联系的方式。

一、三角测量的基本结构

戴维森认为,说话者、解释者面对共享的客观世界,两个理性动物通过语言相互连接,而各自又与客观世界相连,这就构成了一个三角形。说话者、解释者通过观察对方的言语行为,观察环境的刺激,根据观察做出解释,并在不断交流中根据环境和对方的反馈来调整自己的解释和言语行为,交流会促成共识的不断增加以达成意义的理解。戴维森利用三角测量这个模型搭建的意义理论引入了解释,这是最关键的一个环节,用解释者维度解释说话者和世界的存在。

戴维森非常喜欢"三角测量"这个比喻,在后来的论文中反复应用,其评论家对这个比喻进行了广泛的讨论和批评。① 在戴维森的应用中，可以分辨出两类三角测量。第一类不涉及语言交流，戴维森称为"原始的"（或"基本的""简单的"）。② 两只雌狮合作追捕一只羚羊，三只动物构成一个三角形。两只狮子互相观察对方，并观察羚羊，根据观察结果做出反应，并根据对方的反应做出进一步的反应，如此等等。在这种三角测量中，两只狮子共享一个客观事物——一只羚羊，但是没有共享"客观的真"的概念，因为"真"的概念依托于语言。第二类涉及语言交流，两个交流者和客观世界构成一个三角形，每个交流者观察对方的言语行为，观察环境提供的刺激，根据观察结果做出解释，并根据环境和对方的反馈调整自己的解释和言语行为。这一类可以进一步区分为两个子类，其一是交流双方持同一种语言，我们在学习母语时经常处于这种场景；其二是交流双方各持一种语言，每一方缺乏关于对方语言的预先的知识，其实戴维森早年提出的"彻底解释"就是这种情况。无论双方是否共享同一种语言，在这一类三角测量中，交流者共享"客观的真"的概念。

戴维森在文章《知识的三种类型》（1991）中发展了三角测量的思想，将其作为一种手段来阐述他所论证的在自己的知识、他人的知识和世界的知识之间获得的三方概念上的相互依赖。正如语言知识离不开我们对世界的更普遍的认识一样，戴维森认为，对自己的认识、对他人的认识以及对一个共同的"客观"世界的认识构成了一套相互依存的概念，其中任何一个概念在没有其他概念的情况下都是不可能的。"可以说一个生物把刺激视为相似的、属于某一类的标准，这是该生物对这些刺激的反应的相似性；但是，反应相似性的标准是什么？这个标准不能从生物的反应中得到；它只能从观察者对生物的反应中得到。只有当观察者有意识地将另一个生物的反应与观察者世界中的物体和事件联系起来时，才有理由说该生物对这些物体或事件做出了反应，而不是生物刺激的任何其他来源。"③ 因此，只有引入观察者（解释者），思想和信念在这个过程中才能被确认。戴维森认为："如果我们不共享对共同刺激的反应，思想和言语就不会有……内容……，要找到一种思想的诱因从而定义它的内容，需要两个

---

① Claudine Verheggen. Triangulation. in *A Companion to Donald Davidson* [M]. ed by Ernie Lepore, and Ludwig Kirk. Oxford: Wiley Blackwell, 2013: 456.

② DAVIDSON D. Interpretation: Hard in Theory, Easy in Practice. in *Interpretations and Causes: New Perspectives on Donald Davidson's Philosophy* [C]. ed by Mario De Caro. Dordrecht: Kluwer Academic Publishers, 1999: 85.

③ DAVIDSON D. Three Varieties of Knowledge. in *Subjective, Intersubjective, Objective* [C]. Oxford: Clarendon Press, 2001: 211.

因素。"①因此，解释作为三角测量的一个过程，需要两个因素。这两个因素是三角测量的两个重要组成部分。解释者有两个信息来源：自己的经验（即对刺激的反应）和说话者的话语与其他行为（也包括对刺激的反应）。通过将二者联系起来，为说话者构建一个真理理论。但为了做到这一点，解释者与说话者必须在同样的环境中产生同样的反应。因此，相互解释就是一个人自己的刺激反应与他人的联系，并产生了心理或语义内容。那么很明显，了解他者心灵（他者思想）对所有思想和所有知识都是必不可少的。然而，只有当一个人具备关于世界的知识，对他者心灵的认识才是可能的，因为思想所必需的三角测量要求那些在交流中的人认识到他们共享了世界。因此，对他者思想的认识和对世界的认识是相互依存的；缺乏任何一方，两者都是不可能的。②

根据三角测量的思想，说话者不仅要能被解释，而且要能真正地相互解释。它的作用是因果关系和共享环境，而不是相互解释的原则。融贯论原则促使解释者在说话者的思想中发现某种程度的逻辑一致性；……这两个原则都可以并且一直被称为宽容原则：一个原则赋予说话者逻辑，另一个原则赋予他某种程度的解释者对世界的真实信念。③确定态度的内容就是确定这些态度的对象，在最基本的情况下，态度的对象与这些相同态度的原因是相同的。识别信念涉及一个类似于"三角测量"的过程，即通过从两个已知位置中的每一个位置取一条线到所讨论的对象交叉点来确定对象或某个位置或地形特征的位置线的长度固定了物体的位置。同样，命题态度的对象是固定的，通过寻找两个或两个以上的说话者能够观察和回应对方行为的共同原因的对象。

三角模型的建构重组了戴维森对意义的解释：首先，意义并不是传统哲学意义上的约定论，而是由理性能动者交流产生的动态的意义；其次，三角模型中的说话者与世界的存在预设了解释者的视角，解释者对说话者的解释，解释者对世界的解释确证了其存在。戴维森的意义理论是一个动态发展过程，从语义层面的真值条件语义学到语用层面的三角测量理论，探究的过程从静态的追问到引入经验事实确定的动态发展。三角测量的思想具有重要的意义，远远超出了知识本身的问题，这一思想是戴维森后来思想中最重要、最持久但也有争

---

① DAVIDSON D. Three Varieties of Knowledge. in *Subjective, Intersubjective, Objective* [C]. Oxford: Clarendon Press, 2001: 214.
② DAVIDSON D. Three Varieties of Knowledge. in *Subjective, Intersubjective, Objective* [C]. Oxford: Clarendon Press, 2001: 213.
③ DAVIDSON D. Three Varieties of Knowledge. in *Subjective, Intersubjective, Objective* [C]. Oxford: Clarendon Press, 2001: 211.

议的因素之一。尽管这个想法乍一看可能纯粹是一种隐喻,但三角测量的结构似乎实际上是将注意力引导到知识、行动和内容,从根本上取决于说话者和行动者的真正体现和定位的特征的方式上。正如戴维森所说的那样,只有通过他们在世界上的具体参与,无论是与对象还是与其他说话者或行动者的关系,任何说话者或行动者才能有真正的言说或能动能力——任何说话者或行动者才能有思想或行动能力。

二、第一人称权威:意义解释的优先性

戴维森在论文《第一人称权威》(1984)中强调,第一人称权威的问题和他者心灵的传统问题之间的联系是显而易见的,但是在他的体系中,第一人称权威是一个狭义的问题,因为它只适用于命题态度,如信念、欲望、意向,高兴、惊讶、害怕或自豪于某事,或者知道、记住、注意或觉察某事,是在语言维度和认识论维度探讨的主题。所有命题态度都表现出第一人称权威,但程度和种类各不相同。信念和欲望是相对清晰和简单的例子,而意向、知觉、记忆和知识在某种程度上更为复杂。他在论文中举了一个例子来区分程度和种类。在某人声称注意到房子着火时,至少要考虑三件事:房子是否着火了,说话者是否相信房子着火了,以及火灾是如何导致这种信念的。对于第一件事,说话者没有特别的权威;对于第二件事,他有这种权威;对于第三件事,关系是复杂的。一个人是否打算通过转动钥匙来锁门,这个问题在一定程度上取决于他是否想锁门,并相信转动钥匙会锁门;而这种信念和愿望是否以正确的方式引起了转动钥匙的欲望。欲望和信念直接被赋予权威,而不是直接重视有关必要因果关系的主张。

戴维森承认,尽管在信念和其他命题态度方面有第一人称权威,但也有可能出现错误;这是因为态度是以各种方式在一段时间内表现出来的倾向。错误是可能的;怀疑也是可能的。因此,我们并不总是对自己的态度有确凿或确定的认识。我们对自己态度的主张也并非无法更正的,他者所掌握的证据有可能推翻自我判断。自我归因者(self-attributer)通常不以证据或观察为依据,也不需要问自我归因者为什么相信自己声称拥有的信念、欲望或意向。在个概念上,戴维森探讨了维特根斯坦的相关理解。"一个形象的红色标准是什么?"对我来说,当这是别人的心理影像时:他说什么或做什么。对于我自己来说,当这是

我的心理影像时：什么也没有。①大多数哲学家都认同他的观点。戴维森认为，讨论过第一人称权威的当代哲学家很少试图回答为什么自我归因（self-ascription）是特权的问题。以自省/内省（introspection）为基础来解释自我认识早已过时。

赖尔在《心的概念》中认为，我们之所以有第一人称权威，无非是因为我们通常比他者更善于观察自己。这种差别是程度的差别，而不是类别的差别。说话者对他所做的事情的了解比听话者的要优越，这并不是说他有特权去获得听话者不能理解的事实，只是表明他有优势去了解事实。比如，一个人面对着自己的未婚妻和已婚妻子时，话语中的重复性习惯一定会获得不同的反应，前者时期更加吃惊和困惑；好友之间就不用像向新学生介绍自己那样介绍彼此。②戴维森同意赖尔的观点，认为任何试图解释第一人称现在时态与其他人或其他时态之间的不对称性的说法，只要是通过一种特殊的认识方式或一种特殊的知识，就一定会导致怀疑的结果。任何这样的说明（account）都必须接受这种不对称，但不能解释（explain）它。戴维森认为，我们应该承认这种不对称，并试图为其寻找根源。

戴维森通过对比哲学家们对第一人称及第三人称的特征，探讨他者心灵的问题。斯特劳森在讨论第一人称权威的语境下，试图回答他者心灵的怀疑论。斯特劳森认为，如果怀疑论者理解他自己的问题（怎么会有人知道别人心里在想什么），他就应该已然知道答案。因为如果怀疑论者知道心灵是什么，他就知道它一定在身体里，而且它有思想。他也知道，我们根据观察到的行为把思想归因于他人，而把思想归因于自己却没有这样的基础。斯特劳森认为，"为了拥有这种类型的概念（精神属性），一个人必须同时是这种谓词的自我归因者和他者归属者（归属于精神属性），并且必须把他者看作自我归因者。为了理解这类概念，我们必须承认有一种谓词，它既可以根据对谓词主语的观察，也可以根据对谓语主语的观察，即独立于对主语的观察明确而充分地归属于谓语"③。这不能被认为是对怀疑论者满意的回答。因为怀疑论者会回答说，尽管斯特劳森可能正确描述了心理谓词的第一人称归属和他者归属之间的不对称性，但他没

---

① WITTGENSTEIN L. *Philosophical Investigations* [M]. Trans by Anscombe G E M. Oxford: Blackwell. 1958: 377. 维特根斯坦. 哲学研究 [M]. 李步楼, 译. 北京：商务印书馆, 2017: 176.
② RYLE G. *The Concept of Mind* [M]. New York: Barnes&Noble, 1949: 156+179.
③ STRAWSON P. *Individuals* [M]. London: Minnesota Press, 1956: 108. 彼得·斯特劳森. 个体：论描述的形而上学 [M]. 江怡, 译. 北京：中国人民大学出版社, 2004: 73.

有做任何解释。在没有解释的情况下,怀疑论者肯定有理由问我们如何知道描述是正确的。

罗蒂试图做出解释。我们被要求想象最初的自我归因是建立在与他者归因相同的观察或行为证据的基础上的。然后人们注意到,人们可以将心理属性归因于自己,而无须进行观察或使用行为证据,而且从长远来看,自我归因比第三人称归因能更好地解释行为。因此,将自我归因视为一种特殊的语言习惯:"将所有报告的想法或感觉纳入所提供的总体描述中,这成为对行为解释的一种限制。"①这一说法并不是要作为通俗人类学的一部分加以认真对待,而是要使我们把自我归因视为具有特殊权威似乎合情合理。但问题仍然存在:罗蒂给出了什么理由来证明,不基于证据的自我归因与基于观察或证据的相同心理谓词的归属所涉及的状态和事件相同?这两种归因的方式是不同的,它们对行为的解释也是不同的。罗蒂所描述的发现,即不是基于证据的自我归因能更好地解释行为,怀疑论者会将其描述为这样一个事实,即被归因于每一个明显不同的因素。

两个人各持各自不同的语言,对对方的语言不熟知。想要学习一门新语言并不像学习母语那样,因为一个真正的初学者既没有推理能力,也没有想象情境中参与者必须借鉴的概念库。因为想象中的解释者能够有意识地将其视为证据的,正是第一个学习者成为语言使用者的条件。让想象中的两个人中的一个人说话,另一个试着理解。说话者是否说"母语"无关紧要,因为他过去的社会状况无关紧要,说话者所能做的最好的事情就是具有可解释性,也就是说,将他认为听话者所使用的有限的可分辨的声音应用于对象和情况。很明显,说话者在这个过程中有时会失败;在这种情况下,我们可以说他不知道他的话是什么意思。在这种情况下,怀疑说话者是否总有错的地方是没有意义的,他的行为可能根本无法解释。但如果是的话,那么他的话的意思通常就是他想表达的意思。因为他所说的"语言"没有其他的听话者,说话者误用他的语言的想法就不适用了。在解释的本质中有一种不可避免的假定,即说话者通常知道自己的话语意义。所以有一个假设,如果他知道他认为一个语句是真的,他就知道他的信念是什么。

戴维森认为关于自己心灵的知识是不需要诉诸证据或观察的,而且"在正常情况下,去询问一个人为何相信他所宣称具有的思想,这是无意义的,对其

---

① RORTY R. Incorrigibility as the Mark of the Mental [J]. Journal of Philosophy 67, 1970: 416.

要求理由（reasons）或辩护是不适当的"①。他对我们自己和他人言说意义不对称（asymmetry）做出这样的理解："我们关于他人借由言说而意谓什么的知识必须依赖于观察，而我们如何知道借由我们自己的言说意谓什么的问题，一般来说甚至不能被提出来。"② 戴维森坚持自我知识和他人知识的"不对称性"，并不在于自我知识不需要证明，而是在于一个合理的假定，那就是说话者自己对自己的信念必然保持一致，而听话者却不能确定。

三、语义外在论：意义理解的路径

语义外在论是指个体的思想内容和语言意义取决于个体与其所处的物理或社会环境的关系的论题。心理内容和语义并不仅仅取决于个体的心理和大脑的内在属性（internal properties），至少思想内容和词语意义的某些属性取决于主体身体或大脑之外。与之相对应的语义内在论，其主要观点是个人心理状态的内容可以完全个性化，不需要参考环境中的任何特定对象或属性。

语义外在论有很多不同的特点。首先，我们可以区分全面（global）外在论和局部（local）外在论，前者适用于所有类型的思想和表达，而后者仅限于某些表达和思想，例如，涉及自然类词、专有名称和索引词的思想。戴维森显然是一个全面外在论者。③ 其次，我们可以根据决定精神内容的环境因素的类型，将外在论分为两种类型——物理外在论和社会外在论。④ 戴维森的外在论结合了物理的和社会的外在论的元素。要理解他的外在论，需要从物理方面入手。戴维森认为：

奎因的思想是以令人钦佩的科学方式（scientific form）把握了这样的经验主义思想：意义依赖于每个说话者直接可得到（directly available）的证据。而我的进路则是比照外在论的（by contrast externalist）。我的建议是，解释（在最简单和最基本的情形中）依赖于对说话者和解释者都十分明显的外在事件和对象，

---

① DAVIDSON D. Reply to Bernhard Thole. in *Donald Davidson Responding to an International Forum of Philosophers* [C]. ed by Stoecker R. Berlin: Walter de Gruyter, 1993: 248.

② DAVIDSON D. Reply to Bernhard Thole. in *Donald Davidson Responding to an International Forum of Philosophers* [C]. ed by Stoecker R. Berlin: Walter de Gruyter, 1993: 249.

③ DAVIDSON D. The Myth of the Subjective. in *Subjective, Intersubjective, Objective* [C]. Oxford: Clarendon Press, 2001: 47-48.

④ DAVIDSON D. Externalsim. in *Interpreting Davidson* [C]. ed by P. Kotatko, P. Pagin and G. Segal. Stanford, CA: CSLI Publications: 2.

而说话者的话恰恰被解释者看作在谈论这些对象和事件。①

奎因与戴维森一样都是从第三人称进路切入研究语言意义，两者思想中都包含了语义外在论的基本思想：语句的意义或信念的内容至少部分是由说话者之外的因素决定的。戴维森称他的物理外在论为知觉外在论。② 知觉外在论的中心原则是"我们的思想和话语的内容部分由与环境的因果关系的历史决定"③；它们由"通常引起相似思想的原因"和话语决定。④ 戴维森认为："在最简单的情况下，引起信念的事件和对象也决定了信念的内容。因此，在正常情况下，由明显存在的黄色物质、一个人的母亲或西红柿引起的不同的信念，就是认为存在黄色物质、一个人的母亲或西红柿。"⑤ 戴维森认为外在世界的事件和对象决定了交流的内容，同时它们是显而易见的，通过解释者的观察就可以确定。解释者和说话者的持真语句将外部世界和主体联系在一起，也就是对事件和对象指派的真值条件与所处的环境保持一致，也就是说话者的话语意义被解释者看作对事件和对象的探讨，即说话者的T语句是真的。

外在论可以是历史的，也可以是非历史的，这取决于思想内容是出现在现在和过去，还是仅仅出现在个人与环境各方面的当前关系上。戴维森的知觉外在论是一种历史外在论，因为主体与环境中的物体和事件的关系的因果历史被认为决定了精神内容。⑥ 历史外在论的主要论证是戴维森的"沼泽人"思想实验。戴维森让我们想象闪电击中沼泽中的一棵树，在随后的化学反应中，沼泽中出现了某种物质，它是人类的一个分子的复制品，例如唐纳德·戴维森。让我们称戴维森的树为孪生沼泽人。因为沼泽人是戴维森的复制品，它做了戴维

---

① DAVIDSON D. The Structure and Content of Truth [J]. *The Journal of Philosophy* 87. 1990: 321. 牟博. 真理、意义与方法：戴维森哲学文选[C]. 北京：商务印书馆，2008：113. （笔者有改动）
② DAVIDSON D. Externalsim. in *Interpreting Davidson* [C]. ed by P. Kotatko, P. Pagin and G. Segal. Stanford, CA: CSLI Publications: 2.
③ DAVIDSON D. Epistemology Externalized. in *Subjective, Intersubjective, Objective* [C]. Oxford: Clarendon Press, 2001: 200.
④ DAVIDSON D. Epistemology Externalized. in *Subjective, Intersubjective, Objective* [C]. Oxford: Clarendon Press, 2001: 201.
⑤ DAVIDSON D. The Conditions of Thought. in *The Mind of Donald Davidson* [C]. J. Brandl and W. L. Gobocz. Amsterdam: Rodopi, 1989: 195.
⑥ DAVIDSON D. The Myth of the Subjective. in *Subjective, Intersubjective, Objective* [C]. Oxford: Clarendon Press, 2001: 44. DAVIDSON D. Epistemology Externalized. in *Subjective, Intersubjective, Objective* [C]. Oxford: Clarendon Press, 2001: 199-200.

森在闪电没有杀死他的情况下会做的所有事情（非意向性的描述）。沼泽人的身体体现了戴维森在空间中的相同运动，从它的嘴里发出的声音和从戴维森嘴里发出的声音是一样的。虽然没有一个人可以分辨出两者的区别，但确实是有区别的。沼泽人不认识被创造前的任何人，不知道任何人的名字，也不记得任何东西。但这并不是戴维森和沼泽人的唯一区别。戴维森声称，由于沼泽人没有"在一个能赋予语词正确意义或任何意义的语境"中学习语词，因此"不能通过它发出的声音说它有任何意义，也不能说它没有任何思想"①。由于沼泽人缺乏与环境中的物体相关的过去因果关系，它的话语和大脑状态分别没有意义或精神内容。根据戴维森的观点，主体与其物理环境特征之间因果关系的历史不足以确定思想内容。仅仅说一个思想的内容是由引起这个思想的典型因素决定的是不够的，我们还需要一种方法，从所有可能的原因中挑出一个思想的相关原因，包括近端（proximal）和远端（distal）的原因。在奎因有关兔子的案例中，我们需要一些方法来确定我是在考虑附近的兔子、没有触碰到的兔子的各个部分、作为兔子的整体、兔子形状的视网膜刺激，还是其他什么东西。② 这就是指称的不可理解的问题。

戴维森对指称的不可理解性问题的解决方案采用了解释主义，信念本身并不是可观察的实体，而是说话者用来理解其行为的解释性假设。根据戴维森的观点，"我们只有从信念在语言解释中的作用来理解信念，因为作为一种私人态度，它是不可理解的"③。鉴于解释论者的观点，解释者对主体思想的最佳判断和主体思想之间没有差距。在理想条件下，一个人的思想内容对解释者来说是透明的。戴维森宣称："一个充分了解情况的解释者所能知道的关于说话者的意义就是所要学习的一切；说话者所相信的也是如此。"④ 指称的不可理解性问题可以这样解决：说话者思想的相关原因是位于说话者、解释者和他们所回应和交流的世界中的对象或事件之间的两条线的交叉点上的任何东西。持真语句作为戴维森自然语言真值条件理论中的语义单位，连接了语义与真，同时也将语

---

① DAVIDSON D. Knowing one's Own Mind. in *Subjective, Intersubjective, Objective* [C]. Oxford: Clarendon Press, 2001: 19.
② DAVIDSON D. Epistemology Externalized. in *Subjective, Intersubjective, Objective* [C]. Oxford: Clarendon Press, 2001: 201.
③ DAVIDSON D. Thought and Talk. in *Inquires into Truth and Interpretation* [C]. Oxford: Clarendon Press, 1984: 170. 戴维森. 对真理与解释的探究[C]. 牟博, 江怡, 译. 北京: 中国人民大学出版社, 2007: 203.
④ DAVIDSON D. A Coherence Theory of Truth and Knowledge. in *Subjective, Intersubjective, Objective* [C]. Oxford: Clarendon Press, 2001: 148.

言与世界联系在一起,消除了思想、语言、信念以及欲望等概念图式与内容、经验、客体之间的二元对立。持真语句的内容就是行动者对外在事件和对象做出的命题判断,因此,持真语句的意义就是对外在世界描述的意义,与此同时也是行动者内在意向、思想、信念的描述。符合真值条件表述的 T 语句可以表述有的自然语言语句。

综上分析,戴维森语义外在论的特点是我们的言说和思想的内容决定于因果相互作用的系统模式,这个因果相互作用存在于我们——与我们有相互的语言作用的他人——我们在世界中感知的事件和对象三者之间,共同组成一个"三角的外在论"(triangular externalism)。我们称戴维森的外在论为语义外在论,不仅仅限于语句的含义部分由外在因素决定,戴维森所要表达的是所有的命题态度和意向态度都可以在表达它们的语句中找到内容,它们的内容至少部分是由外部因素决定的。因而,我们应该这样理解戴维森的语义外在论:它既是关于语义的,也是关于思想、信念和欲望的。

第二节 信念与意义之间的关系:戴维森意义解释的核心

戴维森涉及信念的论文时间跨度很大,我们把这些不断演变的信念作为研究的对象更为合理,而不是把它当成一个恒定不变的立场。戴维森对信念概念并没有给出集中阐述,但是根据散落在诸多论文中的内容,我们可以概括他对信念的主要观点。

一、信念的概念、内容及其特征

在《西方哲学英汉对照词典》中,"信念"(belief)这个词条被解释为"从柏拉图将知识定义为得到辩护的信念加上理念,就成了认识论的中心概念。人们普遍认为信念具有固有的关系特征,因此需要一个对象,信念通常被表达为适合内省的状态而与当前映像或符合映像具有某种关系。信念的对象被不同地理解为实际感觉状态或可能状态,一种事态或一个命题。'我相信 p'意味着由于某种原因对 p 具有一个接受的心态。从传统上看,信念被看作一个作为行为的因果因素的心灵状态"[①]。

戴维森认为,"信念是带有意向、欲望和感觉器官的人的状态;信念是由信

[①] 布宁,余纪元. 西方哲学英汉对照辞典 [Z]. 北京:人民出版社,2001:118.

念持有者身体之外和之内的事件所引起的状态"①。他是一种"反主观主义者"②的态度，不再把信念看作实体或是参与的对象，也不再把它看作心灵以某种方式思考或"掌握"的命题、表征、感觉材料。③这是一幅古老而有害的思想图景，他称之为"主体神话"④，我们建议把信念看作自己的解释和行动理论的"结构"。信念在解释和理解他人（和我们自己）的行为方面有起作用，因此我们通过这些"结构"来履行这些角色。正如他所说，信念"在合理化选择或偏好的作用中得到了最好的理解"⑤；戴维森认为"信念持有者身体之外和之内的事件"是引起信念的原因，所以"因果关系在确定我们的言说和信念的内容中起着不可或缺的作用"⑥，感觉或融贯论的证成并不能成功。

　　信念主要被解释为第三人称行为解释的元素或"结构"。这并不是说我们没有真正的信念；我们的确有真正的信念。戴维森认为，在解释语境中建立起来的谓词，客观上是真的或是假的，抓住了一个人行为的复杂结构和行为倾向的各个方面。信念和意义一样是公共的、开放的，原则上完全可以解释的。因此，一些哲学家将其归因于戴维森的"建构解释论"，一个关于 S 认为 p 是什么的陈述，对 S 的可解释性观点做了必要的引用，认为 p 是构成解释论的另一个表述，S 认为 p "存在于"或"是""无非是"的存在使得 S 可以解释为相信 p。构成解释论比同样归因于戴维森的主张更强，即 S 认为 p 当且仅当 S 可以解释为相信 p。由于成功解释的一个重要条件是使主体具有理性，因此信念的一个基本特征是它的归因总是受到理性的规范性约束，并与一个人的全部行动和言论保持一致。对戴维森来说，任何一套信念都必须在很大程度上遵守这种规范性原则。在某种程度上，关于一个人的一套信念存在着不止一种理论保持理性，也就是

---

① DAVIDSON D. The Myth of Subjective. in *Subjective, Intersubjective. Objective* [C]. Oxford: Oxford University Press, 2001: 138.
② DAVIDSON D. The Myth of the Subjective. in *Subjective, Intersubjective, Objective* [C]. Oxford: Clarendon Press, 2001: 47.
③ DAVIDSON D. Knowing One's Own Mind. in *Subjective, Intersubjective, Objective* [C]. Oxford: Clarendon Press, 2001: 36-37. The Myth of the Subjective. in *Subjective, Intersubjective, Objective* [C]. Oxford: Clarendon Press, 2001: 51-52.
④ DAVIDSON D. Knowing One's Own Mind. in *Subjective, Intersubjective, Objective* [C]. Oxford: Clarendon Press, 2001: 38.
⑤ DAVIDSON D. Belief and the Basis of Meaning. in *Inquiries into Truth and Interpretation* [C]. Oxford: Clarendon Press, 1984: 147. 戴维森. 对真理与解释的探究[C]. 牟博，江怡，译. 北京：中国人民大学出版社，2007：179.
⑥ DAVIDSON D. A Coherence Theory of Truth and Knowledge. in *Subjective, Intersubjective. Objective* [C]. Oxford: Oxford University Press, 2001: 150.

说在某种程度上许多理论同样能很好地解释他的行为，那么关于他的信念，哪种理论是正确的，这是一个不确定的问题。这些理论中的每一种，在把不同的信念归因于行动者时，只是抓住了所有与之相关的东西。①

在《理性动物》一文中，戴维森认为判断生物是否有理性，主要是通过观察者对行动者做出的复杂、丰富的行为模式的观察做出判断，推断出命题态度。有理性的动物会具备命题态度，包括信念、欲望、意向性。当然戴维森也否定了对这种行为模式的解读是一种行为主义。戴维森假设，观察者能通过获得行动者的命题态度，也就是通过观察就能获得信念、欲望、意向性。但这里的命题态度并不能还原为行动；同时思想也不能还原为言语行动。在这篇文章中，戴维森主要想论证生物是否有理性，最后只能诉诸语言。戴维森运用大量篇幅论证案例中的狗是否具有信念，因而具有思想、命题态度。戴维森认为，思想是依赖于信念的。信念有很多类型，如一些需要的信念是普遍的，但是经验性的，比如猫可以抓挠或爬树。另一些则是很个体化的，比如某人刚才看到的那只猫还在附近跑。有些命题是符合逻辑的，思想和命题一样有逻辑关系。因为一个思想必须是整体逻辑网络中的一个环节或某个节点，这张网络上的每一种具体的思想、命题都彼此融贯、联系。因此，信念上的彻底不一致是不可能的。②命题态度自身预设了逻辑，只有逻辑一致信念模式才会一致。因此，只有理性生物才能具有命题态度，这一点延伸到意向行动。意向行动是可以用信念和欲望来解释的行为，其命题内容使行动合理化。命题态度可以被一个只看到行为的观察者发现，而这种态度不以任何方式还原为行动。态度和行动之间有概念上的联系，只要有足够的关于实际和潜在行动的信息，就可以对态度做出正确的推断。从信念对其他信念的依赖性以及其他命题态度对信念的依赖性来看，很明显，必须观察到一种非常复杂的行为模式，以证明单一思想的归属。或者更准确地说，必须有充分的理由相信存在如此复杂的行为模式。除非真的有这么复杂的行为模式，否则就没有思想。所有的命题态度都需要一个信念的背景，因此，戴维森集中讨论了信念的条件。没有信念就没有其他的命题态度，也就没有他认为的内在理性。"首先，我认为要有信念，就必须有信念的概念。

---

① DAVIDSON D. Belief and the Basis of Meaning. in *Inquiries into Truth and Interpretation* [C]. Oxford: Clarendon Press, 1984: 154. 戴维森. 对真理与解释的探究[C]. 牟博，江怡，译. 北京: 中国人民大学出版社，2007: 186.

② DAVIDSON D. Rational Animals. in *Subjective*, *Intersubjective*, *Objective* [C]. Oxford: Clarendon Press, 2001: 102.

其次，我认为要有信念的概念，就必须有语言。"①

戴维森一直用"思想"这个词涵盖所有的命题态度。他认为相信 p 和相信一个人相信 p 之间有区别。后者是关于一个信念的信念，因此需要信念的概念。他认为为了思考一个人必须有思想的概念，语言在这两种情况下都是必需的。戴维森认为，信念是一个有机体状态的概念，它可以是真的或假的、正确的或不正确的。因此，有了信念的概念就有了客观真理的概念。如果我相信口袋里有一枚硬币，我可能是对的，也可能是错的；只有口袋里真有一枚硬币，我才是对的。如果我惊讶地发现口袋里没有硬币，我就会相信我以前的信念与我的财政状况不符。我有一个独立于信念的客观实在的想法。一个生物可能会以复杂的方式与世界互动，而不具备任何命题。它可以区分颜色、味道、声音和形状。它可以学习，也就是改变它的行为，以保护其生命或增加其食物摄入量的方式。在对新刺激做出反应的意义上，它可以"概括"为对先前刺激做出反应。然而，无论以我的标准来看有多成功，这一切都不能说明这个生物能够按照信念的要求控制人们所相信的与实在的对比。显然，语言交流就可以突出这种对比。要理解别人的言语，解释者必须共享说话者的世界。解释者不必在所有问题上都同意说话者的意见，但为了表达不同意见，解释者必须了解同样的主题、主张，以及具备相同的真理观。交流取决于每个沟通者都有一个共享世界，一个主体间世界的概念，并正确地认为对方同样具备这个概念。但是主体间世界的概念是一个客观世界的概念，一个每个交流者都可以相信的世界。理性是一种社会特征，只有交流者才具备。

戴维森认为信念是公共的。在最基本的情况下，决定我们信念内容是真正导致这些信念的对象和事件。一个解释者如果完全了解一个主体的所有潜在行为及其发生的环境，就能够知道说话者所相信的一切。②因此，信念不再是"主观的"，也不再像人们有时认为的那样是私人的；而是"除了作为对语言所提供的公共规范的调整之外，作为一种私人态度是不可理解的"③。这种信念只有在已经参与交流的生物中才可能出现；思想只有在解释的语境中才会出现，因此

---

① DAVIDSON D. Rational Animals. in *Subjective, Intersubjective, Objective* [C]. Oxford：Clarendon Press, 2001：105.
② DAVIDSON D. A Coherence Theory of Truth and Knowledge. in *Subjective, Intersubjective, Objective* [C]. Oxford：Clarendon Press, 2001：148.
③ DAVIDSON D. Thought and Talk. in *Inquiries into Truth and Interpretation* [C]. Oxford：Clarendon Press, 1984：170. 戴维森. 对真理与解释的探究[C]. 牟博, 江怡, 译. 北京：中国人民大学出版社, 2007：204.

它本质上是社会性的。

这种信念的概念与笛卡尔式的心灵概念形成了对比，信念是"内在的"实体，或涉及心灵所掌握的精神对象或表征。对于那些以这种方式看待信念的人来说，一个主体是否有一个特定的信念似乎是一个相当确定的事实。尽管事实可能证明，一个人的一套信念常常满足理性和一致性的规范性理想，但在这种情况下，它并不总是心灵状态的本质标志。因此，心灵也不总是被认为本质上是可解释的，或者完全是"公共的"。在笛卡尔的立场中，不需要假设一个人有一个信念是以他与他人交流为前提的。信念根本不是社会性的，而是个体性的。它非但本质上不是公共的，反而似乎本质上是私人的。

信念与客观真理联系在一起。戴维森说："在放弃对未被解释的实在（即某种外在于一切概念图式和科学的东西）这一概念的依赖时，我们并没有放弃客观真理这一概念——而是恰恰相反。"① 真信念就是与客观实在一致，假信念不与客观实在相一致，因此，只有具备客观标准，我们才会谈及真假。戴维森认为的信念的客观性不是符合论式的——符合，也不是借助感觉经验形成的认知，而是理性因果的结果，是由引起信念的事件或对象产生的。"信念就像其他所谓的命题态度一样，是伴随着各种不同的（行为的、神经生理的、生物学上的和物理上的）事实而产生的。"② 戴维森哲学中的信念及其内容具有客观基础，是由客观世界的信念和内容引起的，因此信念的内容整体上是由客观世界决定的，因而信念整体与实在是一致的。只要人们承认存在一个客观世界，同时接受与客观世界相对应的客观真理，那么，我们就有充分的理由相信一个人的大多数信念都是真的。

二、信念与意义由解释连接

戴维森认为，要解释交流中解释者、说话者的话语，既需要了解意义，还需要了解信念，二者缺一不可。"解释理论是要由语言学家、心理学家、哲学家共同完成的工作。"③ 解释者为了实现解释的目的，就必须同时了解信念与意

---

① DAVIDSON D. Epistemology Externalized. in *Subjective, Intersubjective, Objective* [C]. Oxford: Clarendon Press, 2001: 198.

② DAVIDSON D. A Coherence Theory of Truth and Knowledge. in *Subjective, Intersubjective, Objective* [C]. Oxford: Oxford University Press, 2001: 146-147.

③ DAVIDSON D. Belief and the Basis of Meaning. in *Inquiries into Truth and Interpretation* [C]. Oxford: Clarendon Press, 1984: 141. 戴维森. 对真理与解释的探究[C]. 牟博, 江怡, 译. 北京: 中国人民大学出版社, 2007: 172.

义，这在戴维森看来是可以实现的，因为在言语交流过程中，信念和意义相互依赖，在整体论的基础上由解释连接。

　　戴维森有关信念的立场最终源于对彻底解释的考虑。解释者发现自己处于彻底解释的情况下，面临的任务是形成一个或多个说话者的解释理论。这样的行为开始于完全不知道该说话者的话语意味着什么。尽管如此，解释者也不能利用涉及说话者的信念或意向的证据，因为正如戴维森倾向于指出的那样，如果他对说话者的意义没有一个有效的理论，他就不可能有这些证据。这是因为意义和信念之间的关键联系：要使说话者有理由赋予某些意义，我们必须了解他所相信和意向的东西；要使他有理由赋予某些信念和意向，我们必须了解他所说的话的意义。我们看到的这一立场在戴维森的哲学中有很多种运用。他必须同时找到一种信念理论和一种解释理论，也正是这样他的证据基础也变得更加明显。他所要应对的就是说话者的实际话语和他们所处的环境。对戴维森来说，信念的中心作用是赋予这种行为以理性。为了做到这一点，解释者将错误指派给说话者，错误是信念的关键所在。"既然持真态度是一样的，那么无论语句是真是假，都直接对应着信念。因此，信念的概念随时准备填补客观真理和所持真理之间的空白，我们正是在这一点上理解它的。"① 在这里，"客观真理"是指解释者认为是客观真理的东西，也就是解释者相信的东西。

　　这就是彻底解释者的方法，正是从对这种方法的思考中，戴维森得出关于信念本质的结论。"概括地说，我们应该把意义和信念看作单个理论的相互关联的建构，就像我们已经把主观价值和概率看作决策理论的相互关联的建构一样。"② 一旦我们以这种方式来思考信念，很明显，为什么有时一个人是否有一个特定的信念是一个不确定的问题，也为什么我们不能把信念看作实体，或者是涉及对象——命题、表征、感官材料，这些都是大脑以某种方式思考或掌握的。此外，我们不仅要把信念看作理论上的"建构"，而且这种理论的建构正是我们首先获得信念概念的背景。我们"来理解它"正是在这种语境下发生的。"让解释的社会性理论成为可能的是，我们可以建构一个多元的私人信念结构：信念的建立是为了填补个人认为正确的语句和公共标准认为正确或错误的语句

---

① DAVIDSON D. Thought and Talk. in *Inquiries into Truth and Interpretation* [C]. Oxford：Clarendon Press，1984：170. 戴维森. 对真理与解释的探究[C]. 牟博，江怡，译. 北京：中国人民大学出版社，2007：204.
② DAVIDSON D. Belief and the Basis of Meaning. in Inquiries into Truth and Interpretation [C]. Oxford：Clarendon Press，1984：146. 戴维森. 对真理与解释的探究[C]. 牟博，江怡，译. 北京：中国人民大学出版社，2007：178.

之间的空隙。"①

在解释的过程中，解释者面临着一个不确定问题：正如一个语句的真部分取决于语句的意义，部分取决于事实是什么，所以说话者对一个语句的理解部分取决于该语句在说话者的语言中的意义，部分取决于说话者的信念。因此，如果解释者知道说话者所相信的，以及说话者语言中的一个语句的意思，他就可以推断出说话者会相信什么：

"（INF1）（1）X 相信 p；

（2）s 意谓 p；

（3）因此，X 认为 s 为真。

类似的，如果说话者知道一个语句的意义，并且知道一个说话者认为它是真的，他能推断出说话者相信什么：

（INF2）（1）X 认为 s 为真；

（2）s 意谓 p；

（3）因此，X 相信 p。

信念到意义却没有相似的推断：

（INF3）：（1）X 认为 s 为真；

（2）X 相信 p；

（3）因此，s 意谓 p。"②

（INF2）可行而（INF3）不可行的简单原因是语句只有一个意义，而说话者有许多信念，（INF3）的第二个前提没有提供信息，即这个特定的信念对保持 s 为真负责。尽管如此，解释者可以推断出，在说话者认为正确的语句中，至少有一个是 p 的意义，因为我们处理的是说话者语言中可以表达的信念。解释者通过推断说话者语言中的语句具有意义，就可以获知说话者的信念，进而了解说话者的所有信念，一旦解释者能够获知一个语句成真的条件，他就能知道某些语句是真的，那么其他语句也就会是真的，也就是解释者知道说话者对语句是一种持真态度。关于语句意义的不同假设会导致对说话者所相信内容的不同

---

① DAVIDSON D. Belief and the Basis of Meaning. in *Inquiries into Truth and Interpretation* [C]. Oxford：Clarendon Press, 1984：153. 戴维森. 对真理与解释的探究[C]. 牟博, 江怡, 译. 北京：中国人民大学出版社, 2007：185.

② PAGIN P. Radical Interpretation and the Principle of Charity. in *A Companion to Davidson* [C]. ed by LEPORE E, LUDWIG K. Oxford：Wiley Blackwell, 2013：227-228.

假设，反之亦然。戴维森持信念和意义的相互依赖的立场。①

我们大致知道如何根据世界上发生的事件所引起的语句来建立意义理论。这种理论不仅是说话者的意义理论，而且是一种信念理论，对于语句的真加上解释等于信念。② 因为信念与语句的联系方式构成了语句的意义。③ 戴维森的方法总是"在询问信念的本质时采用彻底的解释者的立场"④。但我们要明确，戴维森认为："我一直在进行一项概念性实验，旨在揭示我们基本命题态度之间的依赖性，其程度足以避免我们可以一次一个地掌握它们或可以理解地将它们指派给他人的假设。"⑤ 彻底解释，即使它不意味着调查任何实际发生的事情，只是意在阐明我们所持的命题态度之间的"依赖性"，例如我们特定的信念和意义。当我们考虑如何从根本上解释一个说话者时，我们意识到一个人对说话者命题态度的正确指派是如何依赖于他者对说话者命题态度的正确指派的。当我们在日常基础上诉诸信念时并没有意识到这些依赖性，因为在这些情况下，我们已经知道了说话者的许多命题态度。我们几乎没有意识到对这些依赖性的了解，更重要的是对它们的了解以及我们对理性原则的敏感性在我们理解他者时所起的作用。对彻底解释者的考虑有助于我们理解和承认这些必须存在和我们必须遵守的依赖性、原则和关系。彻底解释者之所以必须采用如此复杂的方法来辨别自己的意义和信念，是因为解释者在特定情况下观察到的语句的真实性至少是两种力量的产物：意义和信念。戴维森方法的目标就是厘清由意义和信念产生的影响。方法是首先假设说话者的信念是正确的，把信念固定我们就可以解出意义。随后的理论调整，以配合个人的特殊特质，只是进一步提出了规范性原则与关系的合理性和一致性，我们不可避免地赋予我们的主体以态度。这些命题被归纳为相互依存的语境，始终是一种认识论语境。同样的，这并不仅仅是因为一个成功的解释者必须假设并赋予其主体理性和一致性的规范性原

---

① DAVIDSON D Radical Interpretation. in *Inquires into Truth and Interpretation* [C]. Oxford: Clarendon Press, 1984: 134. 戴维森. 对真理与解释的探究[C]. 牟博, 江怡译. 北京: 中国人民大学出版社, 2007: 163.
② DAVIDSON D. A Unified Theory of Thought, Meaning, and Action. in *Problems of Rationality* [C]. Oxford: Clarendon Press, 2004: 155.
③ DAVIDSON D. A Unified Theory of Thought, Meaning, and Action. in *Problems of Rationality* [C]. Oxford: Clarendon Press, 2004: 156.
④ DAVIDSON D. A Coherence Theory of Truth and Knowledge. in *Subjective, Intersubjective, Objective* [C]. Oxford: Clarendon Press, 2001: 148.
⑤ DAVIDSON D. The Structure and Content of Truth [J]. *Journal of Philosophy* 87, 1990: 325. 牟博. 真理、意义与方法：戴维森哲学文选[C]. 北京：商务印书馆, 2008: 118.

则，即信念本质上是规范性的，也就是说，一个人的一系列信念（和其他态度）总是建立在信念的本质，即这些规范性原则的合理性和一致性上。或许有充分的理由基于其他理由，独立于解释的考虑，认为信念在本质上是规范性的。

我们只有从信念在语言解释中的作用出发，才能得出信念的概念，因为作为一种私人态度，除了作为对语言所提供的公共信息的调整之外，它是不可理解的。因此，如果一个人要有信念的概念，他就必须是一个言语群体的成员。考虑到他人态度对信念的依赖，我们可以更普遍地说，只有能够解释言语的真理才能有思想的概念。一个人只有了解错误的可能性，才能有信念。人们常常错误地认为语义、真理的概念是多余的，即断言一个句子 s 是真的和用 s 做断言没有区别。有人认为冗余理论更加具有说服力，即认为 p 与认为 p 是真的没有区别。戴维森认为，关于语句为真的态度是由两个因素构成的：说话者对世界的看法和语句的意义。① 说话者和解释者一样，都是理性的语言主体。"持真态度"实际上是真是假，可以在已经存在的"普遍一致"的背景下进行：

广泛的一致意见是能据以对争论和错误做出解释唯一可能的背景。要了解他人的话语和行为（哪怕是他们的异常行为）的意义，我们就要在这些话语和行为中发现大量的理由和真理。认为在他人话语中有过分多的荒唐和悖理，这只会破坏我们理解那些他们对之表示出如此不合理看法的事物的能力。②

戴维森要想通过持真态度的证据基础解释意义和信念，就需要使用宽容原则。简言之，解释者与说话者或多或少有相同的信念，而且这些信念基本上是正确的。彻底解释可以依赖于这样一个假设，即解释者持有关于世界的大多数信念在某种意义上是真的：如果我们无法找到这样一种解释方式把一个人的表达和其他行为解释为一组在很大程度上是相容的并按照我们的标准为真的信念，那么我们就没有理由认为那个人是有理性的、有信念的或说出了任何有实际内

---

① DAVIDSON D. Belief and the Basis of Meaning. in *Inquiries into Truth and Interpretation* [C]. Oxford：Clarendon Press，1984：142. 戴维森. 对真理与解释的探究[C]. 牟博，江怡，译. 北京：中国人民大学出版社，2007：173.

② DAVIDSON D. Belief and the Basis of Meaning. in *Inquiries into Truth and Interpretation* [C]. Oxford：Clarendon Press，1984：153. 戴维森. 对真理与解释的探究[C]. 牟博，江怡，译. 北京：中国人民大学出版社，2007：184.

容的话。① 具有信念要求我们抓住几个对比的要素：在真信念和假信念之间、表象和实在之间、仅仅似乎是和实际是之间的对比。② "大量错误是不可能的"这样的论点是为了证明我们只能在一个基本上是真的信念的模式中找到错误的信念。戴维森提出了一个观点：

错误在赋予信念的意义上存在。然而，我们可以假定大多数信念是正确的。理由在于，一个信念是由它在一种信念模式中的位置加以确定的；而正是这种模式决定了这个信念主题以及它所涉及的内容。在世界的某个对象或某个方面可以成为一个（真假）信念之前，关于这个题材一定有无数的真信念。假信念就是削弱了对这个主题的确认，因而也就削弱了把这个信念描述为关于这个主题的有效性。这样假的信念也就随之削弱了相关信念也是假的这种说法。③

一方面，戴维森主张理解信念就必须使信念本身在其所属的模式中。由于这种模式或多或少是由融贯的信念组成的，因此它将对同样具有融贯信念的解释者有很大的帮助。解释者可以假设，如果说话者相信 q，那么他也可能相信 p。更重要的是，戴维森认为这种范畴必须主要由真的信念组成。真与假的区别正是信念的意义所在。正如戴维森认为，"信念的概念……随时准备弥补客观真理和所持真理之间的空白，我们正是在这种联系中去理解信念这个概念的"④。另一方面，戴维森认为信念是整体性的，或者更准确地说是一般的心理态度。戴维森曾举例说明了整体性和信念的相互联系：只有在一种密集的信念范畴的范围内才可识别和描述信念。"我可以相信一朵云在太阳前飘过，但这仅仅是因为我相信有一个太阳；云是由水蒸气构成的，水可以以液态或气态的形式存在；

---

① DAVIDSON D. Radical Interpretation. in *Inquiries into Truth and Interpretation* [C]. Oxford：Clarendon Press, 1984：137. 戴维森. 对真理与解释的探究[C]. 牟博, 江怡, 译. 北京：中国人民大学出版社, 2007：166.
② DAVIDSON D. The Myth of the Subjective. in *Subjective, Intersubjective, Objective* [C]. Oxford：Clarendon Press, 2001：43.
③ DAVIDSON D. Thought and Talk. in *Inquiries into Truth and Interpretation* [C]. Oxford：Clarendon Press, 1984：168. 戴维森. 对真理与解释的探究[C]. 牟博, 江怡, 译. 北京：中国人民大学出版社, 2007：202.
④ DAVIDSON D. Thought and Talk. in *Inquiries into Truth and Interpretation* [C]. Oxford：Clarendon Press, 1984：170. 戴维森. 对真理与解释的探究[C]. 牟博, 江怡, 译. 北京：中国人民大学出版社, 2007：203.

以此类推，无穷无尽。"① 这个范畴在逻辑上符合信念的整体性，每个人在不同程度上都是他者的组成部分，而其本身又是由这些他者构成的，这就是信念的整体性。

戴维森的观点在很大程度上体现了这种整体论。解释者的第三人称视角是为了更好地阐明信念和意义的概念。因此，所采取的整体方法是一个方法论问题，但它也被认为反映了信念的概念和意义是如何由第三人称视角通过将信念归因于说话者而构成的，因此是构成整体的，而且不仅仅是戴维森所偏爱的方法论立场。② 此外，信念被认为是概括心理或命题态度的基础，例如"渴望 p""希望 p"和"认为 p"，原因是如果你渴望、希望或认为明天会是更好的一天，那么你一定要相信，有一天会像明天一样，是一个更好的一天。我们可以说，命题态度与命题内容相同。更重要的是，命题的性质决定了命题内容之间的逻辑关系，因此相互关联的信念数量"无穷无尽"。信念会引领我们向不同纬度延展，但是，个体也不需要考虑特定维度的所有命题，也最终能与命题为真的结果达成一致，因为，我们都是具有理性的人。

勒波尔和路德维希认为，戴维森最基本的假设是，"我们不能……对我们自己的思想有一个第一人称的观点，除非我们已经有了……一个与他人共享的公共世界的观点"③。如果从彻底解释第三人的角度来看，信念的概念在概念上是最基本的，那么关于组成性的整体主张可能会变得更加合理。说某件事在概念上是基本的，就是在说这个概念的本质。信念概念的本质可以说是一种依赖于人际结构的概念。我们对世界的信念源于我们共同的语言实践，因此如果没有人能够解释我们，我们就不会有信念，而这种解释是依赖于语言的。在《思想与言谈》一文中，戴维森提出了一个更为外延式的论点，即除非一个人成为另一个说话者的解释者，否则他是不会有思想的。戴维森认为思想是我们通过命题态度将其归因于某人的东西。思想和信念之间的特殊关系是，"思想是由信念

---

① DAVIDSON D. The Method of Truth in Metaphysics. in *Inquiries into Truth and Interpretation* [C]. Oxford: Clarendon Press, 1984: 200. 戴维森. 对真理与解释的探究[C]. 牟博，江怡，译. 北京：中国人民大学出版社，2007: 240.
② MALPAS J. *Donald Davidson and the Mirror of Meaning: Holism, Truth, Interpretation* [M]. Cambridge: Cambridge University Press, 1992: 54.
③ LEPORE E LUDWIG K. *Donald Davidson: Meaning, Truth, Language, and Reality* [M]. Oxford: Oxford University Press, 2005. p. 387.

系统确定的，但它本身在信念方面却是自主的"①。我们知道信念是所有这些命题态度的共同点，所以信念是思想的基础。勒波尔和路德维希谈论思想的方式，只是或多或少地把思想等同于命题态度。思想和其他心理态度具有相同的命题内容。如果没有信念，你就无法识别思想，因此思想与信念之间存在着相当大的依赖关系。戴维森认为：

每当我们断定地使用一个肯定句时，其主动词是心理学上的，例如英语中的"相信""知道""希望""愿望""认为""担心"，紧接着是一个语句，在它们前面则是一个人的名称或描述，这时就是把思想赋予了这个人。……我不敢保证，如果一个人有思想，那么我们就可以借用刚才提出的资源，正确地把那个思想赋予他。但可以如此赋予的思想，至少构成了全部思想的很好例证。②

信念只有通过对他人话语的解释才能获得，并由这种解释构成。区分一个语句被认为是真的和一个语句事实上是真的，就像它在确认 T 语句的真时一样重要。戴维认为，"客观真理的概念和错误的概念必然出现在解释的语境中。一个语句被认为是真的和实际上是真的之间的区别对于……交流是必不可少的"③。只有在交流中，我们才能调整我们对世界的看法，并了解我们自己与世界中其他客体和个人的关系。通过戴维森所说的三角测量理论，我们可以看到两个个体如何从感知者的角度来识别对世界的感知，而不是"区分感官表面的刺激，或其他刺激"④。交流的目标就是建立关于一个人所感知到的东西的一致性，这样就有了自己之外的东西。只有在交流中，我们才能在相对于一个独立于我们自己的世界中来调整自己。更进一步地说，只有存在这样一个共享的世界，信念才有应用价值，因为只有在一个共享的、客观的世界里，一个人才能

---

① DAVIDSON D. Thought and Talk. in *Inquiries into Truth and Interpretation* [C]. Oxford: Clarendon Press, 1984: 157. 戴维森. 对真理与解释的探究[C]. 牟博，江怡，译. 北京: 中国人民大学出版社，2007: 191.

② DAVIDSON D. Thought and Talk. in *Inquiries into Truth and Interpretation* [C]. Oxford: Clarendon Press, 1984: 156. 戴维森. 对真理与解释的探究[C]. 牟博，江怡，译. 北京: 中国人民大学出版社，2007: 189.

③ DAVIDSON D. Thought and Talk. in *Inquiries into Truth and Interpretation* [C]. Oxford: Clarendon Press, 1984: 169-70. 戴维森. 对真理与解释的探究[C]. 牟博，江怡，译. 北京: 中国人民大学出版社，2007: 202-203.

④ DAVIDSON D. Three Varieties of Knowledge. in *Subjective, Intersubjective, Objective* [C]. Oxford: Clarendon Press, 2001: 212.

对任何事情产生错误,由此产生错误的概念,最终产生思想和信念。戴维森认为,在最基本的情况下一个人的信念,就是关于那些在自己的环境中导致这些信念的物体和事件。然而,对于任何一种信念,都有许多事件在其形成过程中起着因果作用。根据戴维森的观点,决定这些原因中哪一个是信念的内容,是一个涉及解释者和主体的三角测量过程。① 戴维森认为,信念与意义在解释过程中是相互依赖的,说话者对语句的持真态度一方面基于语句的意义,另一方面基于说话者的信念。戴维森说:"详细地了解一个人的意向和信念不可能独立于了解他的话语的意义。"②

戴维森用彻底解释的方法避免了信念与意义循环论证的问题,在解释理论中以对语句持真的态度为基础解释信念和意义。在人们的日常言语交流中,解释者、说话者之间的话语大多数语句为真,因为宽容原则在起作用。根据上一章的论证,宽容原则在戴维森解释体系中是一个先验性的存在。当解释者知道了说话者在具体情况下对语句持真,就能进一步解释信念与意义。戴维森还有一个共同体的概念,也保证了这一群体中关于真信念的广泛一致性。在这里,戴维森哲学的系统性再次呈现,在宽容原则的基础上进行交流,说话者、解释者的持真态度保证了信念与意义的传递。

三、语言意义与思想互为基础

戴维森在《思想与言谈》一文中阐述,"思想与语言之间是什么关系?显然,说话依赖于思想,因为说话就是在表达思想"③。在戴维森的哲学体系中,"思想"是一个质朴而自然的概念,来自我们对日常语言的自然使用。当我们解释一个人的行为时,我们会说这个人之所以如此行事,是基于某种"信念""欲望""意向"等,这些语词所表达的都是思想的内容。思想之存在,不是由于某种哲学预设或哲学论证,而是由于自然语言已然预设了思想之存在。语言与思想都是同样重要的,并共同出现:没有无思想的语言,也没有无语言的思想。

---

① DAVIDSON D. Three Varieties of Knowledge. in *Subjective, Intersubjective, Objective* [C]. Oxford: Clarendon Press, 2001: 205-220; DAVIDSON D. Epistemology Externalized. in *Subjective, Intersubjective, Objective* [C]. Oxford: Clarendon Press, 2001: 193-204.
② DAVIDSON D. Belief and the Basis of Meaning. in *Inquiries into Truth and Interpretation* [C]. Oxford: Clarendon Press, 1984: 144. 戴维森. 对真理与解释的探究[C]. 牟博, 江怡, 译. 北京: 中国人民大学出版社, 2007: 175.
③ DAVIDSON D. Thought and Talk. in *Inquires into Truth and Interpretation* [C]. Oxford: Clarendon Press, 1984: 155. 戴维森. 对真理与解释的探究[C]. 牟博, 江怡, 译. 北京: 中国人民大学出版社, 2007: 188.

信念和意义用以共同地解释表达的那种方式。说话者之所以认为某个语句在某个场合下为真，部分地根据他通过说出那句话所表达（或想表达）的那种意思，部分地根据他的某种信念。如果我们必须进行的一切实际上都是做出诚实的表达，那么我们在不知道说话者的话语的意义的情况下，不能由此推出他的信念，并且，我们在不知道说话者的信念的情况下，不能推出他的话语的意义。①

戴维森认为语言是思想的必要条件，有思想的前提是会说话。但"语言和思维都不能完全用对方来解释，也没有概念优先性。事实上，这两者是相互联系的，因为每一个都需要另一个才能得到理解；但这种联系并非完全可以使得一方足以阐明对方"②。语言本质上是主体间性和交往性的，由于语言的这种主体间性，语言让我们拥有这个世界，尽管说它以一种独特的方式把我们带到这个世界上可能更准确些。语言不能在思想和世界之间起中介作用，因为思想与世界是因果关系；语言起着沟通交流的作用，就如同眼睛或拇指向下也揭示了世界的方式，语言以同样的方式揭示了世界。"有眼有耳和有语言之间有一个有效的类比：这三种都是我们与环境直接接触的器官。它们不是中介、屏幕、媒体或窗口。"③ 他认为语言是一种交流的工具，但区别于洛克和杜威等工具论思想，是具备思想的必要性条件，因为与他人的交流关系是有思想的必要条件。根据戴维森的说法，只有具备语言能力的生物才是有思想的生物。

认为思想、信念、欲望、意向等需要语言的观点是有争议的，但这并不是什么新鲜的……我认为思考不可以还原为语言活动，我也看不出有任何理由坚持认为我们不能说出我们不能思考的。因此，我的论点不是说每一种思想的存在都取决于表达这种思想的语句的存在。我的论点是，一个生物只有具备语言才能有思想。为了成为一个有思想、有理性的生物，生物必须能够表达许多思

---

① DAVIDSON D. Belief and the Basis of Meaning. in *Inquires into Truth and Interpretation* [C]. Oxford: Clarendon Press, 1984: 142. 戴维森. 对真理与解释的探究[C]. 牟博, 江怡, 译. 北京: 中国人民大学出版社, 2007: 173.
② DAVIDSON D. Thought and Talk. in *Inquires into Truth and Interpretation* [C]. Oxford: Clarendon Press, 1984: 156. 戴维森. 对真理与解释的探究[C]. 牟博, 江怡, 译. 北京: 中国人民大学出版社, 2007: 189.
③ DAVIDSON D. Seeing Through Language. in *Truth, Language and History* [C]. Oxford: Clarendon Press, 2005: 131.

<<< 第四章 意义与信念

想，最重要的是，能够解释他人的言语和思想。①

如果没有语言，我们就不会有任何思想，但思想本身不必是语言的。因为思想有一个真值，它们可以是真，也可以是假，而且它们的真值是独立于我们的，这种客观性是思想的一部分。只有当世界独立于我们而运行时，我们才会犯错或感到惊讶。这意味着思想需要一种独立于我们存在的外部世界的意识。我们思想的内容是由我们与世界的因果关系决定的，任何命题都可能是语义相关的原因，因此也是我们信念的意义所在。思想和语言在经验和概念上都有着密切的联系。

戴维森认为是解释者而不是说话者的观点才是正确的，因为一个人的语言是由他学习语言时发生的事情决定的，语言学习是从观察其他参与语言行动的人的行动开始的。随着学习的进行，解释者会尝试说些什么，以验证他对行动的判断或假设是否正确。这些话语是否成为他语言的一部分取决于他是否成功地运用了这些话语，而他的成功是由其他人的反应来衡量的。解释者对语境的每一个判断都是对说话者行动的回应。说话者已经有了思想，并且知道语句的意思，所以他们不是语言或思想优先性探究的焦点。第二人称或第三人称对语言行动的看法比第一人称更重要。对学习第二语言的人来说，可能更容易看到解释者在学习一门语言中的重要性。这里的范式思维实验是奎因的语言学家，他试图学习一种与他自己完全无关的母语。在奎因的哲学中，语言学家是一个"翻译者"，他的目标是把第二语言的语句，在某些情况下与他的第一语言的语句联系起来。"Gavagai"是兔子跑过来时说的，翻译成"有一只兔子"。这就产生了"Gavagai"刺激意义的开始。兔子奔跑的刺激引起了"Gavagai"的反应，就像一只奔跑的兔子会在说英语的人中引起"有一只兔子"的回答。相比之下，戴维森的语义理论要比奎因丰富得多，因此本体论也要丰富得多。戴维森的语言学家将是一个"解释者"，他给语句赋予意义，并对说话者的信念做出判断。在《信念与意义基础》一文中，戴维森描述了所涉及的内容：

当我们在使用场合说出说话者的语词的含义时，我们便对一个语言行动做出解释。这项任务可以看作重新描述的任务之一。我们知道"Es schneit"这个语词是在某个特定的场合说出来的，我们想把这个语词重新描述为一种表示正

---

① DAVIDSON D. Rational Animals. in *Subjective, Intersubjective, Objective* [C]. Oxford: Clarendon Press, 2001: 100.

在下雪的行动……我的主张只是，要详细了解一个人的意向和信念，就不能独立理解他的话语意义。我的结论是，在从根本上对话语做出解释时，即在彻底解释时，我们必须以某种方式同时传达一种信念理论和一种意义理论。①

戴维森认为思想和语言同样重要。解释者必须在判断说话者的信念的同时，对语句的意义做出判断，说话者有思想和语言是预设的，因为如果说话者没有语言和必要的伴随信念，就没有任何语言可以解释。

第三节　信念与三种知识：戴维森意义客观性的依据

戴维森认为信念和意义是不可分割、彼此依赖的关系，正是基于这种关系，概念图示和语言才能联系在一起。因为，对他人的理解，发生在对其心灵、语言和行动理解的语境下。对自己心灵的理解也需要与他者建立交流才能实现。因而对自我、他者和世界的知识的划分，并不是一种简单的认识论方案，而是在解决人与人交流的基础是什么的问题，而这些问题又由人们与之共有的世界之间的因果关系以及人们持有的信念来保证。

一、概念图示与解释的不确定性

西方哲学中，存在一种基本的哲学思维，那就是概念图示与经验内容的划分，概念图示对经验内容进行概念化，两者的相互作用便构成了概念相对主义。概念是没有经验内容的概念，经验内容是没有任何概念的内容。不同哲学家对概念图示的论点也是相当丰富的，这似乎是有一个很常见的原因：概念图示"是个人、文化或时代据以检测所发生的实践的观测点"②。这种观点可能是人们在各自的个人传记或文化历史过程中形成的不同的观念。反过来，概念被假定是用语言编码的，因此，谈论概念图示与讨论不同语言之间的差异密切相关。不同语言之间的相关差异通常被理解为是那些给翻译带来困难的差异，因为说

---

① DAVIDSON D. Belief and the Basis of Meaning. in Inquires into Truth and Interpretation [C]. Oxford：Clarendon Press, 1984：141+144. 戴维森. 对真理与解释的探究[C]. 牟博, 江怡, 译. 北京：中国人民大学出版社, 2007：172+175.
② DAVIDSON D. On the Very Idea of a Conceptual Scheme. in Inquires into Truth and Interpretation [C]. Oxford：Clarendon Press, 1984：183. 戴维森. 对真理与解释的探究[C]. 牟博, 江怡, 译. 北京：中国人民大学出版社, 2007：219.

一种语言的人的言语,连同它的概念,不容易被翻译成另一种具有不同概念的语言。

戴维森认为概念图示与经验内容的划分是概念相对主义的表现形式,并把其称为经验主义的"第三个教条"。在《论概念图式这一概念》(1974)一文中,戴维森认为假设完全不同的概念模式就是假设语言部分和完全不具备互译性。他主要的论点是:人们无法理解这种彻底不同的概念图示的想法。戴维森反对图示/内容二元论的直接动机就是为了避免怀疑主义。

我们可以把概念图示认同为语言,这样(或者说更进一步地)我们便可以考虑这样一种可能性:一种以上的语言可以表达同一种概念图示(即几套可互译的语言)。我们不会把语言看作一种可以与心灵分离的东西……那么,我们是否能够认为,在我们两个人讲两种不可互译的语言的情况下他们具有不同的概念图示?①

戴维森将完全不同的概念图示的概念与概念相对主义联系在一起,因此,他对彻底不同概念图示的批评也被设计成对概念相对主义思想的批评。一个概念相对主义者坚持认为,这些完全不同的概念可能会被运用到对世界的另一种解释中,它们都是真的但不可译。一方面,完全不同的概念模式是不可理解的,因为作为一种语言其在概念上与可译性相联系。另一方面,虽然可能存在轻微的概念差异,但成功翻译的特点确保了这种差异必然是相对较小的、孤立的,因而是无趣的。

首先,戴维森认为这种认为语言可能完全不能互译的观点是无法理解的,因此存在根本不同的概念图示的想法也是如此。尽管允许不同群体之间的概念可能存在相对浅的、局部的差异,并且这些差异可能会导致翻译中的局部尴尬,但他坚持认为,这种差异不可能像"概念相对主义"支持者所设想的那样。戴维森关注的核心问题是:一些人的行动只在语言可译的程度上才算作语言使用,因此不可译语言的概念毫无意义。他认为,任何符合概念图示的观点,实际上都需要用可互译的语言来表达。戴维森对与概念图示相关的隐喻是组织(organizing)和适合(fitting)以及它们本身如何要求表达概念图示的语言的可译性的

---

① DAVIDSON D. On the Very Idea of a Conceptual Scheme. in *Inquires into Truth and Interpretation* [C]. Oxford: Clarendon Press, 1984: 185. 戴维森. 对真理与解释的探究[C]. 牟博,江怡,译. 北京:中国人民大学出版社,2007: 221.

讨论构成了他反对完全不同的概念图示的核心论点。其次，戴维森也反对谈论概念图示通常会导致部分的而不是完全的、整体的互译性失败。戴维森认为，互译性的部分失败是相对无趣的。

戴维森反对不同概念图示的观点，当这些概念被理解为涉及语言间可译性的完全失败时。没有任何东西可以被视为一个活动形式完全不可译成我们的语言的证据，而这也不能作为该活动不是言语行为的证据。① 简单地说，语言的可译性可以简单地看作语言的一个标准。关于这一标准，不可能有任何语言表达完全不同的概念图示，因为不可能有任何语言完全不具备互译性。戴维森注意到，促使人们谈论概念图示的中心隐喻使每个人都把语言和概念看作在做一些有特点的事情。他认为，如果语言和概念能够像概念图示的支持者所宣传的那样表现出来，那么它们就必然是可互译的，或者至少这些问题的任何证据都必须植根于可接受的翻译中。戴维森认为，有必要弄清楚促使人们谈论概念图示的中心隐喻。

那些提出概念图示的人区分了图示和内容——世界或个体的经验扮演着内容的角色。然后，概念图示根据它们如何与这些内容元素相关的功能来理解。有时，概念图示及其各自的表达语言被认为"组织"成世界或经验。还有一些情况，概念图示及其表达语言被认为或多或少地"适合"世界或经验。戴维森认为，如果不假设这样做本身在某种程度上是可翻译的，那么这些"组织或适合"的隐喻就都不可能被理解。因此，要完成概念图示应该做的事情，表达它们的语言就需要具有显著的可译性。因此，认为存在着完全不可译的语言所表达的完全不同的概念模式的想法是不融贯的：要做根本不同的，因此完全不可译的概念图示所能做的必须是可以互译的。谈论概念图示的组织作用有助于思考谓词和满足它们的事物或经验事件，而谈论适合、面向或预测内容的概念图示则会使人按照语句或理论的顺序来思考某件事，以及满足它们的东西。

其一，概念图示必须组织一些多元化的对象或经验。首先考虑他们组织对象的想法。戴维森指出，要想认为某种语言和概念图示组织了一些对象，就需要能够说出哪些对象能够满足其各种范畴或谓词。在我们的语言中，要说另一种语言中的某个谓语被某类对象所满足，可能需要在我们自己的语言中使用一个复杂的公式。在某种程度上，这是通过诉诸戴维森所说的"共同本体论"来

---

① DAVIDSON D. On the Very Idea of a Conceptual Scheme. in Inquires into Truth and Interpretation [C]. Oxford: Clarendon Press, 1984: 185. 戴维森. 对真理与解释的探究[C]. 牟博, 江怡, 译. 北京: 中国人民大学出版社, 2007: 222.

翻译的，在我们的解释方案中所提到的满足条件，不管是简单的还是复杂的。因此，要想认为我们处理的是一种语言组织对象，我们显然必须能够翻译语言。在思考组织经验的方案和语言时，也有一个类似的观点："无论我们所经验到的众多事物是什么，我们都必须根据熟悉的原则来确认个体。一种组织这些实体的语言必须是一种非常像我们自己的语言。"① 因此，我们在处理一种语言的组织经验时，显然必须能够翻译语言。总之，一种组织经验或组织"事物"的语言将是一种可翻译的语言。戴维森的结论是，不同语言的隐喻组织方式不同，这并不是思考完全不同的概念图示的基础。

其二，概念图示适合（fit）世界的想法又如何呢？这意味着运用这个概念图示的语句或理论适合这个世界。如果一个语句或一个理论符合这个世界，那它就是真的。从广义上讲，人们可以说一个概念图示是真的——如果它是用某种真理理论来表达的话。一个符合经验的图示和理论可能符合一定范围的经验，并在一定程度上得到支持，但仍然是假的。但是，一个符合"过去、现在和未来可能的感官证据的总和"的图示或理论呢？戴维森认为，"一个理论要符合或面对所有可能的感官经验的总体，这个理论就为真"②。当我们提及"适合"的隐喻时，无论是适合这个世界，还是符合或预测所有可能的经验，戴维森提出了这样一个结论：按照所说的去执行，意味着图示与语言相关联，运用这种方案的理论是真的。戴维森认为，概念相对主义有关"组织"和"适合"这两个隐喻有潜在的悖论。不同的观点仅当在共同坐标系中对比时才有意义，而一种共同坐标系的存在与那种关于显著的不可比性的断言是不符的。因此戴维森对语言和概念图示做出这样的假设："概念图示有什么不同，语言就有什么不同。"③ 我们可以把概念图示认同为语言，这样我们便可以认为一种以上的语言可以表达同一种概念图示。因此，戴维森又回到了这样一个概念图示如何会完全不能互译性的问题上：

---

① DAVIDSON D. On the Very Idea of a Conceptual Scheme. in *Inquires into Truth and Interpretation* [C]. Oxford: Clarendon Press, 1984: 192. 戴维森. 对真理与解释的探究[C]. 牟博，江怡，译. 北京: 中国人民大学出版社，2007: 230.

② DAVIDSON D. On the Very Idea of a Conceptual Scheme. in *Inquires into Truth and Interpretation* [C]. Oxford: Clarendon Press, 1984: 193. 戴维森. 对真理与解释的探究[C]. 牟博，江怡，译. 北京: 中国人民大学出版社，2007: 231.

③ DAVIDSON D. On the Very Idea of a Conceptual Scheme. in *Inquires into Truth and Interpretation* [C]. Oxford: Clarendon Press, 1984: 184. 戴维森. 对真理与解释的探究[C]. 牟博，江怡，译. 北京: 中国人民大学出版社，2007: 220.

一个不同于我们自己的概念图示的标准现在变成了：在很大程度上为真但不可转译。这是不是一个有用的标准的问题不过就是我们如何理解适用于语言的真理概念，而不依赖于翻译的概念。我认为答案是，我们根本没有独立地理解它。①

塔尔斯基检验了各种相关的真理陈述，戴维森基于其理论借鉴了约定 T 的相关论述建构了自己的理论。根据约定 T，一种语言 L 的令人满意的真理理论，需要对 L 中的每一个语句 s 都包含一个形式为"s 是真当且仅当 p"，"s"被 s 的描述取代，"p"被 s 的翻译取代，语言 L*（其中给出了 L 中的真理理论）。戴维森的观点是，翻译的概念与对真理的任何理解都有联系，因为它涉及对任何真理解释是否充分的标准。戴维森在解释翻译时引用了约定 T，主张将一种语言翻译成另一种语言的适当图示本身将为另一种语言的翻译提供一种外延的真理理论。戴维森认为在当前语境下，翻译和真理不能独立地理解，他不必求助于任何与他自己的翻译或解释不同的东西。根据真理概念的中心约定 T，他可以声称对一种语言中的真理的任何解释或理解都必然涉及他的真理被断言的语言的可译性。任何一个解释或者理解概念图示，对某个语句来说，在语言 L 中是真的，都涉及 L 可以被翻译成这个解释中的语言。我们对真理的理解以可译性为前提。在此基础上，戴维森得出这样的结论：一个人不可能理解与一个为真但完全不可译的理论有关的概念图示的概念。总之，当我们考虑到任何一个核心隐喻（组织和适合）来激发概念图示的思想时，我们得到的结果是这样一个图示需要翻译成我们自己的语言。戴维森反对存在完全不可译的概念图示的观点。

戴维森认为信念的归属和语句的解释是相互依赖的，正是这种依赖关系，我们能够把概念图示和语言联系在一起。只有对说话者的信念（及意向和欲望）充分了解的人才能对该说话者的言语做出解释；而不理解说话者的言语便不可能在说话者的信念之间做出细致的区分。因此戴维森效仿奎因的看法，把某些语句的非一般性的态度视为一种关于彻底解释的理论的基本证据。那就是把关于信念的知识和解释语词的能力联系在一起，假定对信念持有普遍一致的看法。通过向一个说话者语句指派仅在该说话者认为这些语句为真的情况下实际成真的条件。由此，戴维森认为宽容原则不再是一种选择，而是具有一种切实可行

---

① DAVIDSON D. On the Very Idea of a Conceptual Scheme. in *Inquires into Truth and Interpretation* [C]. Oxford: Clarendon Press, 1984: 194. 戴维森. 对真理与解释的探究 [C]. 牟博, 江怡, 译. 北京: 中国人民大学出版社, 2007: 232.

的理论条件。因此:

然而,我们可以认为大多数信念都是正确的。这是因为信念是通过它在信念模式中的位置来确定的;正是这种模式决定了信念的主题——信念是关于什么的。在世界中的某个物体或某个方面能够成为某一信念的主题的一部分之前(对或错),必须有关于这个主题的无休止的真实信念。错误的信念倾向于破坏对主题的认同;因此,破坏关于这个主题的信念描述的有效性。①

也就是说一个人对任何主题的大多数信念都必须是真实和理性的,那么在概念图示之间就真的不存在显著的差异。所以,试图给关于概念相对主义的看法从而给关于概念图示的看法赋予一种可靠的意义,把这种企图建立在翻译部分失败的基础上就如同建立在翻译全部失败的基础上一样行不通。总而言之,语句的真依然是相对于语言的,尽可能客观。

二、关于自我、他者和外在世界的知识

戴维森在论述我们对自我心灵、外部世界和他者心灵的认识中,主要的观点为否认我们自己的认识优先于对外部世界和他者心灵的认识。他认为,这三种知识都是协调一致的,没有一种可以还原为其他知识,但每一种都是其他知识所必需的。他假设研究意义的本质和主张态度的基本立场是彻底解释者的立场,这是他论点的基石。

(一) 信念是三种知识的条件

对外部世界和他者心灵的怀疑论形式假定我们知道某个领域的事实(我们自己的心灵,他者行为),我们面临着从这些事实到另一个领域的事实(外部世界,他者心灵)构建论证的任务,从一个领域到另一个领域没有先验的路径,因为关于每个领域的命题在逻辑上独立于关于另一个领域的命题。戴维森在回应这些领域的怀疑论时的策略是否定怀疑论者所依赖的逻辑独立性假设。

戴维森承认一个人的全部信念在逻辑上独立于这些信念的真是不可能的。一些哲学家甚至怀疑是否能够证明外部世界的可能性,由此延伸至对他者心灵理解的可能性的怀疑,认为个体心灵的知识不能保证他对外部世界信念的真,

---

① DAVIDSON D. Thought and Talk. in *Inquires into Truth and Interpretation* [C]. Oxford: Clarendon Press, 1984: 168. 戴维森. 对真理与解释的探究[C]. 牟博, 江怡, 译. 北京: 中国人民大学出版社, 2007: 202.

对外部世界的知识无法赋予心灵知识的真。如果心灵与自然之间存在逻辑或认知的障碍，那么它不仅将阻止我们向外看，还将阻止从外面往里看。在对外部世界持怀疑态度的情况下，结果就不符合戴维森所说的宽容原则中的符合原则。因此，他提出三种不可相互还原的、不同的经验知识，这三者需要一个全面的图景，不仅能够容纳这三种模式的知识，而且能够理解它们之间的关系，我们用这三种不同的方式来了解这个世界。那么，将一个心灵如何认识自然世界，如何认识另一个心灵，以及在没有任何观察或证据的前提下认识自己的心灵这三个问题割裂开来是错误的。戴维森认为，这三种知识是缺一不可的，缺乏任何一种，我们都不能了解其他知识。

戴维森认为，信念是知识的条件。但是只是具备信念却不足以区分世界上的全部方面，也不足以在不同情况下做出不同的行为，因为普通生物是完全可以区分的，比如蜗牛或玉黍螺。要想具备信念，除了要接受信念真与假的矛盾、表象与实在的对比，或者只是看似和存在。当然，我们可以说向日葵转向人造光，人造光对它来说就好像是太阳，但我们认为向日葵不会认为它已经犯了一个错误，因此我们会认为向日葵具有信念。对世界或其他任何事物有信念的人必须把握客观真理的概念以及什么是独立的信念。我们一定要具备一个客观真理的概念。戴维森援引维特根斯坦的立场认为，客观真理概念的根源是人际交往。思想依赖于交流。这一点使我们认为如果语言是思想的必要条件，那么我们同意维特根斯坦，不能有私人语言，没有办法区分正确地使用语言和错误地使用语言；只有与别人交流才能提供客观的检验。只有交流才能为正确使用语词提供检验的标准，只有交流才可为其他领域提供客观标准。因此，语言成为我们辨别是否有思想的标准。

戴维森认为"引起我们最基本的言语反应的刺激也决定了这些言语反应的意义，以及伴随这些反应的信念的内容"[1]，以保证在涉及对我们周围环境的信念的基本情况下，我们的信念大部分是真实的，并且这些信念是关于环境中正在（或通常已经）促使它们的事物、事件和状态。如果这个论断是正确的，它会立即削弱对外部世界最彻底形式的怀疑，因为它保证，作为具有任何信念的一个条件，我们对世界的大多数信念都是真的。我们大多数的经验信念是真实的，正如戴维森所说，我们经验信念中的巨大错误是不可能的，但这种保证并不是我们了解外部世界的直接论证。这从两个方面回应了怀疑论者，首先，它

---

[1] DAVIDSON D. Three Varieties of Knowledges. in *Subjective，Intersubjective，Objective* [C]．Oxford：Clarendon Press，2001：213.

否认了怀疑论者所依赖的逻辑独立性假设。其次，我们的大多数信念都是真的这一普遍保证，通过我们的大多数信念所支持的程度来检验任何给定的信念。一种与我们的大多数信念融贯的信念（一种信念如果是假或者是真的可能性很小，那就意味着我们的大多数信念是假的或不太可能是真的）可能被认为是真的或可能是真的。因此，保证我们的大多数信念是真的，提供了一种方式来满足可能被认为是信念被证明是正当的一般要求——也就是说，原则上有可能提供一个理由认为它更可能是真的而不是假的。

戴维森以融贯原则和符合原则作为解释说话者意义与信念的原则。这个融贯原则促使解释者发现说话者思想中逻辑上一致的程度；符合原则促使解释者把说话者带去听与他（解释者）所处的世界特征相同在类似的情况下会有反应。宽容原则是两者的结合体：融贯原则赋予说话者语句符合逻辑的意义，而符合原则保证了说话者语句与世界相联系，也就是他对世界的真的信念。成功的解释必然赋予被解释者以基本的理性，融贯性作为检验真理可能性的标准，以保证我们的大多数信念是真的为背景，认为我们的真理概念应该用信念与他者信念的相融贯来解释。戴维森认为，我们把真理的概念看作初始的，认为我们的大多数信念都是基于一般的考虑而成立的，然后观察到在这种情况下，融贯性提供了检验真理可能性的一种方法。

与外部世界的知识相比，他者心灵的知识和自我心灵的知识之间的联系以及彻底解释者更为直接。就我们对他者心灵的了解而言，很明显，如果我们坚持认为意义的建构和态度内容是可以从彻底解释者的立场来理解的，那么我们可能永远不会有理由相信他者有心灵/思想，或者我们的信念是有理由的，关于他们的想法是什么，不能离开理由。以彻底解释者的观点为基础，就相当于说关于意义和态度的事实在逻辑上会出现在关于行动的事实上，其中包括与环境的相互作用。因此，假设我们可以了解环境，了解他者心灵是有可能的，因为这样我们就可以接触到影响他人态度的事实。

戴维森对自我心灵的认知同样是建立在前两种知识的基础之上的。他认为没有这两种知识，对自己心灵命题内容的知识也是不可能的，因为交流是思想产生的前提。对自我心灵的认知也是同样的，我们只有明确自己的思想，才能去思考他人，因为这需要将他人的言语和行为与我们自己的命题内容和语句意义相匹配。对我们自己心灵的了解与对他者心灵的认识是相互依存的。戴维森认为可以从持真态度在解释者程序中所起的作用中看出。因为持真态度是说话者相信什么和他的话的意义的结果。如果说话者相信p，并且认为s（在这个场合）意味着p，那么我们假设说话者持有一个句子s为真。对于指派给这个句子

113

的内容要理解说话者的信念,我们必须假设说话者既知道他的信念是什么,也知道他表达信念句子的意义是什么。如果为了解释他者成为可能而必须假设说话者的意义是构成性的,然后我们可以推断,说话者都知道自己的思想和他们所说的话的意义。因此,我们对自己思想的认识被视为具有与论点相同的地位,即在基本情况下,我们的思想内容是由导致我们信念的因素决定的。

戴维森在结论中提出,我们所有的知识,至少是命题知识是客观的,很多哲学家会担心我们失去联系实在的本质方面。但他认为,我们命题态度的基础不是客观的,而人际间的交流关系是客观的,我们与他者分享的自然世界,这种联系是不会被切断的,我们要承认自己是某一语言共同的成员,同时自己、他者都是具有思想的生物。衡量他者思想需要我们共享一个世界。因此这三种知识需要三角测量这个模型来建构。

(二)三种知识的信念是先验论证的

戴维森的认识论和康德的认识论一样,都以先验论证为中心。无论是认识论还是概念,这两位哲学家都反对任何主观优先于客观的立场,从而试图解决外部世界的问题。对戴维森来说,三种不同的知识之间的关系是相互协调的——对自我的知识、对他者心灵的知识和对外部世界的知识,任何一类知识都没有优先权。尽管心灵和世界在认识论上处于协调状态,但是心灵的内容可以被显示为包含了世界上事物的运行方式。戴维森认为,除非我们周围的世界与我们想象的差不多,否则我们不可能拥有信念及其内容,至少大体上是这样的。因此,我们具备了一种论证方式,这种论证方式对表象来说就是先验的,我们通过这样的论证方式就能解释世界在我们的心灵中是怎样的呈现以及事物在这个世界上是怎样的状况。

在《知识的三种类型》中,戴维森认为,我们具有三种不可以还原的、不同的经验知识。我们需要一个全面的图景,不仅容纳所有三种模式的知识,而且能理解它们之间的关系。没有这样一个全面的图景,我们会深感不解的是我们以三种不同的方式认识相同的世界,并且我们要知道三个基本问题是相互关联、不可分开的:一个心灵如何认识自然的世界,一个心灵如何认识另一个心灵,在没有观察或证据的前提下如何知道我们自己心灵的内容。戴维森还强调引起我们最基本语词反应的刺激同样决定了这些反应的意义以及伴随的信念内容,解释既保证了我们最简单的信念是真的,也保证了人们能够获知这些信念的性质。戴维森认为只要跟意义相关的东西都能和经验相连接,由感官刺激开始的方式就向怀疑论敞开了大门。就像奎因定义观察句的意义来源于感官刺激一样,最后都会进入怀疑论的旋涡,因为"很明显,一个人的感官刺激只可能是它们所是的样子，而外部世界却截然不同"①。戴维森认为如果外部实在在逻辑上独立于我们心灵的内容，那么我们的思想内容就不能为我们对外部实在的信念打下基础。即使没有特定的或有经验信念保证是正确的，我们也许仍然能够证明我们不能对我们周围世界的看法大错特错。尽管个人经验信念普遍存在错误，但我们仍有可能确保我们的大多数信念都是正确的，我们对周围世界的看法不可避免地、大多数都是非常正确的。"如果我们对世界的每一种信念，单独来看，都可能是错误的，那么所有这些信念没有理由不是错误的。"② 戴维森认为自己对信念和意义的解释有助于回应怀疑论者的诘难。

戴维森认为，在彻底解释中，我们通过对他人可观察的行动来辨别在言谈场景中相应变化的赞同或不赞同的命题态度，通常意义上，我们通过这些场景的变化特征的外在刺激来猜测意义，也就是将意义与外部刺激的因果作用连接在一起。彻底解释的条件之一就是宽容原则以及由三角测量搭建而形成的三种知识要求我们把他人解释为他的信念大部分就是真的。因为能够引起我们最基本语言反应的刺激也同时规定了意义以及伴随语言反应的信念的内容。彻底解释的成功预设了我们的大量信念都是真的，也保证了说话者、解释者都能共享这些信念。

我们只有通过我们所看到的东西来解释，以促使只有这样信念的人同意，我们才能将这种观察性的信念和知识归为属性，所以彻底解释的本质要求我们将其解释为在他的信念中基本上是正确的。此外，解释者赋予说话者话语的意义必然存在于因果树的共有节点中，从而提示说话者和解释者各自的态度。因此，意义——指派的意义——必然来自这样的三角测量。从中，戴维森得到了一个重要的教训：

现在应该很清楚，是什么确保了我们对世界的看法，从最明显的特征来看，基本上是正确的。理性是导致我们最基本的语言反应的刺激，也决定了这些语言反应的含义，以及伴随这些反应的信念的内容。正确解释的性质既保证了我们大多数最简单的信念是真实的，也保证了这些信念的性质为他人所知。当然，许多信念的内容是由它们与其他信念的关系决定的，或者是由误导性的感觉造成的；任何特定的信念或者关于我们周围世界的一系列信念都可能是错误的。

---

① DAVIDSON D. A Coherence Theory of Truth and Knowledge. in *Subjective*, *Intersubjective*, *Objective* [C]. Oxford: Clarendon Press, 2001: 144.
② DAVIDSON D. Epistemology Externalized. in *Subjective*, *Intersubjective*, *Objective* [C]. Oxford: Clarendon Press, 2001: 194.

不可能的是，我们对世界和我们在世界中的地位的总体看法是错误的，因为正是这种看法告诉了我们其余的信念，使它们变得易懂，无论它们是真是假。①

因此，戴维森总结了他的观点"信念本质上一般都是真的"②。人们的信念是对世界的基本描述，并且形成对世界的、对他者的知识，这就是信念的内容。根据整体论原则、宽容原则，一个人对世界的基本描述都是真的，这是保证他者言说和思考的最基本假设。

学者欧尼斯特·索萨（Ernest Sosa）认为，"这显然是一种先验的论证方法，它无须关于我们周围世界的偶然性特征或者关于我们与周围世界关系的任何预设或者假定。从关于我们命题态度内的前提出发，这种论证推导出关于沃恩周围世界被建构和被占据的一般方式的结论"③。托马斯·内格尔（Thomas Nagel）也赞同戴维森对怀疑论的论证采用的一种先验论证。他认为，这种先验论证是必需的，因为怀疑论者所持的怀疑具有普遍性，我们不可能通过经验的方式来论证信念为真。"这个先验论证是必要的，因为信念在经验上的理由仅靠其自身是不充分的。"④戴维森认为知觉信念包括世界图景和反思，它是认知的起点和基础，大多数信念本性上就是真的，我们的思想大体上都是真的。根据内格尔的说法，戴维森使用第三种处理怀疑论的方法，既不通过演绎，也不通过还原，试图将外部世界与主观联系起来。有些人可能会被误导，认为这试图但并没有把外部世界还原为主观，而是相反的。然而，戴维森实际上根本不是还原论者，甚至不是行为主义者。尽管放弃了任何这样的还原论，戴维森的方法仍然成功地产生了一个先验的论点，即我们不能——不能像怀疑论者让我们相信的那样，对外部世界的看法大错特错。这是一个不依赖于将真理还原为融贯性的论点。⑤

---

① DAVIDSON D. Three Varieties of Knowledge. in *Subjective, Intersubjective, Objective* [C]. Oxford: Clarendon Press, 2001: 213-214.
② DAVIDSON D. A Coherence Theory of Truth and Knowledge. in *Subjective, Intersubjective, Objective* [C]. Oxford: Clarendon Press, 2001: 153.
③ 柯克·路德维希. 唐纳德·戴维森[C]. 郭世平, 译. 上海: 复旦大学出版社, 2011: 164.
④ NAGEL T. Davidson's New Cogito. in *Philosophy of Donald Davidson* [C]. ed by Lewis Edwin Hahn. Chicago: Open Court. 1999: 203.
⑤ NAGEL T. Davidson's New Cogito. in *Philosophy of Donald Davidson* [C]. ed by Lewis Edwin Hahn. Chicago: Open Court. 1999: 203.

三、对信念客观性的辩护：三角测量式的交流

戴维森认为，认识错误的概念和思考能力之间有着密切的联系。有思想的一个必要条件是有一个客观的概念，即心灵独立的世界。要想思考一个思想，就必须明白有些事实是独立于自己的思想而获得的。一个独立于思想的世界的概念是思想的先决条件；反过来，它的前提是对外观/现实区别的欣赏。如果一个人不懂得事物的表象和本来面目之间的区别，他就不能理解客观性和真理。但如果不理解客观性和真理，也就不能理解主观性和错误性。因为不可能确定对象是如何从自己的出发点来看待事物，除非一个人意识到知觉可以偏离存在。因此，戴维森说："拥有一个信念需要欣赏真实信念与虚假、表象与现实、表象与存在之间的对比。"[1]

鉴于认知错误的概念与思维能力之间的联系，戴维森提出了如何获得认知错误概念的问题。戴维森认为，学习认知错误的概念是以三角测量的参与为前提。这个想法是，在对一个共享的刺激做出类似的反应之后，一个三角化的被试突然对同一个刺激做出不同的反应，这就提供了一个机会来理解认知错误的概念。戴维森写道：

这个三角测量确实为错误（以及真理）的概念留出了空间，在这种情况下，分享者可以看到重复分享的反应的相关性被打破；一种生物的反应方式以前是由两种信念与某种情况联系在一起的，但另一种没有。这可能只是提醒非反应对注意未被注意到的危险或机遇，但如果预期的危险或机遇未能实现，则存在错误概念的地方。我们看着，就会断定第一个生物犯了错误。这些生物本身也可以得出同样的结论。如果他们做到了，他们就掌握了客观真理的概念。[2]

除非我们有思想，否则我们不能有思想内容。要有思想，就要掌握认识错误的概念。为了理解认知错误，我们必须观察与我们交流的人对共同刺激的异常反应。因此，参与三角测量是拥有思想的必要条件。

即使"客观真理和错误概念的来源是人际交往"在经验上是错误的，客观

---

[1] DAVIDSON D. Three Varieties of Knowledge. in *Subjective, Intersubjective, Objective* [C]. Oxford: Clarendon Press, 2001: 209.

[2] DAVIDSON D. Seeing through Language. in *Thought and Language: Royal Institute of Philosophy Supplement* 42 [C]. ed by J. M. Preston. Cambridge: Cambridge University Press, 26-27.

性的论点仍然是一个很好的论点。它是维特根斯坦私人语言论证的先验版本。维特根斯坦有一个著名的论点，即一个人不能正确或错误地使用语言，因为没有独立的评价标准。所需的独立标准是由其所属语言社区的实践提供的。同样，戴维森坚持认为，一个人的重复刺激反应是相同或相似的，因为被其他人视为这样对待。第二人需要提供第一个人回答的相似性或规律性的标准。戴维森认为，在三角测量模式中，生物对其刺激做出反应，该生物对这些刺激的反应有一定的相似性。但问题就是我们以什么作为相似性的标准，这种标准并不能从该生物的反应中获得，只能从观察者的角度获得。

因此，在三角测量式的交流中，说话者、解释者以及所谈及的世界形成三角模型。他们之间的交流为客观性提供标准。"需要两个视点来给出一个思想的原因的定位，从而确定其思想的内容。我们可以把它看作三角测量的一种形式：两个人中的每一个都对于来自特定方向的感官刺激做出不同的反应……如果这两个人现在注意到彼此的反应，那么每个人都能够把这些观察到的反应与他或她来自世界的刺激联系起来。一个共同的原因被确定了下来，这个赋予思想和言语以内容的三角测量就完成了。而要做出三角测量则需要两个人。"① 因此戴维森认为，客观真的概念根源于"人际交往"中的主体间性。② 思想本身和主体性都依赖于交流。

在面对不懂本国语言的人的彻底解释的情况下，解释者必须考虑他们最基本的言语反应。如果我们能够知道成真的条件，我们就可以理解话语。对大多数作为真理理论基础的语句来说，可以通过诱因确定真值条件。戴维森认为，"引起我们最基本的言语反应的刺激也决定了这些言语反应的含义和伴随它们的信念的内容"③。其结果是对语义内容的因果关系理论进行了修正。说话者和解释者都不能单独确定意义、话语的真甚至是话语所及的世界中的事实，说话者、解释者和世界所呈现的三角关系是理解的必要条件。说话者和解释者在交流互动中都能按照对方所期待的那样进行，也就是在交流中共享话语的理解。"交流是意义的来源……并提供规范。"④ 因此，只有交流才能提供客观的标准。

---

① DAVIDSON D. Three Varieties of Knowledge. in *Subjective*, *Intersubjective*, *Objective* [C]. Oxford: Clarendon Press, 2001: 213.
② DAVIDSON D. Three Varieties of Knowledge. in *Subjective*, *Intersubjective*, *Objective* [C]. Oxford: Clarendon Press, 2001: 209.
③ DAVIDSON D. Three Varieties of Knowledge. in *Subjective*, *Intersubjective*, *Objective* [C]. Oxford: Clarendon Press, 2001: 213.
④ LEPORE E, LUDWIG K. *Donald Davidson*: *Meaning*, *Truth*, *Language*, *and Reality* [M]. Oxford: Oxford University Press, 2005: 292.

第四章 意义与信念

交流建立了对他者思想的认识。没有交流，说话者或解释者都不能断言任何人的思想或言语有命题内容。因此，即便是对自己思想的确定也要通过交流来完成。最后，交流需要参考一个共享的世界，因为它涉及刺激的相互关联。这个共享世界显然不是主体间规范和关系的社会世界，而是我们生活的物质世界。我们从这个世界得到的刺激是我们话语有意义的基础，或更确切地说，是把我们的语言锚定在这个世界上。但是，正如戴维森所说，"三种知识之间的概念联系是整体的"[①]，它们之间是相互依赖的，不能优先对待任何一个。

三角测量理论中，说话者与解释者共享世界中的特定对象，通过观察对方的反应、交换意见、思想，实现交流，构成三角关系来解释话语意义；三角测量理论赋予了话语主体间的性质，语言是交流中的言语活动，在三种知识整体论思想基础上，通过交流保证其信念、意义的客观性。一种关于语言交流的理论需要说明"遵守规则何以可能"的问题，"实际地遵守规则"必须区别于"自以为遵守规则"。如果接受共享的语言，自然可以用"共同的生活形式"说明这种区别；在排除共享的语言之后，戴维森需要新的论证手段。

两个人进行言语交流构成了两个点，此时应引入第三个点，作为双方共享的外部世界，也可以是双方共享的环境刺激。这个点是客观性的，存在于每个人的思想和语言机制之外。戴维森认为，"引起我们最基本的言语反应的刺激也决定了这些言语反应的意义和伴随它们的信念的内容"[②]。与意义是不可公共观察的相比，成功的言语交流在于每一方的言行在另一方看来是可以理解的，这就要求言语反应的刺激必须是公共观察的。这种"实际地遵守规则"而不是"自以为遵守规则"，正是三角测量中的第三个点——客观世界（客观性）。戴维森在社会性之外引入客观性（共享的世界与刺激），既保证了信念、意义私人性的合理性，同时，也保证了交流过程中"遵守规则"（社会性）的可能性，有效弥合了私人性（不可公共观察）和社会性（可公共观察）这个冲突。

戴维森所说的"思想"，不是一个哲学概念，而是源于自然语言的质朴理解，是一个人的命题态度（信念、欲望、意向等）织构成一个整体性网络，这个网络的内容都可以称为"思想"。"思想"作为一个语词并非指向一个稳定实体的名称。同样，"语言"也不是指向一个稳定实体的名称。在言语交流中，一方不断地尝试解释对方的言语表达式，不断地根据对方的反馈和环境刺激修订

---

① DAVIDSON D. Three Varieties of Knowledge. in *Subjective*, *Intersubjective*, *Objective* [C]. Oxford: Clarendon Press, 2001: 214.

② DAVIDSON D. Three Varieties of Knowledge. in *Subjective*, *Intersubjective*, *Objective* [C]. Oxford: Clarendon Press, 2001: 213.

自己的解释，解释对方的表达式即解释语言。显然，我们无须假定"语言"是一个可以单独出现的语词，它总是嵌在"解释语言""使用语言"之类的语词组内。一旦我们不再把"语言"和"思想"视为名称，三角测量中的循环就不再构成缺陷。语言关涉对诸表达式的理解，思想关涉诸命题态度构成的网络。

在三角测量中，每一个交流者不断地做出关于对方的尝试性的解释，并且不断地修订先前的解释。这些解释既是指向语言的，又是指向思想的，而修订意味着演化。三角测量的过程可能导致交流双方各种共识的增加，例如，每一方有机会发现自己信念中的错误，发现对方信念体系中的合理之处，发现双方就某个语言表达式的解释分歧，等等，这些发现导致解释能力的升级，亦即语言能力和思想能力的升级。至于这个过程为什么导致共识增加而非共识减少，我们能想到的最好的解释依然是诉诸进化论。这个过程既可能导致共识增加，也可能导致共识减少，而自然选择或社会选择鼓励共识增加，于是我们所观察到的结果大概率是共识增加。

不过，三角测量中确实存在一个困难。主体间性是建立刺激反应相似性标准的必要条件，这反过来又是获得认知错误概念的必要条件，而认知错误又是拥有思想的必要条件。戴维森从客观性出发的论点的问题在于它是循环的。在一个语言群体中，试图以一致性来确定刺激反应的相似性标准，其前提正是它应该解释的东西——思想。将自己的刺激反应与他人的刺激反应进行比较和对比，就等于是在进行一种心理操作，这是一种思维。因此，我们需要拥有思想来掌握错误和客观性的概念，而错误和客观性又被认为是拥有思想的先决条件。三角测量使得两种能力相互依赖，这意味着，一个人在切断社会联系以后即丧失思想能力，这个结论与我们的常识理解相悖。戴维森所说的思想能力恰如贝克莱所说的物，其存在与否依赖于观察者的维度。

总之，信念和意义之间的关系是戴维森意义解释的核心。戴维森一贯主张"信念和意义的相互依赖"，一方面，解释一个人的言语行动需要一个人理解"说话者所相信的东西"；另一方面，不理解说话者的言语便不可能在说话者的信念之间做出细微区分。戴维森认为信念是我们解释和行动理论的"结构"，信念在合理化选择或偏好的作用中得到了合理解释。说话者、解释者和世界的三角测量模式体现了人与人及外部实在之间的复杂关系。戴维森坚持认为，只有尽可能"保持稳定"的信念，通过宽容地假设人们的信念在很大程度上是对他们所处环境的显著因素的真或正确的反应，才能做到这一点。交流建立了对他者思想的认识，没有交流，说话者或解释者都不能断言任何人的思想或言语有命题内容。因此，即便是对自己思想的确定也要通过交流来完成。交流需要参考一个共享的世界，因为它涉及刺激的相互关联，戴维森利用三角测量模型确定了意义的客观性。

第五章

意义与行动

戴维森将对意义的动态追问、意义的客观性等问题统一于行动者的行动解释。其行动哲学为整个意义理论提供了一个实践方案，用于识别行为模式，这些模式可以解释为意向行为的表达。戴维森试图通过理解是什么使我们能够相互交流来理解心灵和世界的联系，理解或解释一个人的行动已经成为彻底解释者使命的一个组成部分。理性赋予了行动者态度及行为模式。戴维森效仿决策论，将其作为意义理论中信念和行动关系的分析工具，把信念和偏好表现为可观察的行动。行动者的信念是一致的，他的偏好在交流中传递，意义在交流中呈现。将语言、信念和行动统一起来的交流成为戴维森意义理论的落脚点。

第一节　意义在行动的框架中生成：戴维森意义理论的实践方案

在戴维森的意义理论体系中，彻底解释者是一种广义上的解释者：试图解释行动的整体，包括语言学意义上的话语和命题态度，也包括语言学意义上的非言语行为。我们可以从一个人的行动中"读出"他的信念或欲望，这在直觉上是非常合理的。根据戴维森的观点，一个人的命题态度和他们的行动之间的关系是解释性的：信念、欲望和其他命题态度解释了行动。戴维森在早期著作《对真理与解释的探究》中，将彻底解释与意向态度作为一个整体来论述，并在其后的论文集《合理性问题》（2004）、《主观、主体间、客观》（2001）和《真理、语言和历史》（2005）中，完善并发展了其行动解释理论。戴维森在论文《思想、意义与行动的统一理论》中认为行动、意义是整合的、相互依赖的、不可分割的。[1]

戴维森的文章《行动、理由和原因》（1963）引发了关于行动及其解释、因果关系和因果解释、心灵哲学和自然语言语义学的深远讨论，这是他对行动理

---

[1] DAVIDSON D. A Unified Theory of Thought, Meaning and Action. in *Problems of Rationality* [C]. Oxford: Clarendon Press, 2004.

论的第一个也是最突出的贡献，他致力于这样一个问题："当理性通过给予行动者所做事情的理由来解释行动时，理性和行动之间的关系是什么？"① 该论文标志着行动理论的一个转折点，行动的因果解释占据了这一领域的主导地位，他在后来的许多文章中进一步发展了他对行动解释的观点。从哲学意义上讲，理解行动解释是非常重要的，行动解释是戴维森行动理论的核心。因为在解释的整个过程中，将有意向的态度和语言的意义指派给我们旨在解释行动，从这个意义上说，行动解释构成了戴维森哲学工作的普遍根源。

一、信念和欲望是行动的必要条件

戴维森在《行动、理由和原因》一文开篇就提出，只有理性引导我们看到行动者或者思考行动者在行动中所体现的特征、结果，我们才确定这个理由使行动合理化。根据《西方哲学英汉对照词典》的词条，"行动者指作为行为主体的理性人。一个行动者能够决定是否行动。一旦决定行动，就会造成变化。一旦行动的途径确定，行动者就会实施它们造成某种变化"②。行动者内在引起这种变化的能力叫作"能动性"，这是区别于外在引起行动的原因。戴维森认为，可以由两个要素构成这种能动性，一个是赞同态度（pro-attitude），另一个是信念。

戴维森一直支持信念—欲望模型，他认为实践三段论承诺"对有意向的行动进行分析；说明我们如何解释一个行动，给出一个行动者在行动中的原因；并提供实践推理的开始，即关于给出导致行动的理由来解释行动"③。然而，亚里士多德为理由解释的结构提供了一个模型——实践三段论，用信念和欲望来解释行动。这是戴维森意义上的行动解释的信念—欲望模型的基础模型，包含了人对行动动机的看法：要解释一个行动，我们总是需要一个信念和欲望。举个例子，假设我想吃甜品，首先我得相信那边那块巧克力是甜的，然后我就有理由吃那块巧克力了。如果我吃了它（因为这个理由），我的行动可以用我的信念和欲望来解释。我们可以把这种解释表述为一个简单的推论，从而得出它的解释结构。更确切地说，我们可以把它解释为一个实践的三段论，三段论有两个前提，一个大前提和一个小前提，还有一个结论。在这种情况下，大前提具

---

① DAVIDSON D. Action, Reasons, and Cause. in *Essays on Actions and Events* [C]. Oxford: Clarendon Press, 2001: 3.
② 布宁，余纪元. 西方哲学英汉对照辞典 [Z]. 北京：人民出版社，2001: 32.
③ DAVIDSON D. Mental Events. in *Essays on Actions and Events* [C]. Oxford: Clarendon Press, 2001: 215.

有普遍性，小前提是具体的，得出的结论也是具体的。所举例子将欲望理解为对某种行动的普遍"赞同态度"，如下所示：

（1）我有想吃甜品的欲望；
（2）我吃放在那边的巧克力就是在吃甜品；
（3）我吃放在那边的巧克力就是满足了我的欲望。

我们可以抽象出其实践三段论：

（1′） $\forall x\ (\psi x \rightarrow Dx)$；
（2′） ψa；
（3′） Da。①

在这个实践三段论的推演中，"ψ"代表一种行动，"D"代表"欲望"。与亚里士多德一样，戴维森最初将结论直接解释为一种行动。② 因此，三段论将行动解释为其前提的逻辑结论。当一个行动者有意向地采取行动时，他确实具有信念和欲望，并且这些信念和欲望塑造或制约了他的决策，即该过程可以理性地重构为三段论形式。然而，具备相关的信念和欲望只是意向性行动的必要条件。戴维森说，另一个必要的条件是这些信念和欲望导致了行动。就像亚里士多德一样，戴维森用因果关系的术语解释了三段论：如果我吃巧克力是因为我有信念和欲望形成前提，那么我有这些理由就是我行动的原因。

（欲望+信念）→ 行动③

简言之，无论你在什么地方有一个欲望，一个关于什么的行动会满足它的信念，这些都会产生一个行动。无论你在哪里有一个行动，你都会发现它是由两个要素产生的，即一个欲望和一个信念，该行动满足了欲望。"（欲望+信念）行动"代表它假设你只有一个信念和一个欲望，或者至少只有一个信念和欲望结合在一起，从而可能引发一个行动。如果我有一个以上的信念—欲望对子，我就可以同时执行冲突的行动。艾格尼斯·卡拉德（Agnes Callard）区分了三种程度：第一种是有很多欲望和信念促使一个行动，称为过度驱动（overmotivation）。第二种情况是当过度驱动时，信念—欲望对子之间发生冲突，因此在给定的时间，我们会犹豫、考虑这些彼此冲突的信念—欲望对子。第三种情况是

---

① Kathrin Gluer. Davidson's Theory of Action. in *Donald Davidson: A Short Introduction* [C]. Oxford University Press, 2011: 157.
② DAVIDSON D. How is Weakness of the Will Possible. in *Actions and Events* [C]. Oxford: Clarendon Press, 1980: 21-42.
③ CALLARD A. Practical Reason. In *A Companion to Donald Davidson* [C]. ed by Ernie Lepore and Kirk Ludwig. Oxford: Wiley Blackwell, 2013: 33.

当冲突被解决时，有一个信念—欲望对子可以产生一个行动，但行动者仍然执行另一个行动（意志薄弱）。① 因此，当我们自己具有多种思想的时候，如何根据我们的观点来解释我们所做的任何事情都是合理的。解释意志薄弱的问题是实践理性理论的核心，因为它为我们提供多种相矛盾的判断方向。大多数哲学家也有类似的想法——理解冲突的方法是调用某种体系来产生欲望。欲望似乎也分为不同的类型。有生理上的欲望，如美食、饮品；还有社会性层面，如权力、声望、名誉、隐私等。因此，艾格尼斯·卡拉德给出了以下的结论：

（信念+欲望）→判断→行动②

在戴维森的行动体系中，没有区分道德欲望和非道德欲望，或者是心理主义的具体的欲望、评价或动机。戴维森认为，所有的欲望都可以被理解为某种"赞同态度"③。当我们对某样东西有欲望的时候，那东西对我们是有吸引力的事实，而不是它在道德、谨慎或食欲的基础上对我们有吸引力的事实，这有助于理解是什么使行动变成可理解的结构。戴维森消除了一个判断，他认为有意向性的 φ-ing 与思考"我应该 φ"没有区别，他认为我们不需要区分应该—判断的类型，或者区分低级和高级的应该—判断，或者区分来自道德或不道德的判断。对戴维森来说，欲望和动机必须被理解为有一个基本的统一体，或者更确切地说，为了实践理性理论的目的，必须这样理解它们。戴维森并不否认，人们可以区分道德的欲望、审慎的欲望还有其他多种类型的欲望，以及各种各样激发行动的动机，但他认为，这种区分属于心理学的领域，对实践理性理论并不重要。戴维森认为理性人在应用实践推理时会在所有的相关理由中实施符合理性的、最优的行动。

二、原初理由是行动的原因

行动就是事件，事件反过来又是时空上个体化的实体，处于部分—整体关系中，以及与其他事件的因果关系中。对戴维森来说，只有一种特殊的事件可

---

① CALLARD A. Practical Reason. In *A Companion to Donald Davidson* [C]. ed by Ernie Lepore and Kirk Ludwig. Oxford：Wiley Blackwell. 2013：34.
② CALLARD A. Practical Reason. In *A Companion to Donald Davidson* [C]. ed by Ernie Lepore and Kirk Ludwig. Oxford：Wiley Blackwell. 2013：34.
③ DAVIDSON D. Actions, Reasons, and Causes. in *Essays on Actions and Events* [C]. Oxford：Clarendon Press, 2001：3.

以是行动，即身体运动（bodily movements）。① 他认为，在许多个人的事件中……事件本身没有添加任何内容使其成为动作。② 在一个事件中添加了一些东西，使之成为一个行动，即一个意向。③ 我们首先要明确行动的本质，以便区分人们经历的事情和人们真正做的事情也就是行动。比如，一个人在癫痫发作时可能会咳嗽、打喷嚏、眨眼、脸红和扭打，尽管在通常情况下，在这些"行为"（behavior）④ 过程中，行动者将完全处于被动状态，这些附加的"行为"绝不是行动哲学家意义上的"行动"。除此之外，如法兰克福（Harry Frankfurt）曾举例，当一只蜘蛛走过桌子时，它通过控制腿的运动，把自己带到想要去的地方，这是动物有目的的行为构成的一种低级的"主动行为"⑤。但是人类的许多行为都有比这更丰富的心理结构。一个行动者实施的活动是针对一个目标的，通常这是行动者在对其可选择的基础上并且进行全面实际评估的基础上采用的目标。此外，行动者可以立即意识到他正在进行有关的活动，明确当下活动的目的是某个特定的目的。在更为复杂的概念层面上，法兰克福还认为，关于行动自由的基本问题是以"根据行动者认同的愿望行事"这一概念为前提并给予重视的。⑥ 在法兰克福立场的影响下，人们对"真正的"人类能动性的本质达成共识。因此，行动需要划分层次，至少包括以下几个方面：无意识和/或非自愿行为、有目的或目标导向的活动（如法兰克福有关蜘蛛的例子）、意向行为以及自我意识活跃的人类行动者的自主行为或行动。

在英语中人们通常使用"by"习语指派动作。当一个人行动时，他通常会通过"做事情"（by-doing）来完成各种事情，例如，他通过打开灯来照亮房间，而他又通过轻按开关来完成开灯的行为。⑦ 戴维森说行动者通过打开灯来照

---

① DAVIDSON D. Agency. in *Essays on Actions and Events* [C]. Oxford: Clarendon Press, 2001: 53.
② DAVIDSON D. Problem in the Explanation of Action. in *Problem of Rationality* [C]. Oxford: Clarendon Press, 2004: 102.
③ DAVIDSON D. Problem in the Explanation of Action. in *Problem of Rationality* [C]. Oxford: Clarendon Press, 2004: 105.
④ 戴维森认为，行动是有意向的身体运动（bodily movement）或者行动者自己主动实施的行为（behavior）。
⑤ FRANKFURT H. *The Importance of What We Care About* [M]. Cambridge: Cambridge University Press, 1998: 78.
⑥ FRANKFURT H. *The Importance of What We Care About* [M]. Cambridge: Cambridge University Press, 1998: 80-94.
⑦ DAVIDSON D. Agency. in *Essays on Actions and Events* [C]. Oxford: Clarendon Press, 2001: 53.

亮房间，而他是通过轻按开关来实现的，还有一个同样的身体行动：手指的移动触碰开关。行动者照亮房间、开灯和按动开关的动作是相同的。鉴于最终人们总是通过移动身体来行动，我们就可以得出结论：所有的行动都是身体运动。

戴维森在文章《行动、理由和原因》中提出了行动个体化的解释，并在《能动性》一文中扩展了自己的理论，他增添了意向性的问题，对行动与发生的事情进行区分。戴维森首先用因果关系来解释性质。能动的性质问题被"还原"为原初行动（primitive actions）来表述。[1] 就原初行动而言，能动问题就变成了解释行动与使该事件成为原初行动的事件之间关系的问题。与所有其他事件不同，行动可以用因果关系来描述，只有当理性使我们看到行动者在其行为中看到或认为他看到的某些东西时，理性才能使行为合理化行动者想要、珍视、珍惜、认为尽职、有益、必须或令人愉快的行为的某些特征、结果。我们无法解释为什么一个人做了他所做的事，仅仅是说某个特定的行为吸引了他；我们必须说明上述的原因。因此，戴维森认为，"每当有人出于某种理由做某事时，他就可以被定性为①具备采取某种行动的赞同态度（pro attitude）；②相信（或者知道、感知、注意、记忆）他的行为就是这样"[2]。因此，要想给出行动者做某事的理由，我们就需要明确赞同态度和信念，这也就是刚刚提及的原初理由。戴维森利用"旋转开关，打开灯，照亮房间（在我不知情的情况下，可能还警告了潜入者）"这个事件作为例子，分析了一个动作可以有四种描述，这就是为什么可以把手指的运动描述为"开灯"或"警告潜入者"。任何行为的因果关系都可以是对它的合理描述——这就是为什么潜入者的警觉尽管是无意的，但和描述行为的任何其他影响一样可以接受：一旦他做了一件事（移动一根手指），每一个后果都会给我们一个行为。[3] 这个时候，行动者的行为不一定是有意向性的，因此，戴维森认为，"①为了理解任何一种理由是如何使一种行动合理化的，我们至少在基本框架中要知道如何构造一个原初理由是必要和充分的；②行动的初始理由是其原因"[4]。

---

[1] DAVIDSON D. Agency. in *Essays on Actions and Events* [C]. Oxford: Clarendon Press, 2001: 61.

[2] DAVIDSON D. Action, Reasons, and Cause. in *Essays on Actions and Events* [C]. Oxford: Clarendon Press, 2001: 4.

[3] DAVIDSON D. Agency. in *Essays on Actions and Events* [C]. Oxford: Clarendon Press, 2001: 53.

[4] DAVIDSON D. Action, Reasons, and Cause. in *Essays on Actions and Events* [C]. Oxford: Clarendon Press, 2001: 4.

三、赞同态度与心灵状态整体论

戴维森认为行动的理由是行动的原因，合理化解释是一种因果解释，他所说的"理由"当然不是指规范性的理由，也就是说有利于行动的考虑因素，而是驱动性理由（motivating reason），也就是说，对行动有适当解释的心理状态。戴维森认为驱动性理由通过合理化来解释行动，揭示行动者在实施行动时的意向，这就要求驱动性理由成为这些行为的原因。他将这一论题表述为关于他所称的行动原初理由的主要原因的两种主张："①为了理解任何一种理由如何使行动合理化，我们至少在基本的框架中看到，如何构建一种原初理由是必要和充分的。②行为的原初理由是其原因。"① "只有当 R 为行动者对具有某种性质的行动 A 的赞同态度，以及行动者具有一个信念，根据 d 的描述，A 具有这种性质时，R 才是行动者根据 d 的描述执行行动 A 的原初理由。"②

信念和欲望在行为中的问题只有在进一步的信念和欲望、态度和注意的修正和调节下才是没有限制的。③ 只有当特定的信念与其他信念、偏好、意向性、希望、恐惧、期望以及其他信念相融贯时，我们才能理解它们，正如长度的度量一样，每个人不仅检验一个理论并依赖于它，而且命题态度的内容来自它在模式中的位置。④ 心灵整体论是一种学说，不仅涉及命题态度的归属，而且涉及其内容。正如戴维森后来所说……任何一种态度的内容都取决于它在整个态度网络中的位置。⑤

"每一种信念不仅需要一个包含更多信念的世界来赋予它内容和身份，而且每一种其他命题态度都因其特殊性而依赖于一个相似的信念世界。为了相信猫爬上了橡树，我必须对猫和树、这只猫和这棵树、猫和树的位置、猫的外貌和习性等有许多真实的信念；但如果我想知道那只猫是不是爬上了橡树，是害怕它爬上了橡树，是希望它爬上了橡树，是渴望它爬上了橡树，还是它爬上了橡

---

① DAVIDSON D. Action, Reasons, and Causes. in *Essays on Actions and Events* [C]. Oxford: Clarendon Press, 2001: 4.
② DAVIDSON D. Action, Reasons, and Causes. in *Essays on Actions and Events* [C]. Oxford: Clarendon Press, 2001: 5.
③ DAVIDSON D. Mental Events. in *Essays on Actions and Events* [C]. Oxford: Clarendon Press, 2001: 217.
④ DAVIDSON D. Mental Events. in *Essays on Actions and Events* [C]. Oxford: Clarendon Press, 2001: 221.
⑤ DAVIDSON D. The Problem of Objectivity. in *Problems of Rationality* [C]. Oxford: Clarendon Press, 2004: 15.

树，意向是一样的。"① 如果对具有属性 p 的行动的赞同态度是一种倾向于执行一个人认为可能具有属性 p 的行为，那么这种支持态度的内容取决于这些信念的内容，并通过这些信念，取决于许多其他信念的内容。

在戴维森建构的意义理论体系中，信念、欲望与意向性等概念都属于心理概念，行动作为这些心理概念的证据，与之相关联。行动的合理化说明行动者的态度要遵循理性的规范，这就表明行动者的态度对行动来说一定是必需的；赋予行动者一种具体内容的态度，就必须赋予他无限的具有相关内容的态度。他认为，"我们无法根据一个人的言语行为、他的选择或其他逻辑符号（无论它们多么清楚明白）来逐个地把信念归属于那个人，因为，只有当特定的信念与其他信念，与偏好、意向、希望、恐惧、期望等融贯一致时，我们才了解特定信念的意义"②。心理事件的显著特征并不在于私人的、主观的或非物质的，而在于展示了布伦塔诺所说的意向性。

第二节 意向性连接行动与意义：戴维森行动解释的区分要素

戴维森认为意向性行动并不能直接解释意义，而意义、信念和欲望被视为理解行动的完全协调的要素。他对意向性行动的叙述分为三个阶段：在《行动、理由和原因》和《能动性》两篇文章中，戴维森从行动解释和本体论的角度讨论了意向行动，将意向行动等同于由一对适当相关的心理状态（一种支持态度和一种工具性信念）导致的行动，并否认意向性作为不同的心理状态的存在；在文章《意志薄弱何以可能》（1969）中，他从各种评价性判断的角度对实践意向性进行了更为复杂的解释；在《意向》（1978）一文中，他讨论了将来行动的意向（intentions for the future）作为不同的、不可还原的心灵状态。在他后来的论文中，他认为意向性是全面的评价性判断。

一、意向蕴含能动性

戴维森考察意向的能动性的出发点是"意向行动"的概念，在意向行动的

---

① DAVIDSON D. Rational Animals. in *Subjective*, *Intersubjective*, *Objective* [C]. Oxford: Clarendon Press, 2001: 98–99.
② 戴维森. 真理、意义、行动与事件：戴维森哲学文选[C]. 牟博，译. 北京：商务印书馆，1993: 260.

基础上，戴维森讨论了各种相关的概念，包括"有做某事的意向"的行动（acting with the intention to do something）、作为一种独特的心灵状态的"意向"（intention as a distinct mental state）和"意欲实施某种将来的行动"（intending to perform a future action）等概念。安斯康姆（Anscombe）将意向分为三类：将来意向的表达（expression of intention for the future）、意向性行动（intentional action）、行动时意向（intention in acting）。①她认为行动的理由是行动的原因，合理化解释是一种因果解释。戴维森所说的"理由"当然不是指规范性的理由（normative reasons），即有利于行动的考虑因素，而是驱动性理由（motivating Reason），即对行动有适当解释的心理状态。这个框架有利于戴维森对意向性与行动的解读，同时戴维森的意向性与意义也紧密相连。

戴维森认为，"意向蕴含能动性"②，但"能动性并不蕴含意向"③。他说："如果某个人所做的事情，能够在某一方面是意向性的，那么他就是这个行动的行动者。"④ 同时，如果我们谈论的是有关行动的语句或描述的话，意向性也可以同样解释。"一个人是一件事情的行动者当且仅当存在一个描述，使得他所做的事情使语句为真，那么这个语句表明他有意地做了这件事。"⑤

在《能动性》一文中，戴维森主要探讨的是就理由方面的行动辨明以及就原因方面的行动解释二者之间的关系。戴维森认为，理由既可以证明意向行为的正当性，也可以导致意向行动。因理由而产生因果关系解释行动的意向性特征。罗伯特·奥迪（Robert Audi）认为"因理由而行动似乎就等于说行动是在实践推理基础上进行的"⑥。更确切地说，一个特定的行动 φ 是有意向的，当且仅当它是为了某个理由而执行的，在这个意义上，它是由①对 K 类行动持赞同态度（pro-attitude）和②认为该特定行动 φ（在描述 d 下）是 K 的信念构成的。二者的结合就是戴维森所说的原初理由。原初理由既解释了行动 φ，又使其合理化。

---

① 刘国峰. 戴维森行动哲学专题研究[M]. 广州：中山大学出版社，2019：74. ANSCOMBE G E M *Intention*（*Second Edition*）[M]. Cambridge：Harvard University，2000：1.
② DAVIDSON D. Agency. in *Essays on Actions and Events* [C]. Oxford：Clarendon Press，2001：45.
③ DAVIDSON D. Agency. in *Essays on Actions and Events* [C]. Oxford：Clarendon Press，2001：45.
④ DAVIDSON D. Agency. in *Essays on Actions and Events* [C]. Oxford：Clarendon Press，2001：46.
⑤ DAVIDSON D. Agency. in *Essays on Actions and Events* [C]. Oxford：Clarendon Press，2001：46.
⑥ AUDI R. Acting for Reason. in *The Philosophy of Action* [C]. ed by Alfred. Mele. Oxford：University Press，1997：78.

例如，天越来越黑，我想照亮房间。我的一个欲望是 K 的行动：使房间明亮的行动。我也相信只要打开这个开关，房间就会照亮。这种信念和欲望的结合，提供了我特殊动作 φ 的原初理由，这个行动属于欲望的 K，是所有能照亮房间的行动。

持赞同态度就是对某种行为有支持、赞同的倾向。特定的行动只在原初理由的认知中被提及，在工具性的信念中，表明特定的行动 φ 是所具备欲望的 K 的一个实例。戴维森通常把赞同态度称为"欲望"或"意欲"（wants），并且指的是行动看起来是有利的"欲望的"，赞同态度包括各种各样的意欲态度（conative attitudes），从一种冲动到一种义务感或责任感。① 在有意向实施行动 φ 时，行动者的行动是"在描述之下"。就行动所有特征而言，不能说行动者做出的是意向性的行动。考虑一下这个例子："我按动开关，打开灯，照亮房间。在我不知道的情况下，我也提醒一个偷盗者我在家的事实。"② 根据戴维森的观点，能动性指执行一个动作，在以上的例子中能动性就是按动开关所需的手指移动。这种行为可以用许多不同的方式来描述，包括引起行动的因果关系；行动的效果我们可以描述为按动开关、照亮房间以及警告偷盗者。所有这些广义的行动描述中，只有其中一些行为才是有意向的，在描述"按动开关"中，该动作可能是有意向的，但在"警告偷盗者"的描述下则不是意向性的。

在《意向》一文中，戴维森改变了对意向性质和存在的看法。他得出结论：意向是一种独特的、不可还原的心理态度（psychological attitudes）。在文章中，戴维森探讨了纯粹意向："一种可能在没有实践理性、行动或结果的情况下发生的意向性。"③ 纯粹意向不能成为一种行动，因为它是一种心灵状态而不是一个事件。另一方面，意向性的获得是一个事件，因此可能是一种行动。他提供了以下说明：

有人可能打算建一个松鼠屋，但没有下定决心去做，没有仔细考虑过，也没有形成建造它的意向性，也没有合理化。尽管他有这个意向，但他可能永远不会建造出一个松鼠屋，尝试建造一个松鼠屋，或者做任何有建造松鼠屋意向

---

① DAVIDSON D. Actions, Reasons, and Causes. in *Essays on Actions and Events* [C]. Oxford: Clarendon Press, 2001: 4-6.
② DAVIDSON D. Actions, Reasons, and Causes. in *Essays on Actions and Events* [C]. Oxford: Clarendon Press, 2001: 4-6.
③ DAVIDSON D. Intending. in *Essays on Actions and Events* [C]. Oxford: Clarendon Press, 2001: 83.

的事情。①

这样的区分显然和早期在《行动、理由和原因》一文中提出的意向不同。这种意向性行动和实践理性的演绎模式说明与戴维森支持存在不自制行动的假设相矛盾。他把行动的"可欲望的"看作表面判断，表面判断是一个条件判断。② 与之相对应的就是无条件的判断，赞同态度就是欲望的全面判断（all-out judgement）。因此，戴维森认为"和行动相异或同一判断不可能是表面判断；一定是一个全面的或无条件判断，如果用言语来表达，它的形式类似于'该行动是可欲望的'"③。戴维森试图表明，意向就对第一种行动有赞同态度，该行动要优于其他行动，进而做出全面判断。

二、意向区分意义

戴维森区分第一意义、词典意义和说话者意义，第一意义和词典意义是如何联系在一起的对于了解戴维森关于意义的解读十分重要。我们也要明确这些意义虽然可以区分，但在实际应用中很难分开。当它们分开时，这并不是说话者意义所能解释的，即使认识到说话者的意向性对于获得第一意义是至关重要的，意向性对说话者意义也是至关重要的。

如果意义可以在语义范畴内被区分为第一意义及字典意义，我们就需要明确两者的关系。其中，意向性就将成为区分二者的突破口。首先，第一意义在解释的次序中占首位。也就是戴维森把意向性当作链条，这个链条是由目的论建构的。举一个着火的例子，你可能有让别人引起注意的意向性。你可以大喊"我需要水"。此外，这反映三种不同的意向性。一是隐秘的意向性或目的，是引起某人的注意，以便此人可以帮助你灭火（与奥斯汀取效行为 perlocutionary acts）。二是语力意向性，也就是命令某人去打水。三是语义意向性，在这种情况下，就是你的话语将被解释为你想要的（你需要水）。说话者并不想让自己的话语有比平时更多的意思，因此第一意义和字典意义是分不开的。我们可以说，你的隐秘意向性是通过你的话语具有语力来实现的，而这又是通过你的话语来实现的，是你意向它们被理解为意义的东西。那么，第一意义是与这个链条中

---

① DAVIDSON D. Intending. in *Essays on Actions and Events* [C]. Oxford: Clarendon Press, 2001: 83.
② 刘国峰. 戴维森行动哲学专题研究[M]. 广州: 中山大学出版社, 2019: 83.
③ DAVIDSON D. Intending. in *Essays on Actions and Events* [C]. Oxford: Clarendon Press, 2001: 98.

的第一个意向性相对应的意思。戴维森说认为第一个意向性与语词意义有关，解释者的心理应该遵循这样的解释策略：说话者说"我需要水"，意思是让我认识到他是说他需要水。他想让我知道这一点，于是命令我去打水以便帮他灭火。这三种意向性都存在于所有言语行为中，第一意义的首要地位体现在两个方面：一是与说话者的语义意向性相对应；二是它构成了话语的意义的基础。因此，当第一意义与词典意义分开时，可能被认为是一种语义类型，而不仅仅是意义的语用方面。

字典意义应该从两个层面来理解，一个层次对应一个解释者的先在理论，是个体性的，另一个层次是对这些先在理论集合的抽象性理解。解释者和说话者双方都有各自的先在理论，也就是我们对世界的认知、对信念的理解以及对双方的期待，在具体的交流场合对解释者或说话者的意义有明确的期望，先在理论在交流中起着重要作用。我们所理解的较高层次的字典意义就是许多语言行动者对语言使用的抽象的结果，戴维森的先在理论与这个层次并不相同，而字典意义中较低层次意义是对特定说话者、解释者或一小群人的期望的抽象的结果，这和戴维森的先在理论相吻合。当下理论就是我们在先前理论的基础上进行交流的方式，也正是在这种交流中行动者的话语意义不断发生变化。行动者可能会应用先在理论，但肯定不是高层次的词典意义。在戴维森有关马拉普罗夫人的案例中，她用字典意义说出"错乱的墓志铭"，但其真正意义是这是一个很好的绰号安排。我们对字典意义有一个先在理论对应于更抽象的意义层次，两者是趋同的。你会处于一种预期"错乱"意味着错乱的沟通情况，这似乎反映在几乎所有先在理论中。她话语的意义当然是她的第一意义，也就对应于当下理论的意义。如果她在随后不同的情况下，再次以这种方式误用自己的话，以断言某件事会被认为是一个很好的修饰语安排，那么解释者在前一次听到她说的不恰当的话之后，根据他对马拉普罗夫人的话语在先前场合中的意义，在先在理论的基础上赋予她话语意义，但此时，解释者并没反映出任何高层次字典意义。她的第一意义，即她意象性和实际所说的意义，现在对解释者来说，个人语言（idiolect）只是语义功能。更重要的是，当解释者不得不根据当下理论改变他对马拉普罗夫人的先在理论，我们需要证明当她第一次误用自己的话时，它起到了语义的作用。用词错误和语用异常，通常只发生一次。解释者想要理解的，以及戴维森意义理论能够解释的，是说话者想要表达的意义（意向性的意义），而不是她说出的字典意义意思。如果这样的假设是正确的，那么一种语言的真理理论也就变成了一种说话者的真理理论，马拉普罗夫人的第一意义适合运用意向性归属解释。解释的顺序由解释者首先掌握了她话语的第一意义开始，戴维森认为正是我们的意向性让我们的话语被视为的意义成了交流中的意义。

戴维森的第一意义正是说出一个语句的意向性，才会被认为意味着一个人想要表达的意义。根据戴维森的观点，成功交流的定义是意向性"被理解为一个人想要表达的意思"①。这也反映了关于一个人倾向于使用词语作为理解意义的必要条件的重要性。这句话的字面意思是"从那些情境中获得生命的，在这些情境中，有人意向或假设或期望他的话将以某种方式被理解，而他们是……他的意向是如何被理解的，就是他的话被理解的方式，在那个场合的字面意思"②。这再次说明了第一意义通常在语义层面呈现，以真值条件意义理论将说话者而不是"语言"与真相关联，因为个人语言是私人性的而"语言"不是。

解释者并没有根据字典意义来理解马拉普罗夫人的第一意义。当马拉普罗夫人说出字典意义时，解释者合理地认为她是指第一意义。根据这个观点，说话者意义和第一意义的区别在于，马拉普罗夫人没有故意误用自己的话——她没有提供她认为足以让解释者理解她真正意义的线索。她想表达的意义就是她说出来的意义。说话者也可以故意误用自己的话，体现意向让听话者根据自己提供的证据理解话语意义，如果她要这样做，那么他将为你提供线索，以达成意向意义。当然，在说话者意义和第一意义的情况下，你都会调用行动者的合理调整，但只有在第一意义的情况下，你才会为所用的词分配新的语义。因此，意向性作为区分三种意义的标准是至关重要的。总之，戴维森通过运用意向性区分语义，从以语义学为范畴的方式追问语义，转向了以引入语境的语用因素的方式探究意义彰显其研究范式的拓展，强调成功的交流并不依赖于共享的规则和约定，而凸显意向性在语言误用和特殊用法中的作用。

三、命题态度连接行动者与意义

首先，戴维森在《理性动物》一文中提出，"婴儿、蜗牛和成人之间的差异就在于拥有命题态度"③。心灵状态可以大致分为两类，其一是最基本的感官体验，如疼痛，其二就是我们将要主要探讨的包括信念、欲望还有意向性这样的

---

① DAVIDSON D. A Nice Derangement of Epitaphs. in *Truth*, *Language*, *and History* [C]. Oxford: Clarendon Press, 2005: 104.

② DAVIDSON D. The Social Aspect of Language. in *Truth*, *Language*, *and History* [C]. Oxford: Clarendon Press, 2005: 120.

③ DAVIDSON D. Rational Animals. in *Subjective*, *Intersubjective*, *Objective* [C]. Oxford: Clarendon Press, 2001: 95.

命题态度。根据戴维森的观点，命题态度不是心灵之前的对象也不是实体，因此，不存在与命题态度相对应的心理状态。

达米特指出，布伦塔诺所持有的全部心理活动有心理表象的观点面一个非存在对象的思想问题。在论文《呈现于心灵的是什么》（1989）中，戴维森做出整体回应：

> 据达米特的观点，布伦塔诺拒绝承认心灵行动……有任何区别于外在的内在对象，即心理表征。达米特指出，这就给布伦塔诺留下了关于不存在的物体的思想（或明显的思想）问题，达米特说，布伦塔诺"没有成功地解决这个问题"。但是，如果我们放弃了存在内在物体或心理表征的观点，这个问题就很容易解决。没有必要假设，如果没有这样的内在对象，那么只剩下外在的对象来帮助我们确认不同的心灵状态。这个简单事实就是，我们拥有所需的资源来确认心灵状态，即使那些心灵状态指向非存在的对象。因为我们可以无须假设心灵之前存在的任何对象，就做到这一点。①

其次，命题态度是一种归属关系，这种关系把行动者和语句连接起来，我们把信念和欲望指派给他。戴维森把信念和重量做出类比，当谈论物体重量时，我们实际上是在谈论关系：把对象和数字联系起来。通过给对象指派数字，我们就记住了这些关系，至于这个东西是用克还是千克计量并不重要，以此类推，当我们谈及信念时，无须承诺存在信念这样的对象。②

再次，戴维森同时又认为命题态度有一种因果力（causal powers），命题态度还是一种倾向或状态。从该概念上看，由于信念、欲望，还有意向性等心理词汇与人们常用的物理词汇不属于同一个领域，因此，前者无法还原到后者。根据戴维森的观点，我们可以通过行动者的语句或话语来解释行动。③ 例如，建筑师拿起建筑工具是因为他想建造一个房子。他拿起工具可作为其因果力的实现。也就是我们可以用"他建造房子"这样的语句和行动者联系起来。而其中更为细节的动作，比如，用螺丝钉加固等都可以用来表达行动者实施建造房屋

---

① DAVIDSON D. What is Present to the Mind. in *Subjective*, *Intersubjective*, *Objective* [C]. Oxford: Clarendon Press, 2001: 67.
② DAVIDSON D. What is Present to the Mind. in *Subjective*, *Intersubjective*, *Objective* [C]. Oxford: Clarendon Press, 2001: 59-60.
③ DAVIDSON D. Indeterminism and Antirealism. in *Subjective*, *Intersubjective*, *Objective* [C]. Oxford: Clarendon Press, 2001: 74-75.

过程中的信念和欲望的结合。因此"建筑师建造房屋"这样的语句可以对其行动做出解释。这些因果力的方式都遵循合理性原则。

最后,戴维森用意义的解释理论来解释行动。把人们的话语理解为一种语义活动,把说话者的话语与世界联系起来。戴维森认为,我们将说话者的话语与世界联系起来的基本工具是说话者语言的真理理论,也就是说,在戴维森所说的"彻底解释"的情况下,真理理论为所说的语句赋予了真值条件。例如,它可能会说,一个说话者说出一个语句为"Schnee ist weif"。而"Schnee ist weif"是真的,当且仅当雪是白色的。正如塔尔斯基所表明的那样,为包含量词的语言提供有限公理化的真理理论是可能的。戴维森展示了如何将塔尔斯基发展的真理理论扩展到自然语言中,这些自然语言包含语境敏感的表达和塔尔斯基所讨论的形式语言中没有的句子类型。但戴维森认为:"对他人言语的所有理解都涉及彻底解释。"①

在彻底解释中,真理理论被视为经验理论的一部分,将说话者的某种东西归因于世界的表征。该理论必须满足形式和经验约束。理论充分建构的经验证据主要是在说话者附近发现的,解释者可以暂时认为说话者的话语是由他周围的情况引起的(如奎因的例子,一个不同语言的说话者说"Gavagai",而兔子跑了过去)。至少在语言的"边缘",即索引观察句,必须承认话语是因果嵌入世界的。② 考虑到这些经验上的限制,我们可以用我们自己语言的语句来"测量"或追溯说话者的实际甚至可能的话语。这就是戴维森的语言哲学中意义概念的所在,例如,当我们说:不同语言说话者的"Gavagai"的意义是一只兔子在奔跑。我们用"兔子跑过"这句话来表示追踪"Gavagai"在他的语言中的意义,基于该语言的经验真理理论。从这个意义上讲,真理理论提供了一种用来衡量说话者语言中语句意义的工具。

同时,解释的目的是通过揭示他在某些情况下说出语句的倾向(propensity),从而可以推断出不被观察到的和与事实相反的情况,不仅仅是描述一种语言,而是描述一个说话者。③戴维森把这种倾向称为语句的"持真"。这就是他的真理理论和行动理论之间的联系。"行动理论与解释的联系将会出现……如果

---

① DAVIDSON D. Radical Interpretation. in *Inquires into Truth and Interpretation* [C]. Oxford: Clarendon Press, 1984: 125.
② DAVIDSON D. Epistemology and Truth. in *Subjective, Intersubjective, Objective* [C]. Oxford: Clarendon Press, 2001: 189.
③ DAVIDSON D. Replay to Foster. in *Inquires into Truth and Interpretation* [C]. Oxford: Clarendon Press, 1984: 174.

我们问一种解释方法是如何测试的。最后，答案一定是，它有助于我们对行为的理解变得井然有序。但在中间阶段，我们可以看到，对语句而言，持真或接受为真的态度，必须在形成理论的过程中发挥核心作用。"① 一个称职的语言说话者的能力的一部分，就是他的许多真的甚至潜在的和与事实相反的话语，都可以用他所持语言的持真句来解释。而这些保持语句为真的态度，则是基于行动者在遇到兔子时所面对的世界。

第三节　行动与信念的关系：戴维森意义理论的必要条件

戴维森在《思想、意义与行动的统一理论》一文中认为，对语言交流的理解应该放置在更大的范畴内。语言现象实际上是一种行为的、生物或物理的现象；用一种特殊的语词来描述意义、指称、真理或断言，仅仅是对另外一种事实或描述的随附品（supervenience）。因此，为了理解语言，语言能力和语言成就就可以从意向性的语言描述的命题态度、状态或事件中寻求：有意向的行动、欲望、信念及相似的希望、恐惧、愿望与企图等。戴维森利用由拉姆塞发展而来的贝叶斯决策理论（Bayesian decision）、理查德·杰弗里（Richard Jeffrey）概率来揭示信念和欲望如何与行动相联系。

一、信念与偏好表现为可观察的行动

戴维森认为，各种各样的命题态度和其概念性衍生内容构成了言语发生的环境，如果能够理解这些认知态度与中心认知之间的相互关联，我们就可以获得一个深刻的理解语言事实的解释。因为，尽管意向和意向性行动并不能直接解释意义，但是意义、信念和欲望将被视为理解行动的完全协调统一的要素。信念或欲望，或者是由信念和欲望而生的意向，以及有意向的行动才能是意义理解的起点。

因此，在行动中，人们选择一种方式而不是另一种，或者偏好一种状态而不是另一种，通常是对几种备选方案的选择结果："我们重视一系列行动方针和过程或一种状态是因为我们对其可能的后果所赋予的价值，以及我们认为这些后果的可能性有多大，从而获得状态或者实施行动。因此，在选择行动方针或

---

① DAVIDSON D. Thought and Talk. in *Inquires into Truth and Interpretation* [C]. Oxford: Clarendon Press, 1984: 161.

事态发展时，我们选择的是其后果的相对价值，当受到这些后果可能性的影响时，这个相对值是最大的。行动的过程通常类似于赌博的过程，因为我们不知道事情会怎样发展。因此，在我们理性的程度上，我们采取我们认为是最好的选择（我们'最大化预期效用'）。"①

我们通常认为，解释机制在判断一个人的命题态度时是不可观察的，所以，无法判断一个人对某个命题的信念程度和偏好的相对强度。如果一个人对结果的基本偏好是已知的，那么他对行动的选择就会显示出他的信念程度；如果他的信念程度是已知的，那么他对行动的选择将揭示他对结果的基本偏好。所以戴维森认为拉姆塞解决了这个问题，他通过对偏好或选择模式进行限制来解决问题。如果这样的解释机制对偏好、信念、理性和意向行为的概念适用，这就是一个规范性很强的理论。

戴维森认为，可观察到的模式对从事实中抽象出来的理论的能力是必不可少的，这些事实与我们自己可以反省的或观察到的为他人从更复杂的事实中抽象出来的信念程度、价值差异的比较相对直接相关。从理论的角度来看，复杂的事实解释了简单的、可观察的事实，而可观察的事实构成了检验或应用该理论的证据基础。②因为这些限制条件被明确地表述出来，所以关于这个理论的各个部分都可以被证明。举例来说，理性让我们的行为受到约束，所以，我们可以看到用理性支配自己的行为遵守了这样的约束，实际上这也是他对理性行为选择的结果，是他对理性的信念程度的表现。

戴维森认为贝叶斯决策理论利用一个内涵概念，即赌博或结果之间的顺序偏好，为信念程度和价值差异的比较提供了内容。"这种方式将复杂和相对理论化的意向性概念还原为在应用中更接近于公众可观察行为的内涵概念的方向迈出的重要一步。最重要的是，这一理论表明，在不预先理解任何一种立场的前提下，如何能够为两种基本的、相互关联的立场态度提供有用的内容。"③ 戴维森认为我们识别和区分行动者所接受的命题的能力与我们理解他的话语的能力是分不开的。我们通常只通过解释他的话语来了解他到底想要什么、喜欢什么、相信什么。他认为在决策理论中，欲望的对象通常是复杂的赌注，其结果被描

---

① DAVIDSON D. A Unified Theory of Thought, Meaning, and Action. in *Problems of Rationality* [C]. Oxford: Clarendon Press, 2004: 153.

② DAVIDSON D. A Unified Theory of Thought, Meaning, and Action. in *Problems of Rationality* [C]. Oxford: Clarendon Press, 2004: 154.

③ DAVIDSON D. A Unified Theory of Thought, Meaning, and Action. in *Problems of Rationality* [C]. Oxford: Clarendon Press, 2004: 154.

述为对特定事件的影响，所以，一个试图引出解释偏好或选择的态度和信念的理论，就必须包括一个语言解释理论。但是我们需要注意对行动者做出解释，把决策论纳入其中，但不能预设其信念、欲望及意向性。

戴维森认为自己的意义理论需要借助递归性来建构，也就是从其各部分的意义中得出话语或语句的意义。所以，他认为决策论实际上也具备这种递归性质，因为可以预测潜在的无限多个备选方案中的选择。说一句话或另一句话的倾向有多种表现形式。一个突出的例子是在主张行为中表示同意。（就像偏好表现在选择上一样）假设当一个人认为一个语句是真的时候，可以用这种或那种方式来判断他何时同意了这个语句。诚实的断言是有用的，但其他许多行为和态度也是如此。在决策论的案例中，有一个不可还原的内涵元素就是持真态度，我们以这个单一态度为基础，可以推断出其他各种各样的命题态度，包括信念、欲望、意向性、意义。

戴维森希望自己的意义理论建构能像拉姆塞的决策理论那样，因为"他认为我们大致知道如何根据世界上发生的事件所引起的语句来建立意义理论。这种理论不仅是说话者的意义理论，而且是一种信念理论，对于语句的真加上解释等于信念"①。正如选择一个行动方案是信念和欲望的结果，说一句话是真的也是意义和信念的结果。② 也就是信念和欲望等命题态度通过偏好的选择体现在行动的选择上，信念与语句的联系方式构成了语句的意义。戴维森认为他的意义理论和贝叶斯决策理论显然是相辅相成的。

二、概率与解释的不确定性

戴维森认为拉姆塞决策论利用简单的偏好就能准确地确定一个事件的主观概率（subjective probability），就可以根据理论要求对效用进行针对性的分配。他认为解释的不确定性并不比重量可以用克或盎司来衡量更重要或更麻烦。③ 因此，只要解释理论与适当的信念理论相结合就可以处理各种情况。

如果我们要从证据中获得意义和信念，就需要效仿决策论的结构。在意义方面，一个可信的结构是由塔尔斯基提出的真理理论所给出的，通过各种方式

---

① DAVIDSON D. A Unified Theory of Thought, Meaning, and Action. in *Problems of Rationality* [C]. Oxford: Clarendon Press, 2004: 155.
② DAVIDSON D. A Unified Theory of Thought, Meaning, and Action. in *Problems of Rationality* [C]. Oxford: Clarendon Press, 2004: 156.
③ DAVIDSON D. A Unified Theory of Thought, Meaning, and Action. in *Problems of Rationality* [C]. Oxford: Clarendon Press, 2004: 156.

加以修改来适用自然语言。戴维森认为这个理论对于解释说话者话语是充分的，至少提供了解释说话者意义的第一步，即明确他所说的话在字面意义上的含义。在信念方面，指导原则必须从规范性考虑中得出，就像决策理论或真理理论一样。对信念进行个体化和识别，就像对欲望、意向和意义一样。但是，信念之间的关系起着决定性的构成作用；我们不能在不威胁我们归因的可理解性的情况下接受对理性的重大或明显的偏离。如果我们要理解另一个人的言行，我们必须假设他们的信念模式与我们自己的信念模式在本质上是一样的。① 首先，我们别无选择，只能把自己的逻辑投射到别人的信念上。在当下理论背景下，我们把它作为对语句可能解释的一种限制，这些语句在逻辑上是一致的。换句话说，该理论假设说话者的信念逻辑至少在某种程度上是一致的。然而，逻辑一致性只保证对逻辑常量的解释。解释需要假定说话者和解释者之间能够达成一致。其次，对说话者的话语的正确解释取决于说话者在多大程度上解释一个语句的真来支持另一个语句的真。因为语句或谓词的内容或多或少地远离所观察到的内容，取决于人们认为什么有利于它们的真或适用性，而更直接地与所观察到的事物联系在一起的语句的意义部分地取决于它的真被用来增加的理论真理。因此，一个充分的信念和意义理论所需要的不仅是要知道是什么使说话者认为一个语句是真的，而且要知道对其真理的信念程度。② 这样就可以通过注意一个语句的可信度的变化与其他语句的可信度的变化来检测证据的支持程度。

戴维森认为我们需要一个统一的理论，它能产生信念的程度、区间尺度上的效用，以及在不假设任何一种情况下对言语的解释。这个统一的理论需要一些简单的命题态度，在不详细了解行动者的信念、偏好或言语意义的情况下，可以合理地将其应用于行动者，并从中提取出信念程度的理论，比较欲望程度的差异，以及一种解释话语的方法。③ 戴维森建议以此作为基本态度：行动者偏好一个语句是真的，而不是另一个语句。说话者必须赋予语句意义，但解释语句是解释者任务的一部分。解释者需要了解的是世界上发生了什么事情，使行动者更愿意偏好这一句而不是另一句为真。解释者可以在不知道语句的意义、行动者所珍视的情况或他所相信的情况下知道这一点。但是，一个行动者对语

---

① DAVIDSON D. A Unified Theory of Thought, Meaning, and Action. in *Problems of Rationality* [C]. Oxford: Clarendon Press, 2004: 157.

② DAVIDSON D. A Unified Theory of Thought, Meaning, and Action. in *Problems of Rationality* [C]. Oxford: Clarendon Press, 2004: 157.

③ DAVIDSON D. A Unified Theory of Thought, Meaning, and Action. in *Problems of Rationality* [C]. Oxford: Clarendon Press, 2004: 158.

句的偏好，同样明显地取决于行动者对语句意义的理解，他对世界上各种可能的或实际的状态的认知程度，以及他根据相关语句的真而附加到这些状态的概率。

戴维森利用理查德·杰弗里对贝叶斯决策理论的解读来解决自己的问题。杰弗里没有直接使用赌博这个概念，他关注偏好的对象、主观概率被赋予的对象，以及相对值作为命题统一分配给的对象。他详细地展示了如何从命题为真的偏好中抽象出主观概率和值。在杰弗里的理论中，效用函数在分数线性变换之前是唯一的，而不是由线性变换决定的效用函数；而概率赋值不是唯一的，一旦选择了一个数字来衡量确定性，只有在一定的量化范围内才是唯一的。在概念上和实践上，确定性的这些变化都是恰当的：它们相当于允许在某种程度上与我们在语言解释理论中所期望的一样的不确定性。正如你可以通过在概率函数中做出相应的改变，使用不同的效用函数来解释决策理论中的相同数据一样，你也可以改变你对一个人的话语所赋予的含义，前提是你对你赋予他的信念做出了补偿性的改变。戴维森认为所有语句的可能性和可取性在理论上已经确定。我们还需要勾勒出一些方法，这些方法可以导致对所有语句的完整解释，也就是说，为行动者的语言构建一个真理理论，行动者有一定的主观概率。

行动者认为那句话是真是假，还是他对真有某种确定的信念。由于行动者给语句附加了意义，他对语句真实性的信心程度也就是他对语句所表达的真理的信任程度。信念，表现在对语句的态度上是暗示的线索。我们已经注意到逻辑等价句是在欲望上相等。尽管它确实有助于我们解释真值功能语句连接语词，这本身并不能直接帮助我们理解逻辑对等句的意义。对或错的句型也会导致对存在量词和普遍量词的检测，从而导致量词逻辑中出现解释蕴含和逻辑真理的结构。在数量逻辑中发现解释蕴含和逻辑真理的结构，就是要揭示一般的逻辑形式，即了解语句是如何由谓词、单数语词、量语词、变量等组成的。不管谓词"F"是什么意思，持有"$a=b$"和"Fa"形式的语句的人也会持有"Fb"形式的语句。

解释需要对阐述经验基础。不仅要注意行动者在语句中的偏好，而且要注意世界上引起偏好的事件和物体以及信念。因此，在可观察的情况下，一个行动者被要求给诸如"It is raining""That's a horse"或"My foot is sore"等语句赋予高或低概率，这将为解释这些语句和其中的谓词提供最明显的证据。解释者注意到，当咖啡准备好或没有准备好时，解释者通常会对"咖啡准备好了"这句话赋予高度或较低的信念度，一种真理理论即当且仅当咖啡已经准备好时，行动者说出的语句"咖啡准备好了"才是真的。很明显，对普通谓词的解释很

141

大程度上依赖于言语中的指示成分，如指示语词和时态，因为正是这些成分使谓词和单数语词能够与世界上的对象和事件联系起来。为了适应索引元素，塔尔斯基提出的那种真理理论必须加以修改；对不太直接地依赖于非自动观察的谓词的解释将在很大程度上取决于条件概率，条件概率显示了行动者作为证据来使用其更为理论化的谓词。这样的证据也可能有助于解释观测谓词在不太理想的条件下的应用错误。

戴维森认为在解决意义、信念和欲望之间的关系问题时采用的方式是概念性的联系，也许并不能直接解释现实生活中是如何相互理解的问题，更何况是关于如何掌握我们原初概念和第一语言的问题。但是戴维森旨在揭示基本命题态度之间的依赖性，所应用的方法是展示原则上如何一次到达所有的目标。戴维森揭示了一种切实可行的结构——思想、欲望、言语和行动的规范性特征施加在对他人态度的正确归因上，进而影响到对他人言语和行动的解释。

三、因果解释是一种合理性解释

戴维森断言理由导致行动主要是指原因解释行动：理性解释是一种因果解释。解释与事件无关，而是与语句、命题、事实有关，因为解释现象总是在一个描述下解释它们本身，因此解释句是内涵式的。解释的目的是使现象变得可理解。但是，我们要承认同一种现象会有不同的描述（description），因此每一种描述也会对应不同解释。

戴维森认为理由和行动必须在逻辑上和因果关系上联系起来，才能有因果解释。[1] 因此，逻辑联系不仅不妨碍解释的因果性，相反，要获得它们的解释力就需要将行动解释解释为因果解释。为了解释一个行动，例如我吃了那块巧克力，仅仅提供我吃它的理由是不够的。因为我吃巧克力很可能有某种特殊的理由，比如，我有想吃甜品的欲望，但吃巧克力的行动并不是出于这个理由，而是基于其他特殊理由。例如，我可能吃了巧克力只是在某种场合出于礼貌的行动。吃一块巧克力这个行动也不一定是因为有吃这个动作。戴维森认为"它所解释的理由和行动之间的关系的核心是这样一种观点，即行动者实施行动是因为他有理由"，而我们还没有完全理解理由解释的本质"直到我们能够解释'因

---

[1] DAVIDSON D. Paradoxes of Irrationality. in *Problems of Rationality* [C]. Oxford: Clarendon Press, 2001: 173.

为'的力量"①。理由是原因，因为它们是导致其他事件（行动）的条件或事件。戴维森通过三个步骤得出这一结论：①存在实体作为事件的本体论假设；②合理化的"逻辑形式"是"A 导致 B"句型的论断；③因果句的语义外延性命题，根据这个命题，事件无论如何描述都是原因。

戴维森认为虽然事件因果关系只存在于个体之间，但它涉及一般性，因此，如果事件是因果关系，那么必须有一个严格的规律，由对事件的真的描述来体现。② 我们不需要知道那些描述，但是，由于只有当所描述的事件属于一个封闭系统时，规律才是严格的。一个这样的系统，任何能影响该系统的东西都是所描述系统的一部分，而且戴维森认为，只有物理学描述了一个封闭系统，所有严格的规律都属于完整的物理学。③ 因为戴维森认为事件是物理的，如果它们有物理性的描述，他也认为所有因果相关的事件都是物理的。然而，这并不意味着事件因果关系不涉及心灵事件：如果它们有心灵描述，因为事件是心灵的，而且因为事件是因果相关的，无论如何描述，心灵事件都可以与身体或心灵事件因果相关。④ 随之而来的是，原因与行动没有因果关系，既然戴维森把信念和欲望当作理由，那就不是事件主要原因，"原初理由……当然不是事件。信念和欲望不是变化，它们是状态，由于我认为状态不是任何形式的实体，因此也不是事件，我认为信念和欲望不是事件"⑤。信念、欲望和意向的作用是合理地解释行动，因此也解释了与之相关的身体行动（movement）。

并非所有的解释都是因果解释；根据戴维森的观点，要成为因果解释应该满足三个条件。第一，它的解释（explanandum）应该描述一个事件或一个存在事件的状态。如果解释是桥是滑的（一种状态），那么它就变成了滑的，这是一个事件。第二，它的解释要么描述一个与解释有因果关系的事件，要么意味着存在一个如此因果关系的相关事件。⑥ 也就是说，如果 A 解释了 B，A 描述了与

---

① DAVIDSON D. Actions. Reasons and Causes. in *Essays on Actions and Event* [C]. Oxford：Clarendon Press，2001：9.
② DAVIDSON D. Metal Events. in *Essays on Actions and Event* [C]. Oxford：Clarendon Press，2001：208.
③ DAVIDSON D. Thinking Causes. in *Truth，Language，and History* [C]. Oxford：Clarendon Press，2005：190.
④ DAVIDSON D. Thinking Causes. in *Truth，Language，and History* [C]. Oxford：Clarendon Press，2005：191.
⑤ DAVIDSON D. Reply to Stoecker. In *Reflecting Davidson* [C]. ed by Ralf Stoecker. Berlin：Walter de Gruyter. 1994：284.
⑥ DAVIDSON D. Actions, Reasons, and Causes. in *Essays on Actions and Events* [C]. Oxford：Clarendon Press，2001：12.

B 有因果关系的事件,"关联"所表示的含义将有所不同。描述 A 可能需要一个相关事件的描述:例如,如果汽车打滑,因为道路结冰(一种状态),相关事件是汽车接触冰面。或者有一个与相关事件相关联的概括:如果道路湿滑导致了车祸,那么相关事件就是汽车打滑。或者相关的事件可能在没有人知道它是什么的情况下发生。第三,这种解释依赖于一种经验的概括,这种概括将原因的描述与结果的描述联系起来,但这是一种粗略的概括,而不是严格的规律。戴维森认为,因果解释必须涉及普遍性,但不引用严格的规律,因为它们的目的是在我们不知道或因为不可能有严格的规律涵盖现象时解释现象。戴维森经常把这些严格的规律称为"因果定律",他说,因果解释中涉及的因果概念并不属于因果定律。"是因果关系,而不是因果概念暗示了严格的定律的存在。因果概念与严格的因果定律不相容,因为它们使我们能够逃避提供严格的定律。"①"虽然物理学有许多因果定律,但摆脱因果概念是科学进步的标志。"②

戴维森认为理性解释符合这些条件。满足第一个条件是因为他们的解释描述了行动,也就是事件。它们之所以符合第二种解释,是因为尽管行动者的行为理由是状态而不是事件,但理性解释通常与因果解释一样,意味着存在一个与行动因果相关的原因相关的事件。有时,理由会导致相关事件:如果马克(Mark)买了一本书,因为他认为它对他的工作很重要,相关事件是他开始相信这一点。有时语境决定了事件:如果我向你挥手是因为你是我的邻居,事件是我在街对面认出你。或者我们可能不知道这个事件是什么,但是有一个事件在某个特定的时间和地点引起了这个行动。满足第三个条件,因为欲望是一种倾向性(dispositional)状态,因此将欲望指派一个行动者就需要一个粗略的概括,将欲望与他的行动描述联系起来。"意欲(want)是或包含着为得到自己意欲的东西而采取行动的某种倾向。一个人有某种倾向性可以用一种概括或规律来表达。这意味着我们可以说,对于有欲望或目的的人,他在特定情况下会倾向于以某种方式行事。"③这些概括是类似于规律的,因为它们支持关于某人如果有这些欲望会做什么的主张,但它们不是严格的规律,因为它们需要其他同等条件。它们是经验性的,但在特殊意义上是隐含在欲望的概念中的:了解某人的

---

① DAVIDSON D. Reply to Biere. in *Reflecting Davidson* [C]. ed by Ralf Stoecker. Berlin: Walter de Gruyter. 1994: 312.
② DAVIDSON D. Representation and Interpretation. in *Problems of Rationality* [C]. Oxford: Clarendon Press, 2004: 96.
③ DAVIDSON D. Problems in the Explanation of Action. in *Problems of Rationality* [C]. Oxford: Clarendon Press, 2004: 108.

欲望，就意味着知道他在特定条件下倾向于做什么的粗略概括。经验主义是指一个人是否有某种欲望；如果他有这种欲望，他的行动必然是一个粗略的概括。然而，后者的水平很低，因为有某种欲望的人倾向于做什么取决于他如何实现他的信念，一般化只适用于有相关信念的人。"在理性解释中隐含的规律只是由倾向性归因所隐含的概括。"①

戴维森认为，我们行动概念的本体论和认识论层次之间的区别是为行动的因果理论辩护的基础。事实上，我们必须坚决区分原因和描述原因的特征。因此，在一个陈述是否真的说一个事件导致另一个事件的问题和另一个问题之间，这些事件是否可以以我们推断的方式来描述，或者从规律或其他因果关系的描述中推断出这种关系是因果关系。

第四节 意义在交流中呈现：戴维森意义理论的落脚点

戴维森利用约定T为自然语言建构语义学确实为语义学领域开拓了新路径，对于话语真假值的研究被归于语义学的研究领域。我们也可以看到在20世纪80年代，真理理论语义学在解释用语词错误或个人语言风格方面稍显苍白，戴维森在《墓志铭的微妙错乱》一文中对意义进行了三种区分，其中意向、信念、语境成为意义的重要参考因素。

一、意义不需要约定

意义约定论是理论界的主流观点，很多学者如奥斯汀、格莱斯等都赞同该观点，并且同时也认为语言只有在具体的语境中才会凸显意义。戴维森认为，如果话语意义是在交流中生成的，那就不可能受约定规则支配。戴维森否认了约定在意义理论中的作用：他声称约定既不必要也不足以解释语言交流。

根据戴维森的说法，首先是个体说话者的语词才有意义。更确切地说，是个体说话者在特定场合的话语才是有意义的。这些意义不必是在整个语言共同体中通常被赋予的意义。戴维森认为，诸如共享语言的概念、共享的使用习惯以及随之而来的标准意义和语言错误的概念，对哲学意义理论和约定意义一样没有意义，戴维森认为："我们需要一个更深层次的概念，当在语境中说话时，

---

① DAVIDSON D. Hempel on Explaining Action. in *Essays on Actions and Events* [C]. Oxford: Clarendon Press, 2001: 265.

意味着什么。"① 尽管这些观点看似有争议，但戴维森最终通过语言的社会性或公共性来激发反约定主义和个人主义。正是因为语言的意义本质上是公共的，所以在语言表达的使用上既不需要约定，也不需要任何其他形式的共同规则，也能成功地进行交际。也正是因为语言意义本质上是公共的，所以对约定意义的共享知识也不足以解释我们实际的交际成就。约定在我们的许多活动中都有显著的作用，例如，在玩塔罗牌、说话和吃饭时。在玩塔罗牌时，约定是必不可少的，而在吃饭中则不是。在解释什么是玩塔罗牌时，我们不能忽略定义游戏的规则；在解释吃什么的时候，不需要提及规则或约定。戴维森反对只有在共享一种语言的人之间才能进行交流这样的观点。他认为这一观点来自一种约定的语言图景，持有该观点的哲学家有"泰勒·伯格（Tyler Burge）、索尔·克里普克（Saul Kripke），也许还有维特根斯坦和达米特"②。戴维森认为，"我不会说交谈都是以一种共同语言为前提的，甚至也不会说它需要一种共同语言。对话创造的不是一种共同的语言，而是一种理解"③。

约定主义体现在两个方面，首先是一种关于语言相对于其他语言的特殊性：一种语言由一套规范术语正确使用的常规规则组成，两种语言不同是因为它们的"规则手册"不同。其次，论述了这些规则在语言使用者生活中的作用：两个说话者掌握一套共同的规则是他们能够交流的必要条件。正是在这个意义上，对约定主义者来说，交流需要一种共享的语言。如果你对我说："The cat is on the mat"，那么为了理解你，我必须知道"cat"是指猫科动物，"on"是一个介词，指明了两个物体之间的特殊空间关系，等等。如果你遵循一套不同于我的规则，比如说，"The cat is on the mat."这句话语作为借用我雨伞的请求——似乎不可能领会你的意向。戴维森认为，约定主义者的第一个论题难以与实际的语言实践相吻合。显而易见的事实是，"不同的说话者有不同的专有名语词、不同的语词汇，并给语词汇附加了不同的意义"——我们每个人，至少在某种程度上都会说自己的个人语言。④ 但如果是这样的话，那么约定主义者所使用的语言的概念就不是，也从来没有被实例化。由于没有任何两位说话者共享的全部

---

① DAVIDSON D. A Nice Derangement of Epitaphs. in *Truth，Language，and History* [C]. Oxford: Clarendon Press, 2005: 91.

② DAVIDSON D. The Social Aspect of Language. in *Truth，Language，and History* [C]. Oxford: Clarendon Press, 2005: 119.

③ DAVIDSON D. Gadamer and Plato's Philebus, in *Truth，Language，and History* [C]. Oxford: Clarendon Press, 2005: 275.

④ DAVIDSON D. Communication and Convention. in *Inquiries into Truth and Interpretation* [C]. Oxford: Clarendon Press, 1984: 265-80.

语言规则手册，这些规则不能从约定中获得有效性。

戴维森指出，我们经常可以与不共享语言的人交流。当然，如果每个人都使用同一种语言，交流可能会更容易，但"至少在理论上"我们不需要用同样的方式来向另一个人传达信息。事实上，如果我们在交流的时候最好不假设我们像其他人那样使用语词。他认为，至少在理论上似乎并没有看到为什么曾经能彼此理解的人需要像其他人那样说话，或曾经像其他人那样说话的理由，更不用说像其他人一样说话了。① 戴维森认为，约定主义的观点尽管其最初具有合理性，但也有很多明确的反例。戴维森在他的文章《墓志铭的微妙错乱》中描述了这个过程。对话者总是打破正常使用的"规则"，而这并不妨碍我们理解它们。在某些情况下，如语词误用的情况下，违反语词汇的使用规则是无意的和无关紧要的。正如戴维森所观察到的那样，"当有人说'请在前面带路，我们在前面走'，我们会以微笑待之"，或者"对于阿奇·邦克（Archie Bunker），'我们需要一些笑声来打破一夫一妻制（monogamy）'，但在这两种情况下，我们都能非常理解说话者所说的话"②。在其他更有趣的情况下，常有意打破语词的常规用法，并与所要传递的意义融为一体。戴维森最喜欢的例子是詹姆斯·乔伊斯（James Joyce），因为他拒绝接受"固定的意义，实体化的内涵，语法规则，既定的风格和品味，以及'正确的'拼写"构成了"一种至高无上的创造行为"③。戴维森认为尽管有时基于这种偏离正常使用的行为，我们仍然能够理解别人的情况表明交流不需要共享约定规则。

戴维森的结论是约定主义者所使用的语言的概念本身就是一种抽象的、不现实的系统哲学假设。在实际的语言实践中，"并不存在哲学家和语言学家假设那样的语言"④。当然，从某种意义上说，确实是这样，例如，我与父母和同事共享一种语言，而不是与一个说俄语或葡萄牙语的人共享一种语言。"说话者共享一种语言，当且仅当他们倾向于使用相同的语词来表示相同的事情……一旦这一思想得到正确的整理，用一种与普通用法尽可能对应的方式来定义谓词

---

① DAVIDSON D. The Social Aspect of Language. in *Truth, Language, and History* [C]. Oxford: Clarendon Press, 2005: 115.
② DAVIDSON D. A Nice Derangement of Epitaphs. in *Truth, Language and History* [C]. Oxford: Clarendon Press, 2005: 90.
③ DAVIDSON D. James Joyce and Humpy Dumpty. in *Truth, Language and History* [C]. Oxford: Clarendon Press, 2005: 147. DAVIDSON D. The Social Aspect of Language. in *Truth, Language and History* [C]. Oxford: Clarendon Press, 2005: 117.
④ DAVIDSON D. A Nice Derangement of Epitaphs. in *Truth, Language and History* [C]. Oxford: Clarendon Press, 2005: 107.

'是一种语言'，这是一种符合论的方式，是一种常规的用法。"① 在共享一种语言的同时，即使是在这种微弱的"共享"意义上，也不是交流所必需的，它有明确的语用目的。如果某教授为博士生授课或为西班牙的汽车销售人员编写说明书时只讲捷克语，那将非常不方便。但是，从生活在一起的人倾向于以类似的方式说话这一事实的明显的实际价值来看，这并不意味着这一事实具有任何深刻的哲学意义。戴维森认为，对约定主义的明显反例应该引导我们"再次尝试说，在任何重要意义上，约定是如何与语言有关的；或者，正如我认为的那样，我们应该放弃试图通过诉诸约定来说明我们是如何交流的"②。

戴维森意义理论最基本的原则可能是意义是公共的："语言的语义特征是公共特征。从性质来看，没有人能够从全部相关证据中描绘出来的东西，就不能构成任何意义。"③ 这是一个形而上学的主张：意义事实本质上是这样的，它们在原则上是可知的。由于意义本质上是公共的，理解一个语言话语就是知道它的意义，奎因彻底改变了我们对言语交际的理解，因为他认真对待这个事实，这个事实本身就足够明显，即没有什么比一个有足够能力的人所能学习和观察到的意义更多的东西；因此，解释者的观点是对主题的启示。④ 戴维森式的解释者只不过是一个能理解并正确解释他人所说的话的人。要启用解释者揭示什么是意义的关键，我们需要看他知道什么，以及如何知道。或者更确切地说，作为哲学家或语言学家，我们如何能够为他的知识建模，以及最终证明其正确性的东西。戴维森对第一个问题的回答是，我们可以使用塔尔斯基式的真理理论作为我们的形式语义理论。这种理论的"输出"即 T 语句，与理解给定语句的解释者所理解的相符合，而该理论的内部运作为我们提供了一个他的语言能力的模型。有了这个答案，解释者所掌握的知识的合理性问题就变成了这个理论的资料是什么的问题。由于我们对意义的本质感兴趣，材料必须用非语义语词项来描述。根据戴维森的观点，意义是由可观察到的行动决定的：

我们应该要求什么……理论的证据原则上是公共可获取的。要求证据公共

---

① DAVIDSON D. The Social Aspect of Language. in *Truth, Language and History* [C]. Oxford: Clarendon Press, 2005: 111.
② DAVIDSON D. A Nice Derangement of Epitaphs. in *Truth, Language and History* [C]. Oxford: Clarendon Press, 2005: 107.
③ DAVIDSON D. The Inscrutability of Reference. in *Inquires into Truth and Interpretation* [C]. Oxford: Clarendon Press, 1991: 235.
④ DAVIDSON D. Meaning, Truth and Evidence. In *Truth, Language and History* [C]. Oxford: Clarendon Press, 2005: 62.

可获取，并不是因为对行动主义或验证主义基础的返祖渴望，而是因为要解释的是一种社会现象。……正如路德维希·维特根斯坦，更不用说杜威、G. H. 米德（G. H. Mead）、奎因和其他许多人所坚持的那样，语言本质上是社会性的。这并不意味着真理和意义可以用可观察的行动来定义，也不意味着它"只不过是"可观察的行动；但它确实意味着意义完全由可观察的行动决定，甚至是容易观察到的行动。意思是可解读的并不是运气的问题；公共可用性是语言的一个组成部分。①

戴维森认为，无论是为自然语言构建形式语义理论，还是为这些理论提供证据的基础性考虑，最终都会达到意义理论或基础性目的。尽管形式语义理论是一种经验理论，我们最终追求的解释是哲学的。我们想了解一种社会现象的本质：语言交流的现象。从这个角度来看，熟悉的日常概念，如语言的概念、语句、语词和名称的概念，以及稍微技术性更强的概念，如谓词或指称，甚至意义本身，都被视为技术概念：

语言的概念是由名称、谓词、语句、指称、意义等概念构成的，并依赖于这些概念。这些都是理论概念，它们所适用的项目都是抽象的对象。……我们想要使用这些概念是在谈论言语行动的时候。哲学家、心理学家和语言学家需要这些理论术语来描述、理论化和解释语言活动。……语言概念的要点，以及它的相关概念，如谓词、语句和指称等辅助的概念使我们能够对说话者的行动，以及说话者和他们的解释者所知道的使他们能够交流的知识进行融贯的描述。②

以一个特定的话语为例，说话者意向用他所说的话来表示某事：正如戴维森所说，他有一个语义意向，这个意向是针对他的听话者的。根据戴维森的说法，这个意向被解释成某种方式，更确切地说，说话者打算让听话者把话语解释为某事的意思，因为听话者认识到说话者有意向让他这么做，这与格莱斯对意义的解释相似。让我们把这些戴维森式的语义意向称为"D-意向"。从这个角度来看，如果说话者的D-意向得到实现，那么特定的话语就是成功的语言交流的例子。如果听话者按照预期的方式（通过正确的格里斯机制）来解释说话

---

① DAVIDSON D. Meaning, Truth and Evidence. In *Truth, Language and History* [C]. Oxford: Clarendon Press, 2005: 56.
② DAVIDSON D. The Second Person. In *Subjective, Intersubjective, Objective* [C]. Oxford: Clarendon Press, 2001: 108.

者的目的，那么说话者的目的就实现了。戴维森自己评论说，这为"语言能力的特征描述提供了基础，这种描述是如此接近于循环，以至于不能是错误的：它意味着言语交流的能力在于使自己被理解和理解的能力"①。

戴维森认为哲学家、心理学家和语言学家所使用的意义和语言的概念都是理论概念。从这个角度来看，我们对"意义"和"语言"这类术语的一般用法不感兴趣，例如，哲学意义理论就不能解释"意义"在普通语言中的含义。这些概念的唯一目的是用语言解释成功的交流。正是这种语境，而且仅仅是这种语境，才为它们提供了内容："意义的概念完全取决于成功的交流案例。"②任何对成功的语言交流的满意的描述都必须捕捉到这种现象的所有实际变化。不能遗漏任何明确的案例，也不能被我们已经相当理论化的先入之见所误导。它似乎是我们意义理论的一个根深蒂固的部分，例如意义是约定的。戴维森认为有很多"非约定"的例子表明语言交流是成功的。因此，说话者在很大程度上是一个自由和创造性的行动者。

二、意义受语境影响

语境原则把语句作为意义的基本单位，改变了传统逻辑从语词的概念入手进行判断推理的路径，使得我们不能单独考虑语词或概念的意义，意义的研究必须从语句出发，语词或概念只有作为语句的构成部分才有意义。"弗雷格说，只有在语境中，一个语词才具有意义；他也许还会以同一个口吻补充说，只有在语言语境中，一个语句（因而一个语词）才会具有意义。"③弗雷格认为必须在语句的联系中研究语词的意谓，一个语词只有在语句中才有意义。戴维森赞同弗雷格的立场，认为语句只有在语境中才有意义。在建构意义理论时，戴维森诉诸塔尔斯基的真理论，T 等式为戴维森意义理论提供了一个恰当的形式基础。塔尔斯基在《形式化语言中的真概念》一文中区分了对象语言与元语言，如果把"在 L 里为真"这个语句视为 L 的元语言 M 中的一个语句，就能够消解语义悖论。

---

① DAVIDSON D. A Nice Derangement of Epitaphs. in *Truth，Language and History* [C]．Oxford：Clarendon Press，2005：106.
② Donald Davidson，GLUER K. Relations and Transitions. An Interview with DAVIDSON D. [J]．*Dialectica* 49，1995：81.
③ DAVIDSON D. Truth and Meaning. in *Inquiries into Truth and Interpretation* [C]．Oxford：Clarendon Press，1984：22. 戴维森. 对真理与解释的探究[C]．牟博，江怡，译．北京：中国人民大学出版社，2007：34.

（T）s 是 t 当且仅当 p。

戴维森颠倒塔尔斯基真理理论等式的方向，把"真"作为原初概念，搭建自己的真理理论语义学。用约定 T 作为核心概念来确定语句的意义，形如：

（T'）s 是真当且仅当 p。

如果我们知道像"'雪是白的（s）'是真的，当且仅当雪是白的（p）"，那么等式左边的意义由 p 给出。戴维森注意到解释的语境敏感性（包括说话者、时间），因此扩展 T 语句为：

（U）Ts 是真的，当且仅当 p。

语句 Ts 对于说话者 U 在时间 t 是真的，当且仅当 p。如对说话者 U 而言，"天在下雨"在时间 t 是真的，当且仅当在时间 t 天在下雨。

语境概念通常包括话语说出的时间、场合以及说话者。语境概念也存在相应的层次区分，即文本语境、用法语境、意向语境和社会语境。[①] 语句的意义因素语境，我们可以称为语句的语境敏感性。语句中包括的人称代词、时间和地点，通常会因说话者、说话时的具体情况而有很大不同。具有语境敏感性的因素还有像英语中的"this""that"等指示性代词，它们通常带有索引性质。而这些要素通常会影响意义的确定。因此不同层次的语境确定了不同层次的意义。限度和范围直接反映确定意义的可能性，也就是对意义的确定程度。

对于限度和范围，不同学者立场迥异。弗雷格的语境原则强调只有将语词放置在语句中，才能获得意谓，语词的真值体现在语句中，"只有遵循语境原则，才能避免关于数的物理主义，同时又不陷入心理主义的观点"[②]。弗雷格认为，我们使用语言是为了表达思想，而脱离语句或语境的语词无法实现这个目标。在某种情况下，只要语境恰当，表面上不符合语法规则的词也能起到语句的作用。当我们想解释一个语词时，我们可以求助于整个语句的意义，还包括语句在被说出时语句的成真条件。弗雷格关于语境的立场对以后的分析哲学的发展产生了重要的影响。其中最为突出的就是维特根斯坦，他继承并发展了该立场。他认为命题才能具有意义，命题的意义在于确定命题的真值条件。维特根斯坦断言只有命题才能被判断为真假。而命题"在一种意义上取决于语句的形成规则，在另一种意义上则取决于记号在语言游戏中的使用"[③]。这就明确地

[①] 江怡. 语境与意义［J］. 科学技术哲学研究，2011（2）：11.
[②] 弗雷格. 算数基础［M］. 王路，译. 北京：商务印书馆，1998：120.
[③] WITTGENSTEIN L. *Philosophical Investigations*［M］. Trans by G. E. M. Anscombe. Oxford：Blackwell. 1958：136. 维特根斯坦. 哲学研究［J］. 李步楼，译. 北京：商务印书馆，2017：80.

把对真理概念的理解与我们对语句的具体使用结合起来了。奎因将弗雷格的语境原则更进一步。他认为，经验意义不能以语词或陈述为基本单位，而应该诉诸整个科学。"弗雷格开始认识到，要对经验论者的批评负责的单位是陈述。但我现在极力主张的是……具有经验意义的单位是整个的科学。"① 奎因的信念之网以整个学科为背景，将其比拟为各个在陈述逻辑上相关联，与经验相对照的网状结构。网内的任意要素发生变化，都会影响整体。"一些陈述的再评价使得其他陈述的再评价成为必要，由于它们在逻辑上相互联系……如果已经重新评定一个陈述，我们就得重新评定某些其他陈述，它们也许是和头一个陈述逻辑地联系起来的陈述，也许是关于逻辑联系自身的陈述。"② 在《形而上学的逻辑基础》中，达米特把掌握表达式的意义规定为五个基本原则：赋予一个表达式意义就是为说话者关于它所有的一切知识做出完全的刻画；在已知世界是如何的情况下，意义决定了指称；在已知原则的情况下，属于意义的只是决定指称（语义值）所需要的东西；一个复杂的表达式的意义是由其组成部分的意义复合而成的；一个表达式只有在一个语句的语境中才有意义。③ 这样，意义与真在逻辑上相关联，语境与真值也密切相关。因此，语句的真值成为确定语句意义的重要组成部分。从弗雷格语词的意义从整体语句中获得，到维特根斯坦的命题意义，都直接将意义和语境相关联，试图用逻辑的方式将意义和真理连接在一起。

戴维森将塔尔斯基的真理理论形式化表征运用到自然语言中，正如我们在他对自然语言的描述中看到的那样，任何关于自然语言的理论都必须对每一个语句进行形式化的处理，以解释组合性，而且它应该说明每个语句的说话者认为那句话的意思。戴维森没有将其投射在语义学及语用学的区别上，而是在意义理论中弥合两者，引入环境作为解释的必要因素来解决这个问题。既有助于对话语的特殊解释，也有助于解释语句意义的本质。一个语句在语言学上意味着什么，取决于行动者对它们的持真态度，而一个语句的话语意味着什么，是指说话者所接受的是此时此地。举个例子，我们可以明确两个主张：

1. 语句意义来源于环境，它被理解为一系列的环境，在某种程度上是一致

---

① 奎因.经验主义的两个教条 [M] //马蒂尼奇.语言哲学.牟博，等译.北京：商务印书馆，1998：80.

② 奎因.经验主义的两个教条 [M] //马蒂尼奇.语言哲学.牟博，等译.北京：商务印书馆，1998：79.

③ 达米特.行而上学的逻辑基础[M].任晓明，李国山，等译.北京：中国人民大学出版社，2004：132.

<<< 第五章 意义与行动

理解的,都促成了持真态度的模式。

2. 意向意义来源于环境,被理解为说话者为了传达他们的意向而利用的异质环境(heterogeneous circumstances)。

戴维森认为,米德、杜威还有维特根斯坦和格莱斯所采用的方法就是根据意向、用途以及功能等非语言的东西来定义语言的方法。同样,利用指称、同义等内涵概念来获取意义的做法不起作用。因为日常语言概念和语义概念都是对原初材料起组织性作用。语词的意义被抽象出来,脱离了它们在语句中的作用,我们可能会问自己,我们该如何进行解释,正如"语词的语义特征是从语句的语义特征中抽象出来,正如语句的语义特征是从语句在帮助人们达到目标或实现意向(非语言的)时所起的作用中抽象出来的一样"①。至于后一种根据非语言意向解释意义的方法,戴维森确实看到了"详细说明在说话者的话语的含义与他的非语言的意向和信念之间的复杂的重要关系。还很怀疑依据非语言的意向和信念来给语言的意义下定义的可能性"②。戴维森认为语言意义来自所有的情境,在这些情境中主体对自己的话语持有真的信念。语言(意义)和思维(如信念)都无法用另一个得到完全的解释,两者都不具有概念上的优先权。事实上,两者是相互联系的,就是说,每一个都需要另一个才能得到理解;但这种联系并非完全可以使得一方阐明对方。③ 从共享世界的终极视角来看,戴维森将行动理论与意义理论结合起来,语言意义起源于此;我们看到有某种东西,一方面,我们称之为语句意义,另一方面,是语言中主体可以通过说出一个有特定意义的语句来表达的东西。事实上,后一种是描述语义与语用学区别的一种标准方式:语用学是关于我们如何通过语言进行交流的。语义学应该告诉我们,我们为这些语用目的而使用的语言的系统性和组合性。戴维森认为"我们使用语言的唯一义务"是"通过如我们所期望及意向的那样被理解",这一义务构成了说话者和其他人衡量言语行为成功与否的规范性标准。

---

① DAVIDSON D. Reality without Reference. in *Inquiries into Truth and Interpretation* [C]. Oxford: Clarendon Press, 1984: 220. 戴维森. 对真理与解释的探究[C]. 牟博, 江怡, 译. 北京: 中国人民大学出版社, 2007: 265.
② DAVIDSON D. Belief and the Basis of Meaning. in Inquiries into Truth and Interpretation [C]. Oxford: Clarendon Press, 1984: 143. 戴维森. 对真理与解释的探究[C]. 牟博, 江怡, 译. 北京: 中国人民大学出版社, 2007: 174.
③ DAVIDSON D. Thought and Talk. in *Inquiries into Truth and Interpretation* [C]. Oxford: Clarendon Press, 1984: 156. 戴维森. 对真理与解释的探究[C]. 牟博, 江怡, 译. 北京: 中国人民大学出版社, 2007: 189.

三、意义产生于交流

"除了成功的交流之外，语言是没有意义的。说话者创造了语言；意义是我们从已完成的言语交流中抽象出来的东西。"戴维森一直在质疑这样一个观点：只有在共享一种语言的人之间才能进行交流。这种批评的对象通常是英语作家，他们强调语言约定在促进交流理解中的作用。伽达默尔肯定"每一次交谈（conversation）都有一个预设或者创造了一种共同的语言"，戴维森认为"我不会说一次交谈都以一种共同语言为前提，甚至也不会说它需要一种共同语言。对话创造的不是一种共同的语言，而是一种理解"①。"从这个观察中脱颖而出：交流让语言或言语具有意义。通过你想让别人理解的语词，把你心中的想法传达给别人。一个人想表达的意向与别人理解的相悖，显然是所有言语行为的唯一共同目标，以至于我很难看出有人会否认这一点。"②

戴维森认为，交流的前提是语言的公共性：交流双方共享大体上重合的真信念和大体上重合的意义。社会性由公共性定义，在一个语言共同体内部，诸成员之间的公共性构成社会性，换言之，诸成员凭借公共性结成共同体。③ 在两个人进行言语交流时，如果他们不是操同一种语言（同一种说话方式），而是各自操一种个人言说方式，理解何以可能？这两个人构成了两个点，除非引入第三个点，每一方的言行在另一方看来才是可以理解的。这第三个点是客观性的，在每个人的思想之外，在语言机制之外，这个点可以是双方共享的外部世界，也可以是双方共享的环境刺激。凭借这个客观的点，遵守规则不是私人性的，而是客观性的。

我们可以称戴维森为语言的工具主义者——我们把语言作为与他人交流的工具——要我们通过强调戴维森，将他与约翰·洛克和约翰·杜威等工具主义者区分开来，我们需要语言有思想，而语言的成功使用并不依赖于语言约定。"就语言而言，我们唯一的义务——如果这个语词是个关键语词的话——便是以我们期待和意向被理解的方式说话，以完成目的。如果这要求我们像共同体内

---

① DAVIDSON D. Gadamer and Plato's Phileus. in *Truth, Language, and History* [C]. Oxford: Clarendon Press, 2005: 275.
② DAVIDSON D. The Social Aspect of Language. in *Truth, Language, and History* [C]. Oxford: Clarendon Press, 2005: 120.
③ DAVIDSON D. Radical Interpretation, in *Inquiries into Truth and Interpretation* [C]. Oxford: Clarendon Press, 1984: 135. 戴维森. 对真理与解释的探究[C]. 牟博, 江怡, 译. 北京: 中国人民大学出版社, 2007: 165.

的其他人那样说话的话，它便是个意外——虽然是一个可能的意外。"①

戴维森并不是简单地否认交流需要一种"先前"（antecedently）共享的语言；而是他认为交流完全不需要共享语言。我们选择任何能让我们更好地交流想法的语词。成功地传达我们的想法证明了选择这样做的话是正确的，而其他的都没有。只要一个人通过表达达到了意向的意思，即使表达实际上并不意味着意向的意思，交流也是成功的。我们交谈，根据语境信息（说话者的年龄，他的种族，交谈发生的环境）初步了解说话者的话意味着什么，戴维森称之为听话者的"先在理论"。说话者还知道他需要如何使用语词来向听众传达预期的信息。这是说话者的先在理论，是听话者对先在理论的一种预期。当说话者说话时，许多听话者必须调整他的先在理论，以便理解说话者；同样，说话者可能必须改变他说话的方式，以试图使听话者适应将传达信息的理论。当听话者的修正了的理论与说话者的预期理论一致时，理解就发生了，戴维森称这些成功的理论为"当下理论"，因此当下理论一致时，信息就被共享了。戴维森曾说，"我区分了我一直称为的先在理论和当下理论。对听话者而言，先在理论表述是，他事先准备好如何解释说话者的言语表达；而当下理论的表述是，他实际上如何解释言语表达。对说话者而言，先在理论是他相信解释者所持有的先在理论；而他的当下理论是他意向解释者使用的理论"②。简单地说，听话者理解了说话者想要让其理解的语词。一般而言，"先在理论既不是说话者和解释者所共有，也不是我们通常称之为语言的东西"③。例如，说话者希望听话者听到语句"下起来了"，能够运用这个理论后，就能理解意思是"下雨了"。在这一过程中，先在理论都不相同，先在理论和当下理论本身都不是语言，因此交流的发生不依赖于共享语言。他认为语言现象只在交际语境中起作用。他从说话者试图让别人知道他的思想的角度来描述语言，从解释者的角度来理解说话者的思想。"在交流成功的限度内，说话者或者解释者共有的不是由规则或约定所支配的语言，他们共有的，是当下理论，也就是具体交流语境下所发生的意义。"④

---

① DAVIDSON D. The Social Aspect of Language. in *Truth, Language, and History* [C]. Oxford: Clarendon Press, 2005: 118.
② DAVIDSON D. A Nice Derangement of Epitaphs. in *Truth, Language, and History* [C]. Oxford: Clarendon Press, 2005: 101.
③ DAVIDSON D. A Nice Derangement of Epitaphs. in *Truth, Language, and History* [C]. Oxford: Clarendon Press, 2005: 104.
④ DAVIDSON D. A Nice Derangement of Epitaphs. in *Truth, Language, and History* [C]. Oxford: Clarendon Press, 2005: 106.

在戴维森看来，一个人的言语受规则支配不仅是一种实际的必要性，它也是语言本身概念的一部分。如果一个解释者认为一个生物偏离其既定的发声行为模式是错误的，也就是说违反了规则，那么这种行为就不算是语言使用的实例。戴维森反对约定主义的理由很简单，至少在原则上，没有理由解释为什么一个说话者所遵循的规则必须与其他任何人（包括他的对话者）所遵循的规则相同。为了让爱丽丝（Alice）和布莱恩（Bryan）交流，他们必须能够找出对方采用的规则。例如，爱丽丝必须确定布赖恩在说"这儿有只兔子"时用"Gavagai"来表示她的意思，而布莱恩也必须对爱丽丝说的话做同样的处理。然而，两者都不需要提前知道另一个是什么。他的话意味着，也不需要把对方的用法当作自己的用法。爱丽丝不必自己说"Gavagai"，布赖恩也不必说"rabbit"，正如上面的例子所表明的那样，戴维森在其后期作品中对语言概念的批判与早期文章中提出的彻底解释的概念密切相关。根据定义，彻底解释是在没有共同语言的情况下进行交流的一个例子，因此彻底解释的可能性就意味着约定模式是不正确的。戴维森后来通过强调解释的偶然性，引出了这一含义。由于语言用法因人而异，甚至对某一特定的个体而言，成功的解释者所使用的意义理论总是一种"当下理论"，"适合谈话的场合，其有效性仅限于该场合"①，一种"针对交际目的"的理论。"戴维森的交流例子，如'下雨了''雪是白色的''墓志铭的微妙错乱'。对戴维森来说，交流所需要的只是信息从一个人传递到另一个人"②，并不需要约定。实际上，戴维森想表达的含义是，"不存在被习得、掌握或与生俱来的东西。应该放弃这样一种想法，即认为存在一种语言使用者先获得，然后运用于这种情形的一种清晰、明确的共享结构。我们应当放弃阐明如何借助于约定而交流的企图"③。

有鉴于此，在戴维森的整个职业生涯中，他认为语言现象只在交际语境中起作用。他从说话者试图让别人知道他的思想的角度来描述语言，从解释者的角度来理解说话者的思想。但他从未讨论过语言在我们的"内在心理生活"中的作用，即语言只是一种没有与他人交流的意向的思想，甚至没有承认语言曾经起过这样的作用。我们可以称戴维森为语言的工具主义者——我们把语言作

---

① DAVIDSON D. A Nice Derangement of Epitaphs. in Truth, Language, and History [C]. Oxford: Clarendon Press, 2005: 101.

② David Vessey. Gadamer and Davidson on Language and Thought [J]. Philosophy Compass. Blackwell Publishing Ltd. 2012 (1): 36.

③ DAVIDSON D. A Nice Derangement of Epitaphs. in Truth, Language, and History [C]. Oxford: Clarendon Press, 2005: 107.

为与他人交流的工具。戴维森从遵循规则的角度来看待语言使用现象；这源于他们共同的假设，即语言的主要目的是交流。

因此，戴维森认为一个人的命题态度和他们的行动之间的关系是解释性的：信念、欲望和其他命题态度解释了行动。理解或解释一个人的行动已经成为彻底解释者使命的一个组成部分。行动哲学为其理论提供了一个实践方案，用于识别行为模式，这些模式可以解释为意向行为的表达，包括言语行为。理性赋予了行动者态度及行为模式。戴维森效仿决策论，将其作为意义理论中信念和行动关系的分析工具，把信念和偏好表现为可观察的行动。行动者的信念是一致的，他的偏好在交流中传递，意义在交流中呈现。交流中行动者互动产生意义，意义不需要约定，戴维森的意义表征具有明显的语境敏感性。将语言、信念和行动统一起来的交流成为戴维森意义理论的落脚点。

第六章

戴维森意义理论对当代语言哲学的贡献与理论困境

戴维森试图通过理解是什么使我们能够相互交流来理解心灵和世界的联系。主体三章的内容以意义为主线贯穿语言哲学、心灵哲学以及行动哲学，探讨了戴维森意义理论的建构。本章尝试从这三个维度评价其意义理论对当代语言哲学的贡献与影响，并且结合西方学者对其理论中困境的评论做出总结与剖析，从而促进人们全面理解戴维森这个统一的意义理论。

第一节 戴维森意义理论对当代语言哲学的贡献

戴维森的哲学研究集中在两个相互关联的问题上，一个是人类行动的本质，另一个是语言意义的本质。戴维森之前的意义研究大多用内涵性或指称实体的概念来直接说明意义，没有对自然语言的任一语句提出意义解释的理论表征形式。而戴维森对理解自然语言需要什么条件进行追问的方式以及利用彻底解释这种思想实验，为意义理论的研究开辟了新的道路，成为真正新颖的意义理论方法之一。

一、自然语言真值条件意义理论：意义理论新发展

在《意义理论与可习得的语言》和《真理与意义》两篇文章中，戴维森建议仿照塔尔斯基为形式语言所展示的真值定义建立一个公理化的真理理论，用在自然语言中给出他所称的"语句意义的构造性说明"[1]。戴维森的主要关注点不是形式语言，也不是真理的可定义性，而是自然语言和语义上充分和可验证的意义理论建构。戴维森认为，富有普遍解释力的理论表征模式才具有指导意

---

[1] DAVIDSON D. Theories of Meaning and Learnable Languages. in *Inquires into Truth and Interpretations* [C]. Oxford: Clarendon Press, 1984: 3. 戴维森. 对真理与解释的探究[C]. 牟博，江怡，译. 北京：中国人民大学出版社，2007：14.

义。包括指称论、观念论在内的传统意义理论更多使用内涵性或指称实体的概念揭示意义，容易导致论证循环或解释力有限的结果。戴维森没有使用抽象的实体，也没有使用精神实体来解释意义，而是用一种类似塔尔斯基风格的真值条件来解释。该理论的目标之一就是从逻辑形式上解释自然语言的语句意义。因此，戴维森有必要将自然语言的真理理论中的 T 语句解释为与说话人或一群说话人密切相关的经验性语句。大卫·刘易斯（David Lewis）曾认为"没有真值条件就没有语义学"①。

首先，戴维森认为，意义理论的主要任务并不是对自然语言进行改造、改进，而是对其描述和理解，他将塔尔斯基式的真理理论作为一种意义理论和一种易于处理的逻辑形式。这种方案在语义层面旨在从外延的角度分析各种自然语言结构；在哲学层面旨在从真理的角度分析意义。这样富有独创性的方式超越了包括弗雷格和罗素在内的大多数分析哲学家，他们只是关注了真值条件，而且研究对象更多的是形式语言。但戴维森并不是简单地将意义等同于真值条件，他致力于不使用任何概念，如意义、内涵或翻译的概念，而只预先假定说话者已经理解的真理概念。

其次，将自然语言作为意义理论研究的对象是戴维森工作的一项突破。多数分析哲学领域的先辈如弗雷格、维特根斯坦等人，对待形式语言和自然语言的关系各有差异，但是他们一致认为自然语言是模糊混乱的，易引起歧义，无法进行形式化处理。塔尔斯基认为，只有根据形式化概念改造自然语言，才能对其使用形式化概念从而避免混乱模糊。戴维森认为，尽管塔尔斯基认为对自然语言建立形式语义学的前景不明朗，同时大多数的逻辑学家、语言学家都有相同立场，但我们应该首先明确意义理论的主要任务并不是对自然语言进行改造、改进，而是对其描述和理解。戴维森认为理解形式语言必然以自然语言为基础，因此我们可以把它当成自然语言的一部分，以自然语言为出发点的意义理论是可能的。自然语言是组合性的，语义初始项是无限多语句的有限构建模块。递归性机制显示了这种语句的生产力。这种机制可以无限地复制出新的语句。戴维森将意义的研究从形式语言扩展到自然语言，对当代意义理论的发展产生了重要影响。将研究对象定位在自然语言上，有利于语言研究与生活世界的连接；在形式表征中加入说话者、时间等语境要素促进了意义的动态研究；通过将说话者、解释者之间的交流作为获得意义的新模型预设了文化社会背景，

---

① ENGEL P. Davidson and Contemporary Philosophy. in *A Companion to Davidson* [C]. ed by Ernie Lepore & Kirk Ludwig. Oxford: Wiley Blackwell, Inc. 2013: 589.

159

使语言和世界之间直接联系，语言内嵌于我们。戴维森将自然语言作为建构意义理论的对象时也论证了我们作为理性生物，对环境、语境的信念基本上是真的，通过组织原初材料获得信念内容，以此扩展到行动者信念与偏好的选择。相比于其他关注言语交流行为的哲学家来讲，戴维森对意义的研究涉及了语言哲学、心灵哲学以及行动哲学领域，更加全面、系统，凸显了其哲学体系的整体性和系统化的特点。

总之，戴维森把塔尔斯基的真理理论、T语句经过发展应用到了自然语言中，运用真值条件作为意义的载体，使语义学由形式语言拓展到自然语言。以自然语言为对象的真值条件意义理论将语句为真和意义联系在一起的方式，没有诉诸实体、关系和属性，也没有利用任何抽象对象获得意义。真值条件还提供了解释自然语言的逻辑和语义形式，将弗雷格外延性意义理论的设想变成了现实，促进了意义理论的新发展。

二、彻底解释：意义探索新方法

彻底解释是戴维森意义理论构建中具创造性的思想实验。戴维森反复强调，他的旨趣不是描述语言交流的实际过程，而是确定语言交流过程要符合必要的条件。它旨在描述解释者和说话者做到成功言语交流解释的全部过程。彻底解释是一种"从零开始"的理论，是不依赖于任何翻译、信念等概念来解释语言意义的过程。对戴维森来说，探究人们如何理解自然语言中的意义的视角，就是他所说的彻底解释者的视角。解释者发现自己处于彻底解释的情况下，面临的任务是形成说话者的解释理论，也就是说解释者通过说话者意义而形成的一个理论，这个理论的构造开始于完全不知道该说话者的话语意义。戴维森以彻底解释的视角研究日常言语交流行为，为意义研究开创了一种新方法。

戴维森认为我们不能理解与我们自己完全不同的概念图示，语言是思维所必需的，而实际交流是语言所必需的。他认为，解释是不确定的，术语的指称和谓词的外延是不可理解的，因为对一种语言来说，给定任何可行的指称图示，有大量图示以不同的方式分配指称和外延。戴维森将概念图示认同于语言，图示之间的不可通约性就是这种语言的不可互译性。他通过语言的部分不可译以及完全不可译的论证，反对概念相对主义立场。另外，戴维森在阐述彻底解释时引入了限制条件，那就是整体论、宽容原则以及合理性原则。他将说话者意义、信念和语境及行动作为一个整体来保证彻底解释的可能性。戴维森认为，彻底解释不求助于任何意义实体，或者是其他内涵性实体，真正实现其"从零开始"的理论设想。

<<< 第六章 戴维森意义理论对当代语言哲学的贡献与理论困境

戴维森一直认为真理理论是一种针对说话者或共同体语言的经验理论。一个彻底解释者根据对环境和其他说话者的行为反应感到满意的理论，那么它就足以进行解释。彻底解释者的立场最终排除行为证据以外的所有证据，特别是排除对解释主题产生意向性或语义语词汇的描述。戴维森将这一观点视为研究意义和命题态度的基本观点，是因为言语本质上是一种社会现象。总之，在戴维森意义理论的框架中彻底解释既限制了真值条件，又保证了不同概念图示的语言的交流，同时体现出语言社会性本质的特征。其在没有预设任何原初意义的基础上，使理解成为可能，使我们对言语交流行为的研究有了更加清晰的路径。

三、意义、信念、行动相统一：对逻辑分析的超越

戴维森的哲学论著涉及一系列哲学基本问题，其影响力跨越不同哲学传统。[①] 戴维森在面对如何建构意义理论的问题时，他没有直接回答意义是什么的问题，而是将意义与真值条件联系在一起，用塔尔斯基的真理理论建构自然语言的语义学；并将意义与解释和说话者之间的交际问题联系起来，话语意义取决于它们在确定语境中所起的作用，语境之外，我们无法确定话语意义。语词自身没有意义。思想存在于语言之中，而语言就是一种人造符号，因此要理解思想和语言，只能在人的社会实践中才可以实现。在这个意义上，罗蒂将戴维森定义为实用主义者。戴维森在不同领域里的思想彼此密切相关，交织成一面相互衔接、彼此融贯的思想之网，从而融为一体。[②]

首先，戴维森哲学中对语言和解释的考虑始终来自他对心灵的理解，最核心的一个部分就是心灵状态或思想只是出现在交流和解释的语境中。通常意义上，一个人的信念就是关于那些在自己的环境中导致这些信念的物体和事件，决定这些原因中哪一个是信念的内容，涉及解释者、说话者与世界构成的三角模型。从这个意义上说，他认为意义理论引导我们去解释一个说话者的话语在特定情况下与世界的关系。戴维森认为，在解释语境中建立起来的谓词，客观上可以为真或为假。所构建的谓词，体现了一个人行为的复杂结构和行为倾向。信念和意义一样是公共的、开放的，原则上完全可以解释的。皮尔士（Peirce）认为，一个语词的意义并不取决于一种心理表征或任何一种观念实体。相反，一个语词的意义完全取决于它的实际效果，并且在他的符号学中，认为符号的

---

① 唐纳德·戴维森. 真理、意义与方法[C]. 北京：商务印书馆，2008：1.
② 唐纳德·戴维森. 真理、意义与方法[C]. 北京：商务印书馆，2008：4.

意义并非符号和对象间的直接关联,而是由它的解释项所决定的。皮尔士认为,"我们关于任何事物的观念就是我们关于它的可感觉到的效果的观念"①。也就是说,心灵中不可能有什么是同时重要的,但又缺乏感性的效果。我们对对象的概念就是对它的感性效果的概念。语词表达式或者说符号的意义,就是其可设想的实践效果的总和。

　　罗蒂认为,戴维森哲学兼有后期维特根斯坦哲学和塔尔斯基的建构性哲学的双重特征,"所谓的'分析哲学'这个智慧运动一直在作为治疗的哲学和作为系统构建的哲学之间来回摇摆……唐纳德·戴维森的工作跨越了这条鸿沟。他的工作有些部分吸引了像我这样倾向于治疗的实用主义者,有些部分吸引了系统化的概念分析者"②。罗蒂直接或间接地受到了戴维森等人的语言学转向思想的影响。罗蒂提出了彻底的语言主张,我们关于世界的谈论,实际上是关于我们对于世界的信念的谈论,是关于我们对于世界的语言表达式的谈论。语言不受任何来自语言实践生活之外的所谓大写实在的制约,而只受使用同一语言的共同体同伴的制约。语言与世界不是表象关系,而是实践关系。罗蒂最后得出结论,"实用主义的最好的以及最纯粹的代表就是杜威和戴维森。他们在批判传统二元论时,试图直接去寻找可以发起批判的支点,那就是表象/实在二分中'实在'这一边……他们用自己的哲学立场表征了事情的本来面目"③。戴维森对意义的研究维度拓展至心灵、行动的方法,促进当代语言研究向更多范式、更多思潮延伸,在意义的重建过程中,理论研究不断丰富。

　　其次,戴维森认为信念和行动之间确实存在密切的联系,我们的信念和欲望的源头,正是现实环境的某些特征,即客观事件;正是基于这些事件,我们产生了信念,这构成了行动的理由。皮尔士认为一旦获得了信念,我们就会找到行动的理由。换句话说,信念导致行为习惯,也就是说,它使我们在一定的时间和地点以具体的方式行动。戴维森认为说话者的信念不仅作为理由,而且作为导致这种场合出现确定事件的原因。信念之外存在着一种外部的、永恒的、客观的实在,正是由于这种实在,我们能够对比信念,并同样地,可以证明不同说话者之间关于基本信念有着一定巧合的一致性。戴维森认为话语所指的东西只有在交际情境中才能被理解。也就是说,说话者如果脱离日常交际实践,

---

① 苏珊·哈克. 意义、真理与行动:实用主义经典文选[M]. 北京:东方出版社,2007:124.
② RORTY R. Davidson Between Wittgenstein and Tarski [J]. *Critica*. 1998, 30 (88):49.
③ MURPHY J P. *Pragmatism：From Peirce to Davidson* [C]. Boulder and Oxford：Westview Press, 1990:5.

那么他的语言就没有任何意义。意义来源于两个说话者之间的成功交际。"戴维森对行动理论的研究直接促成了分析哲学中引入实用主义。"①

总之，戴维森对意义研究从追求命题意义到实践意义的拓展，突破了概念分析、逻辑分析的局限，将语言、信念与行动统一在一个框架之内的这种研究风格，给后分析时代哲学家以深刻影响。

四、解释、意向性、交流：与现象学—解释学传统的对话

20世纪的哲学分裂是一种文化裂痕。英美哲学与欧陆哲学虽因文化传统不同而各异，但都关注语言问题，其中最突出的是对意义和理解的分析。戴维森哲学中以意义为主线的研究与海德格尔、伽达默尔、哈贝马斯等哲学家研究主题相互交错，促进了两种传统的交流与对话。在借鉴西方学者对比研究的成果的基础上，笔者尝试归纳总结。

首先，语言和世界的关系是两个传统对话的核心主题。戴维森曾用伽达默尔解释学的思想总结自己的立场：语言只有在人与人的理解中才能真正存在，语言只有在语境中才能有内容。语言不能在思想和世界之间起中介作用，因为思想与世界是因果关系；伽达默尔认为语言不能在思想和世界之间起中介作用，因为思想是彻底的语言。格雷格·林奇（Greg Lynch）曾评论，"尽管，两位哲学家对'对话''解释'的理解有不同的视域，但都致力于在缺乏共同语言或共同假设的情况下如何理解他人"②，戴维森的语言是一种交流的工具，是具备思想的必要性条件。戴维森认为"只有在人际交往中才能有思想，才能把握客观的事实，也就是说，一种共享的世界"③。伽达默尔认为语言起着沟通的作用，因为语言以同样的方式揭示了世界，就如同眼睛或拇指向下也揭示了世界的方式。"这确实是对长期以来分析哲学与欧陆哲学绝对对抗的一种融合的尝试。"④戴维森和伽达默尔的共同点是思想需要语言，语言本质上是主体间性和交往性的，由于语言的这种主体间性，语言让我们拥有这个世界。伽达默尔认

---

① 张妮妮：戴维森哲学的重要性（代序）：意义，解释和真[M].北京：中国社会科学出版社，2008：4.
② LYNCH G. Does Conversation Need Shared Language? Davidson and Gadamer on Communicative Understanding [J]. *The Southern Journal of Philosophy*, 2014（9）：359-381.
③ DAVIDSON D. Gadamer and Plato's Philebus. in *Truth, Language, and History* [C]. Oxford: Clarendon Press, 2005：261.
④ LYNCH G. Does Conversation Need Shared Language? Davidson and Gadamer on Communicative Understanding [J]. *The Southern Journal of Philosophy*, 2014（9）：359-381.

同戴维森的观点,"思想共同体"是知识的"终极标准",而不是与实在本身的比较;然而伽达默尔将文本加入可"对话"中,极大地扩展了这个共同体,将准则变成了"一个历代流传的对话"。在某种意义上,"伽达默尔式的对话将整个文化插入了戴维森三角测量中个体所处的位置"①。

其次,意向性在意义研究中也体现了戴维森对大陆哲学家思想和研究风格的继承和发展。意向性通常指向行动的心灵状态,在安斯康姆《意向》(1957)中引发了心灵状态的意向和行动特征之间关系的重要争论。意向和欲望不同,意向是可以获得的,而欲望是所欲求的任何东西。戴维森认为意向做某事就是将这一行为评价为最佳。而意向性的概念是由布伦塔诺提出的,表示一个心灵行动或意识的基本特征,也就是它会指向心灵所指向并涉及的内容。布伦塔诺将意向性定义为一种内存在,也就是心灵之外不需要有对象。意向性表达的是心灵行动与内容的一种关系,而非实在。他认为,我们用概念和命题构造知识,命题就相当于具有真假值的语句。这样,知识论就在于我们如何生产、构造和证实知识。他指出命题的用法最终决定命题的性质,并由此得出结论:人的心理活动可以改变命题的性质。胡塞尔进一步推进布伦塔诺的研究。他认为决定命题意义的是人的整个意识世界,人通过意识世界观察现实世界,离开意识去研究知识将一无所获。胡塞尔指出,我们的意识世界要经过对外在世界中每一个事物的命名和分类才能形成;需要思考的问题就是,我们的意识世界怎样构成。语言考察在现象学中占有重要地位,因为所有分类与命名一定是在语言系统中操作的。胡塞尔认为心灵行动的意向并不必要包含实体意义上的对象。意向对象给心灵行动以指向和意义。意向性的动词如相信、欲望等不需要对象存在,而非意向性动词如心灵动词感知、知道等,需要对象存在。

马可·约瑟夫认为,"戴维森与20世纪语言哲学的主要传统完全不同,区别奥斯丁、格莱斯、斯特劳森以及近期的塞尔、斯蒂芬·希弗(Stephen Shiffer)和布莱恩·洛尔(Brian Loar)。"② 这些哲学家都将以意向为基础的方法应用于语义学,也就是当说话者说出一个语句,他意欲通过言语对听话人产生某种信念,他的意向决定了语句意义。格莱斯将说话者意向定义为语言意义描述的重要组成部分用以区分他定义的"自然语义"。他认为语言学意义来源于人际交流。戴维森也评论了格莱斯对他的影响,特别是在语词意味着说话者意向意义

---

① LYNCH G. Does Conversation Need Shared Language? Davidson and Gadamer on Communicative Understanding [J]. *The Southern Journal of Philosophy*, 2014 (9): 359-381.

② JOSEPH M. *Donald Davidson* [M]. Delaware: Acumen Publishing Limited, 2004: 5.

<<< 第六章　戴维森意义理论对当代语言哲学的贡献与理论困境

方面，但他并没有直接运用其相关理论构建起意义理论。戴维森通过的路径是解释者通过行动了解说话者态度，解释行动者的意向、信念和语词是一个整体，不能逐一对待。因此，戴维森运用的意向性概念更倾向于一个思想、语言和行动的统一理论，他尝试用意向性解释说话者或行动者的话语、行动、可观察的态度。戴维森将意义区分为三类，就是对意向性概念最好的运用。

最后，行动和交流是意义研究的必要环节，这体现了戴维森意义理论研究拓展的方向。学界对他和哈贝马斯关于行动、理性和意义的理论进行了探讨。西奥多·R.沙茨基（Theodore R. Schatzk）认为，"尽管这两位哲学家存在分歧，但他们形成了一条贯穿于英美哲学及大陆哲学分歧的统一战线，这条战线可以被称为'意义和理解的合理化'"[1]。哈贝马斯认为，为了理解一句话，解释者必须熟悉其满足条件。这一主张与戴维森的主张是相同的。假设库尔特说"Es regnet"。他的话语不仅因为下雨是真的，还因为库尔特认为"Es regnet"也是真的。第一个"因为"是指世界的某个状态，不管说话者相信什么，根据这个状态，一个陈述是真的。第二个"因为"的意思是，世界某个国家的存在是说话者持有某些句子为真的理由，不管它是否为真。戴维森认为，如果一个解释者首先假定，当他们认为一个语句是真的时候，说话者是正确的；其次，他可以知道，当一个说话者认为一个句子为真的时候，他们的话语与话语环境的关联性为形式为"s"是真当且仅当"p"的语句提供了证据，这里 p 是对环境事实为真的假设。因此，言语和真值条件之间的联系通过说话者的信念传递。戴维森的目标是基于对一种语言描述内容的可观察相关性建立一个理论。而哈贝马斯则直接关注的是第二个"因为"。对他来说，为了理解一句话，必须熟悉它的满足条件。哈贝马斯的观点不仅是理解满足条件产生了对话语的理解，而且理解一个话语就是要知道它在什么条件下被满足。满足条件不仅仅是话语表达的证据，因此对它们的熟悉有助于理解。相反，语言意义，即话语所说的，是由满足条件构成的。这与戴维森的观点相似，根据他的观点，真语句不仅仅是意义的证据，还是意义的全部。戴维森认为意义是一个事实，它是观察者可以接触到的，并且容易受到"客观"的理解。因此，仅仅通过观察一种语言的说话者、他们说话的环境以及他们对彼此的反应，就有可能理解一种语言。哈贝马斯将理解放置在交往的过程中。在哈贝马斯的哲学体系中，狭义上的交往是一种语用学的建构，核心意义上却是语言共同体成员之间理性的交流。在语言

---

[1] SCHATZK T R. The Rationalization of Meaning and Understanding: Davidson and Harbermas [J]. *Synthese*. D. Reidel Publishing Company, 1986: 51-79.

的交流中促成社会交往，这里的"交流"和"交往"两个词，在两位哲学家的文本中都是 Communication，显而易见，这两个词的使用范围不同。

沙茨基认为，"戴维森和哈贝马斯在高度相似的框架内共享了意义和理解的理论"①。哈贝马斯认为，理性应该"是具体的，存在并体现于人的认识、言说和行为之中"②。实际上，先验理性与工具理性都只片面地体现出理性的某一方面含义，都忽视语言这一交往中介的存在。语言是人类行为必要的存在基础与交往基础。言语交往模式是一切行为主体交往、认识及产生的文化再生产、社会进步的基础。因此，以相互理解为目标的话语交往才应该是理性的核心要义，才能成为社会合理化的动力源泉。因此，理性最高、最普遍的统一性完全体现在以生活世界为依托的实在的话语行为中。哈贝马斯区分了语言和言语之间的关系。他认为，与语言对应的是为表达形式建构起来的规范系统，言语则是指语言的使用行为本身。后者才真正涉及真实的语言问题。进而哈贝马斯提出自己的"普遍语用学思想"，以重建言语的普遍有效性基础。在这个意义上，语言本身成为文化、社会、知识结构以及行为等因素相互作用的结果。

总之，戴维森用意义理论作为主线，贯穿语言哲学、心灵哲学以及行动哲学的研究不仅在英美分析传统中引起了强烈的反响，而且引起哲学界相关领域的大讨论。戴维森意义理论的建构方式是系统的、兼收并蓄的尝试。与实用主义、现象学—解释学思想都有对话的痕迹，是时代主题对话的典范。

第二节　戴维森意义理论困境

戴维森的意义理论涉及真值条件、解释、信念和行动，体系复杂，思想丰富，但并不是无懈可击，从理论提出至今，受到各种质疑。戴维森对自己理论的修改与调整也体现出理论从形式纲领拓展到一种宏大的哲学活动。为此，本节将结合学者们的相关研究成果，提出几点思考。

---

① SCHATZK T R. Schatzk. The Rationalization of Meaning and Understanding: Davidson and Harbermas [J]. *Synthese*. D. Reidel Publishing Company, 1986: 51-79.

② HABERMAS J. What is Universal Pragmatics? . in *Communication and the Evolution of Society* [M]. trans by Thomas McCarthy. Boston: Beacon Press, 1979: 53. 哈贝马斯. 交往与社会进化[M]. 张博树，译. 重庆：重庆出版社，1989: 53.

<<< 第六章 戴维森意义理论对当代语言哲学的贡献与理论困境

一、真值条件的性质标准

大多数语言哲学家或文学家都认为语言本质上是一种社会现象。因此，对各种语言理论来说，都会涉及具体的语言，比如"法语""日语"等。这些语言一般都被认为是由语义规则支配着的集体实践集合。"奎因、戴维森和德里达都争辩说，'语义规则'概念要么是神秘化的，要么就是在援引逻各斯——语言以各种方式表达意义。因此，德里达以及其他'公共语言'学家们把语言看作一种更松散地组织起来的集体实践。"① 戴维森的立场是语言不需要约定。通过言语进行交流的能力就是我们自己被理解和去理解别人的能力。戴维森也认识到，语言如果被构想为社会实践集合，那么它就成为一种不确定的、模糊的存在物。他认为，这些语言应当被等同于彼此叠覆的个人语言的集合。所以，他提倡语言因交流生成意义。那么戴维森意义理论的真值条件是由社会还是个人决定，这是他需要正面回答的一个问题。

戴维森坚持话语的真值条件是由个人意向而不是由语言共同体的实践决定的，语言可以是私人语言，他否认个人话语的真值是由社会决定的。戴维森反对语言的"社会性"本质，主要是因为他认为词汇、语句的一致性并不是交流成功的必要条件。戴维森在《墓志铭的微妙错乱》中的案例充分说明了，我们不需要约定语词或语句或规范性的使用，也能实现成功交流。戴维森用当下理论解释了成功交流的过程，揭示出"约定"和"规范"并不是互相理解的必要条件。戴维森意义的社会性更倾向于一种公共性特征，也就是我们需要他者来建立起一个客观事件，因为信念的证伪需要一个真信念做对比，由此产生思想或语言。戴维森实际上给言语以特权，也就是言语具有某种程度的确定性，真值条件的确定从这种意义上说更倾向于一种语用的解读。在 T 语句中增加的语境条件包括说话者、时间，实际上就发展成了后期的当下理论。其中，说话者的信念、意向在真值条件中，我们只能用宽容原则及融贯原则来解释，因此，对戴维森来说，意义的真值条件不能脱离其公共可观察性，即戴维森意义上的社会性。

另外，哲学家们发现，"戴维森对间接话语、引语和情绪的叙述不那么令人

---

① 柯克·路德维希·唐纳德·戴维森：聚焦当代哲学[M]. 郭世平，译. 上海：复旦大学出版社，2011：198.

167

信服，这些都是试图从外延上重铸各种内涵结构"①。今天的形式语义学不一定接受蒙塔古（Montague）和刘易斯风格的可能世界语义学（possible world semantics），但他们肯定接受了内涵主义框架。戴维森从奎因那里继承来的模态逻辑（modal logic）和对语义持怀疑态度正是他理论的重要组成部分，而越来越多的哲学家认同主要的哲学工具是量化的模态逻辑，而不是严格的外延语言。戴维森真值条件与指称理论和内涵理论之间的相容性还不明晰。此外，很多哲学家、语言学家基于实词、复数和其他结构语义学方面的研究，认为戴维森的外延方式是难以遵循的。我们似乎已经进入了一个逻辑和语义多元化的时代。②

最重要的是真值逻辑的问题。达米特认为自然语言语句的真值条件有两种表现形式，一个是真值条件的明确知识，这种知识是让人们通过言语或书写的方式来明确语句的真值条件；另一种是隐性知识，这种知识并不能通过语言或其他解释获得语句的真值，这种情况可能是因为说话者缺乏语言资源。基于这两种方式，达米特设想了两种语言学习方法。一种是观察语句的环境，另一种就是向已经精通意义的高级说话者学习意义以及如何使用语句。后者显然预设了学习者已经具有一定程度的理解。除此之外，还有其他情况无法确定真值条件的语句，包括"虚拟条件句、过去式以及无法量化"③。达米特认为，如果真理的概念是意义理论的核心，那么我们无法观察语句所描述的所有情况。通过言语解释来学习意义就不可能实现，因为语句的真值条件必须以说话者能够判断语句真假的能力为前提。因此他质疑戴维森将真值作为意义理论的"原初"条件，认为二值逻辑在自然语言中并不能真正获得意义，达米特以实在论立场反驳戴维森有关真值条件意义理论的充分性。达米特的意义理论概念有两个重要特征：一个是其核心概念必须包含可断言性而不是真理，另一个是意义理论必须同时包含真理的绝对标准。他认为，意义理论是哲学的基础，因此必须包含形而上学真理的绝对标准。达米特对戴维森真值条件进行质疑尽管是因为视角不用，但也确实提出了戴维森无法回避的问题，那就是确实存在语句无法通过观察、证实来判断真值的问题。

---

① LEPORE E LUDWIG K. *Donald Davidson's Truth-Theoretic Semantics* [M]. Oxford: Oxford University Press, 2007: 20-27.
② ENGEL P. Davidson and Contemporary Philosophy. in *A Companion to Davidson* [C]. ed by Ernie Lepore & Kirk Ludwig. Oxford: Wiley Blackwell, 2013: 590.
③ DUMMETT M. What Is A Theory of Meaning. in *The Sea of Language* [M]. Oxford: Clarendon Press, 1993: 60.

二、彻底解释的行动证据

综观戴维森意义理论体系会发现其是一个融贯的、宏大的体系,但是戴维森在多篇论文中也确实提及诸如"彻底解释""宽容原则"等概念或体系就是一种"思想实验""隐喻""类比"。作为理论体系,戴维森能把自己的哲学融贯在一起,构建出一个充分的体系,这本身就是一个宏大的哲学活动,但是,我们也不能忽略其细节中的适用问题。学者们对于彻底解释中可观察的行动的性质产生怀疑,涉及诸如哪些行为是行动、哪些是语句的表达,以及行动者对这些句子的态度等问题。[1]

彻底解释可以被看作针对语言共同体或一个说话者的解释。解释个体说话者在概念上优先于解释整体语言共同体的说话者,因为后者需要确定这个共同体的每一个成员都说几乎相同的语言。然而,这并不意味着我们可以不考虑同一语词在具体语境中的不同意义。事实上,语境敏感的一个普遍特征是,它们是相对于个体说话者的使用来解释的。这意味着一个彻底解释者必须收集证据来解释个体说话者的语言,但也要收集证据来解释某一个体说话者的语言中的任意语句。从戴维森的理论来看,彻底解释者最终只依赖于行为证据来为说话者群体确认符合适当形式约束的真理理论。为了确定一种语言的真理理论,我们必须具备语法知识,因为真理理论依赖于从结构上描述对象语言的语句。因此,在行为证据的基础上识别对象语言的句法结构是彻底解释者的一项任务。然而,即使有了对象语言的语法,行为证据如何与之结合,从而产生可用于确认语言真理理论的证据,这一点还很不清楚。[2]

彻底解释要回答这样一个问题,即什么样的知识使解释者能够理解完全陌生语言中的话语。对戴维森来说,探究人们如何理解自然语言中意义的视角,就是他所说的彻底解释者的视角。解释者发现自己处于彻底解释的情况下,面临的任务是形成一个(或多个)说话者的解释理论。这样的行为开始于完全不知道该说话者的话语意义。尽管如此,解释者也不能利用涉及说话者的信念或意向的证据,因为正如戴维森倾向于指出的那样,如果他对说话者的意义没有一个有效的理论,他就不可能具备这些证据。此外,我们必须认识到戴维森认

---

[1] RAWLING F. Davidson's Measurement-Theoretic analogy. in *A Companion to Davidson* [C]. ed by Ernie Lepore & Kirk Ludwig. Oxford: Wiley Blackwell, 2013: 248-252.

[2] PAGIN P. Radical Interpretation and Principle of Charity. in *A Companion to Davidson* [C]. ed by Ernie Lepore & Kirk Ludwig. Oxford: Wiley Blackwell, 2013: 228-231.

为意义和信念是相互依存的。这就意味着一个人在没有被解释的情况下无法获知行动者的信念，因为如果不知道他的话语意义，我们就无法确定他的信念。也就是说，如果他不能用语言来表达信念 q 不是 p，那么他如何能向我们传达一个信念 q，并确保我们认识到他的信念 q，而不是另一个信念 p？我们有什么理由把信念 q 指派给他？基于什么？我们自然会转向对行动的解释，但是一个特定的行为本身可能会产生各种各样的、不相容的解释。另外，如果不知道说话者认识这些话语意义，我们就无法理解这些未被理解的话语，因为构成话语意义的部分内容就是说话者所理解的意思。因此，解释者很难得到意义和信念相一致的结论。

戴维森认为行为或倾向性的事实可以用不假定解释的方式来描述，但解释理论可以建立在这些事实的基础上，必然是意义和信念的载体。因此，戴维森建议，假设解释者可以在行为证据的基础上了解说话者的持真态度，并且受到适当的限制，那么我们就可以为他们的语言提供确认真理理论的适当基础。然而，持真态度是基于行为证据的。因此，我们的重点是确定最终可供解释者使用的证据种类，以及这些证据如何支持意义理论，即证据关系。"从零开始"的翻译思想虽然凸显了解释者的问题和来源，但在交流过程中，当解释者只要取得了一些信息，随后的交流就不再是"彻底""从零开始"的。

根据戴维森的观点，如果要通过彻底解释来理解一个人的语言，首先就要用说话者语句的持真态度来回应他在环境中的事件或情况。这些语句可以称为"场合句"，它们通常都包含了语境的敏感要素。但是并不是所有的索引句都包括场合句。谓词的经验解释依赖于场合句，因为这些语句在对象语言中应用于说话者周围的环境，这种方式可以将环境与意义连接起来。但是，我们也要注意，场合句的特征就是因人而异。我们在对场合句进行彻底解释，这就预设了说话者在当时的环境下对自己说出的语句具有持真态度，然后解释者根据观察来给说话者分配语句意义。在彻底解释中，戴维森用宽容原则作为解释成功的条件之一，其功能固定信念和意义整体中的一个要素，以便我们解释另一个要素。然而，宽容原则至少要求说话者对自己所处环境的信念是真的。但是，这样的宽容原则并不能保证真信念与语句中的真值条件相关联。这些条件保证说话者具有持真态度，让他们说出语句 L。如果说话者的信念内容没有获得这些真值条件的保证，他们就无法根据语境对持真的语句进行解释。然而真值条件预设说话者所断言的语句为真，就解释者的持真语句，我们能够识别说话者的语言行为。但在命令句和祈使句中，这种行为证据并不能将语法、语气和持真态度集合好，因此，仅仅用行为证据来解释意义或信念有些牵强。

170

<<< 第六章　戴维森意义理论对当代语言哲学的贡献与理论困境

然而，戴维森后期放弃了所有理解都需要彻底解释的观点。他认为，"我所概述的解决意义、信念和欲望问题的方法，我确信不是很清楚，意思是直接说明我们在现实生活中是如何理解彼此的。"[1] 因此，彻底解释的情况被认为是一个思维实验。在这个意义上，大多数人使用的语词意义和我使用的语词意义相同，这并不是我们可以认为理所当然的任何，而是需要辨明的东西，最终来自解释者可以从零开始获得的同类证据。这对彻底解释的解释者问题有着直接的影响。它不可能是一个语言共同体，但必须是一个个体说话者。原因是我们需要证据来确定两个说话者是否属于同一个言语共同体。

当说话者的语言是我们所熟知的，我们通常会根据我们对语句的理解来推断出他的信念。如果他说的语言是一种陌生的，但碰巧我们获得了他的信念或他的欲望，我们也可以对他使用的语句的意义进行猜测。然而，彻底解释者无法获得作为基本证据的语句意义，也无法获得有关特定信念、欲望或意向的信息作为解释的来源。语句意义和态度内容将是他赋予说话者的。然而，在不知道说话者的信念和表达的情况下，解释者可以观察到说话者的语言表达和他人对话语的反应。解释者可以对说话者所表达的语句的态度形成一个假设。戴维森专注于持真态度，或者更准确地说，相对于一个特定时间内的"持真"。认为语句为真是对语句的态度，相当于相信语句的意义。"持真"确实是一种信念，但它是一种内容非常粗糙、贫乏的信念；要确定这种信念的内容，只需要确定信念所涉及的语句，因为不需要辨认语句的意义。如果彻底解释者能够识别说话者持真态度的表现形式，那么他就可以获得独立于语句意义知识或个体信念的材料。柯克·路德维希等学者就指出通过观察连接持真态度与意义是宽容原则，至少可以有三种解读。[2] 持真态度的模式不足以确定两个因素（信念和意义）中的任何一个，从而解决另一个。

三、行动中的非理性

在戴维森行动因果论中，"合理性"是其理论的基础，也就是行动者在信念、行动中都应该是合理的。他认为行动因果论不会受到质疑，但奥迪、布兰德（M. Brand）、米尔（A. Mere）、塔尔贝格（I. Thalberg）等哲学家认为有必要

---

[1] DAVIDSON D. The Structure and Content of Truth [J]. *Journal of Philosophy* 87, 1990: 324-325. 牟博. 真理、意义与方法：戴维森哲学文选[C]. 北京：商务印书馆，2008：117-118.

[2] LEPORE E, LUDWIG K. The Procedure of the Radical Interpreter. in *Meaning, Truth, Language and Reality* [C]. Oxford: Oxford University Press, 2005: 182-190.

171

回应这样的质疑。①他们提出在很多异常的情况下，很多相关事件并不是行动。行动者的意向行动应该是行动的必要条件；行动分析如何处理行动以及相关心理原因；意向在行动者的行动中起导向作用；行动和意向的解释都必须以合理性为前提。当出现异常因果链时，戴维森对行动者的因果解释力就稍显弱势。异常因果一般是指在人们所偏好的心理和行动之间的异常关系，无论我们多么强烈地将心理原因作为意向性行动的必要充分条件，但总会有一些行动不是意向性的。在《行动的自由》（1973）一文中，戴维森经常强调的是"恰当的方式"引起行动，行动者在受信念和欲望上是理性的引导，做出合理的行为。戴维森个人也承认，事件和意向的概念确实不足以说明意向性行动。他没有区分道德欲望和非道德欲望，或者是心理主义的具体的欲望、评价或动机。戴维森认为，所有的欲望都可以被理解为某种"赞同态度"。当我们对某样东西有欲望的时候，那东西对我们是有吸引力的事实，而不是它在道德、谨慎或食欲的基础上对我们有吸引力的事实，这对于理解使行动变得可理解的结构很重要。他同样消除了一个判断，他认为有意向性的 φ-ing 与思考"我应该 φ"没有区别。因此，意志薄弱以及自我欺骗这两种情形是其心灵区分在行动哲学中的自然结果。

奥迪认为，"有理由而行动就是这样一个行动，该行动以一种特殊的方式在理由的控制之中。这是对理由的一个反应，而不仅仅是理由的一个结果。"② 米尔做出更进一步的限制，"某人 S 在 t 时意向性地做行动 A 仅当在 t 时，S 有一个行动计划 p，该计划 p 包含或至少能恰当地引导他的行动"③。戴维森自己也意识到这个问题，对于意向行动给出的说明并不能完全令人满意；如果某个行动是被态度和信念以恰当的方式联系在一起，这个行动就是带着某种意向实施的。他强调在尚无令人满意的抉择时，对亚里士多德那样的图示的最好论证就是唯有它才有望说明理由与行动之间的"神秘联系"④。

意志薄弱通常表示无自制力。戴维森哲学中的意志薄弱和行动相关。一个行动者在违背自己的最佳判断行动，而且是意向性的行动时，意志就是薄弱的。

---

① 徐向东. 论行动者因果性理论的不连贯性 [J]. 心智与计算，2007（1）：51.
② AUDI R. Acting for Reasons. in *The Philosophy of Action* [M]. ed by A. Mele. Oxford University. 1997：103.
③ MOSER P MELE A. Intentional Action. in *The Philosophy of Action* [M]. ed by A. Mele. Oxford：Oxford University. 1997：103.
④ DAVIDSON D. Actions, Reasons and Causes. in *Essays on Actions and Events* [C]. Oxford University Press，2001：11.

<<< 第六章 戴维森意义理论对当代语言哲学的贡献与理论困境

行动者自己也清楚自己缺乏意志力，所做出的行动是行动者的不自制。这是对戴维森行动因果论的一个挑战，因为根据行动因果论，理由是行动的语言，比如，吸烟问题，在知道吸烟有害健康的情况下仍然继续吸烟。在这个问题中，用行动因果来解释就完全说不通。

还有一种非理性的表现就是自我欺骗。戴维森认为这种非理性与意志薄弱非常相似，都是行动主体在某种程度上表现出了非理性。自我欺骗涉及信念，由认知态度构成。乔恩·埃尔斯托（Jon Elster）将戴维森的自我欺骗总结为"行动者相信 p，p 受到他全部可获得的证据支持；同时，行动者也相信 q，q 跟 p 不相容；行动者相信 p 的信念成为他相信 q 的原因；行动者相信 q 也相信 q 的动机引起，或确切地说是由他所造成他相信 q 情形的动机所引起的"①。在《行动、理由和原因》中，戴维森的行动因果论采用的是实践三段论的模式，是纯粹理性的方式。但意志薄弱和自我欺骗这种异常因果论的挑战，迫使他必须考虑非理性的问题。但戴维森也强调，他对心理分析并不是特别关注，只是我们对命题态度、内容的关注是其语言哲学中彻底解释立场的自然的结果。

戴维森的意义研究是一种系统性的、复杂的哲学探究，在这么多不同的主题中展现了一种统一性。在跨越 40 多年的哲学研究工作中，戴维森面对各种问题的回应，不断思考，拓展研究边界，从最初的意义表征模式到信念探究，再到行动解释框架探讨意义，反映出戴维森的意义研究是一个宏大的哲学活动，对当代语言哲学、意义理论以及不同传统中的对话都意义深远。戴维森对学者们提出的真值条件的性质、外延语义、真值逻辑，以及行动证据的充分性、对意志薄弱和自我欺骗等问题的探讨，有利于我们对戴维森意义理论的理解更加全面。

---

① ELSTER J. Davidson on Weakness and Self-Deception. In *The philosophy of Donald Davidson* [C]. Chicago: Open Court Publishing Company, 1999: 435-436.

173

结　语

戴维森将语言、信念和行动主题有机地组织在一起，将意义问题作为主线贯穿语言哲学、心灵哲学和行动哲学。这种具有建设性的意义理论拓展了理论边界，丰富了研究维度。

戴维森的理论建构让我们反思如何解释他人的话语，在理解意义的本质、命题态度（信念、欲望、意向等）以及我们对自己的思想、他者的思想和我们周围的世界的认识立场方面起着核心作用。戴维森将自然语言作为自己意义理论的出发点，将塔尔斯基的真理理论作为语义分析的形式模型，把语言中某个语句的真和这个语句的意义联系在一起。戴维森认为通过给出语句的真值条件就可以获得语句的意义，明确一种语言的语义性真理概念，就能确定这个语句为真意味着什么，也就等于理解了这种语言。戴维森将塔尔斯基关于真理定义的约定 T 作为自己语义学分析的逻辑公式，它可以衍生出无限多的等值式，等值式两边的 s 和 p 是语句变量，可以代入具体命题。每一个等值式都表征对象语句的真值条件，从而显示语句的意义。他将解释者视角作为其方法论的根本，在一开始并不预先假定说话者的话语意义，也不预先假定了解他的信念，这样从零开始的解释就是彻底解释。"真"在戴维森语言哲学中是一个关键性的概念。如果我们能够以某种方式描述环境中的情况，在一个说话者对语句持真的情况下，至少原则上这种语言的意义理论可以被看作一种经验理论，然后可以用公共的证据来验证。戴维森把真作为一个独立的、原初的概念，以此为基础探讨意义。

戴维森认为意义本质上是信念、欲望、偏好以及对语句持真的基本态度的函数。信念和意义之间的关系是戴维森意义解释的核心。如果我们能够认知自己的信念，以及对周围的世界有所了解，那么信念和真理之间的联系一定是由信念和真理的性质来保证的。因而当且仅当一个信念与其他多个信念相一致时，那么就是真的。他认为信念是带有意向、欲望和感觉器官的人的心理状态；信念是由信念持有者身体之外和之内的事件所引起的状态。对信念的解释一定要与对行动的解释相一致，同时与对言语的解释相一致，以及与我们对说话者的环境的解释相一致。戴维森认为信念是我们解释行动理论的"结构"，信念在合理化选择或偏好的作用中得到了合理解释。说话者、解释者和世界的三角测量模式体现了人与人及外部实在之间的复杂关系。三角测量式的交流既解释了意义的生成，又保证了意义的客观性和社会性。

戴维森认为意义的本质和行动的本质结合紧密。理解能动性和理性的本质也是理解言语本质的核心。一方面，人类是语言的主体，因此理解人的语言以及人的理性和行动方式，就能理解人的能动性。另一方面，行动者具备对说话者的解释能力以及对被说话者理解的能力。对行动的解释一定要明确引起行动的原初理由，也就是对信念和欲望的解释。原初理由构成了行动的实践三段论，解释行动者视角的信念和欲望。戴维森认为每一个行动都有一个原初理由，这个原初理由体现了行动者的理性，也就是从行动者的角度来说是合理的。他把事件和行动联系在一起，特别强调身体移动。行动可以是意向性的或者是非意向性的，戴维森将行动解释作为辨明一个行动的理由。在行动中，有很多组信念—欲望对子都可能成为行动的理由，但他认为只有原初信念—欲望对才是行动的理由。戴维森将信念、欲望作为命题态度，连接行动者和语句。戴维森效仿决策论，将其作为意义理论中信念和行动关系的分析工具，把信念和偏好表现为可观察的行动。戴维森将行动哲学与意义理论相结合，提出行动解释的观点，保证了意义的公共可观察特征，基于整体论原则探讨说话者言语行为及其意义的解释理论。一个行动者的信念是一致的，他的偏好在交流中传递，意义在交流中呈现。将语言、信念和行动统一起来的交流成为戴维森意义理论的落脚点。

戴维森意义理论已突破传统逻辑分析方法的限制，成为将语言分析与心理分析和行动分析彼此交融，在整体论原则的统摄下，探讨说话者行为及其表达的意义的解释理论。从真值条件语义解释到三角测量理论的建构，从意义到解释的拓展描述，旨在在自然语言语义学探讨的基础上增加更多的语用因素，从而建立更多维度、更加丰富、更具有解释力的意义理论。戴维森把语言的理解置于一个更大的背景中，把语言与真理、实在、信念和意向等因素联系在一起，其意义理论的全部内容围绕着语言、信念和行动进行阐述。

附录

戴维森的隐喻意义研究

隐喻是什么？一直以来这都是一个非常难以回答的问题。早在亚里士多德时期，隐喻就成为许多诗人和作家的新宠，被当成一种语言现象来研究。随着语言学及各个学科的发展，隐喻的研究也呈现出多维度、多学科的特点：它们是以亚里士多德为代表人物的"比较理论"，即隐喻的修辞学研究；以昆提良为代表人物，从语义学的角度提出了"替代理论"；以布莱克（Max Black）、理查兹（I. A. Richards）、莱考夫（Lakoff）和约翰逊（Johnson）等为代表人物，从语言使用的角度提出了互动理论。随着隐喻研究的发展壮大，其他领域的专家学者也愈加关注其发展状态，比如对隐喻的哲学领域的研究、文化领域的研究。

一、隐喻研究的历史沿革

隐喻是人类生活中的一种普遍现象，其研究历史悠久。隐喻是一种神奇的语言现象，能触动读者的心弦，产生意想不到的效果。

（一）隐喻的定义

长期以来，语言学家和哲学家对隐喻怀有浓厚的兴趣，从亚里士多德时代直至20世纪初，大多数的理论仍局限于对隐喻修辞格的研究。20世纪30年代隐喻才进入语义学的研究阶段。而从20世纪70年代开始，隐喻的研究进入了多学科、多角度的研究阶段，也就掀起了一场"隐喻狂热"。学者们对隐喻的定义也不尽相同，以下只是列举其中一二：

MSN 百科将隐喻定义为：implicit comparison; the use to describe somebody or something of a word or phrase that is not meant literally but by means of a vivid comparison expresses something about him, her, or it, e. g. saying that somebody is a snake.①

美国传统字典对隐喻的定义是：A figure of speech in which a word or phrase that ordinarily designates one thing is used to designate another, thus making an implicit

---

① http://encarta.msn.com/dictionary_1861629530/metaphor.html.

comparison, as in "a sea of troubles" or "All the world's a stage". (Shakespeare)

辞海则将隐喻划归为比喻的一种。隐喻是本体和喻体的关系,比之明喻更为紧切。明喻在形式上只是相类的关系,隐喻在形式上却是相合的关系。隐喻本体和喻体两个成分之间一般要用"是""也"等比喻词,如"儿童是祖国的花朵"。

隐喻当然是一种修辞语言的形式,即把一种未知的或知道很少的词语,与知道较多的词语比较,从而让后者说明前者。

隐喻是一事物成为另一事物的比较,如"He is the rock of Gibralter"(他是直布罗陀的岩石,指"坚韧不拔的人")。

隐喻是一种比较,极具想象力地将一个事物由另一个不相似的事物认同,将后者(喻体或意象)的某些特性传递或归属于前者。与明喻或类推不同,隐喻肯定一事物就是另一事物,不仅仅是相似而已。

metaphor 一词源于希腊语 metapherein,"meta"意为"change","pherein"意为"to carry",原意是一种由此及彼的转换,即隐喻必须涉及两种事物,并且是由出发点到目的地的运动。谢之君认为隐喻是一个动态的过程,将 metaphor 译为"隐喻"并不能反映英语"metaphor"本身"将一个事物转移到另一个地方"的原始意义。"隐喻"这一术语作为动态过程应该是"隐喻化";作为思维方式,它应该是"用一个事物理解另一个事物"[①]。

(二) 隐喻研究的历史发展

西方社会对隐喻相对系统的研究最早可以追溯到亚里士多德。他在其《诗学》(*Poetics*) 和《修辞学》(*Rhetoric*) 中,多次提到了隐喻的修辞功能和构成方式。亚里士多德对隐喻所阐述的定义和对功能的讨论影响深远,使得其后 2000 多年西方修辞学对这一语言现象的解释一直以他为准绳。随着时间的推移,在他的隐喻理论的基础上,学者们都对先前的理论提出了质疑并驳斥或发展了不同的隐喻理论。

1. 隐喻的修辞学研究

亚里士多德认为,隐喻是一个词替代另一个词来表达同一意义的语言手段,两者属于一种对比关系,因此,隐喻与明喻本质上是一致的。[②] 这种理论认为隐喻的主要功能是修饰作用,而善于运用隐喻这一修饰功能的人是天才,是语言的驾驭者。

---

① 谢之君. 隐喻认知功能探索[M]. 上海:复旦大学出版社,2007:前言.
② 胡状麟. 认知隐喻学[M]. 北京:北京大学出版社,2004:18.

亚里士多德认为，隐喻是诗人通过艺术性的模仿向读者提供知识的手段，对诗人来说，最重要的是成为善用隐喻的大师。使用隐喻是从别人那里学不来的，它是天才的标志，因为一个好的隐喻表明诗人在不同的事物中直觉地感知到了相似之处。亚里士多德强调隐喻在诗歌创作中的价值，也十分看重隐喻在修辞学中的积极作用。

罗马修辞学家昆提良是此期间隐喻研究的另外一个具有代表性的人物，昆提良提出了"替代论"（substitution）。他认为所谓隐喻实际上就是用一个词去替代另一个词的修辞现象。如 Mike is a giant（迈克高如巨人），其中 giant（巨人）用来替代 a tall man（一位个子很高的人）。亚里士多德和昆提良都将隐喻看作在词语层次上的一种修辞方式，都将其功能看作一种"附加的"、可有可无的"装饰"，是正常语言规则的一种偏离。

亚里士多德的这种理论也有其不足之处，他认为隐喻是名称的转移，是某种东西对名词产生了作用。但是忽略了隐喻不仅仅可以发生在词层级上，还可以发生在句子层级上、语篇层级上、话语里甚至文体当中。但是我们得承认亚里士多德在隐喻研究上的成就是空前的，他研究的成果成为后人研究隐喻的基础及参照物。

2. 隐喻的语义学研究

著名学者理查兹、布莱克等在将句子、语篇、话语作为研究单位的基础上研究隐喻。1936 年，英国学者理查兹出版的《修辞哲学》（*The Philosophy of Rhetoric*）一书，标志着隐喻研究开始了一个新阶段。他提出了互动理论，该理论被认为是 20 世纪初最具影响力的理论之一。该理论是建立在索绪尔的结构主义理论基础上的。结构主义学说认为语言是一个系统或一种体系，在这个系统中，意义通过不同因素的相互作用而生成。理查兹明确地表明，当我们用隐喻时，有两种不同的事物积极地作用在一起，并且有一个词或短语在其中起着沟通、支撑作用，而隐喻意正是这些因素相互作用的结果。他对传统隐喻理论对隐喻解释的有限性进行批判：一种语言修辞现象，一种词与词之间的转移和置换。他从一个宏观的角度来认识隐喻，认为隐喻是一种思想之间的交流，是语境之间的相互作用。他把隐喻中相互作用的两个事物分别叫作本体（tenor）和喻体（vehicle），把本体和喻体之间的相似性称作喻底（ground）。之后，布莱克对其理论进一步发展，使其成为具有更广泛的影响力的理论之一。根据布莱克的观点，当我们在解释隐喻的时候，我们并不是在比较本体和喻体，从而显示出它们已有的相似性，而是要从一个新的角度来看本体和喻体，是在它们之间创造出相似性。他认为隐喻是一个动态系统，而不是单个的词或句子。喻体的若干特征或结构被映射到本体上，本体原有的某些特征被选择并被凸显出来。

随着语用学的发展，语义学基础上的隐喻研究日益显现其局限性，人们使用隐喻时，已经突破词语、句子层面的动态作用，而存在句际中、话语里、语篇里，甚至在文体中。因此，语境因素也应该被列为使用、理解隐喻的条件，毕竟，隐喻不仅丰富了人类的语言，而且改变着人们对世界的表征，并由此向人们提供新的世界信息，提供解读世界的新视角。

3. 隐喻的语用学研究

语用学有两种解释，其一是继承了语境分析哲学家们研究课题的狭义的语用学，其二是将语境因素引入语法和语言意义研究的一种研究方法的宽泛意义上的语用学。语用学对隐喻问题的研究，在狭义语用学和广义语用学中都有涉及。

首先，语用学家对格莱斯提出的会话合用原则（cooperative principle）对隐喻的识别能力产生了兴趣，其观点早在1975年和1978年都对隐喻有所论述。我们知道，格莱斯合作原则重点不在于帮助我们分析人们遵守使用原则的情况，而在于揭示人们如何在说话者违背合作原则的情况下根据字面意义推理出说话者的真实含义。

曾经有部分隐喻研究者把隐喻看作一种语义偏离现象，生成语义学者也将隐喻看作一种违反"语义选择限制"的语言异常情况。例如，在john is a tiger中，john的重要语义特征是+human，而tiger的一个语义特征是-human，因而john is a tiger属于违背语义选择的情况，但这个句子仍然成立，因为在适当的语境下，语义选择对限制的违反产生了特殊的意义。

塞尔是在语用学基础上对隐喻问题研究最为细致的一位，他的长篇论文《隐喻》（"Metaphor"），被认为是隐喻的语用学研究方法的最重要的作品，其观点引起了其他隐喻学者的关注。塞尔的隐喻理论批评和否定了语用学的隐喻观，其理论的重点旨在解释隐喻是如何起作用，又是如何被理解的。塞尔首先区分了"词或句子意义"和"说话者话语意义"，解释隐喻实际上是解释说话者意义如何与句子或词的意义分离的一种特殊情况。因为隐喻是说话者已说出某件事却隐含着另外一种意义的特殊情况，在隐喻中，说话者意义与句子意义不相符合，但又以不同的方式与句子意义发生着联系，塞尔认为，隐喻意义必定属于说话者的话语意义。

4. 隐喻的哲学研究

西班牙哲学家奥尔特加-卡塞特（José Ortega y Gasset）说："隐喻不仅仅是一种表达手段，也是主要的思维手段。"隐喻思维是人类特有的一种思维方式；

从发生学上讲，它是人类童年时期的思维方式，因此是一种"原始思维"，从非理性、非逻辑的工作机制的角度上说，它是一种"秘索思"；它是理性的感性"源文件"和"人类初步格式化"客观现实的驱动程序，在这个意义上它又是人类认知生活所依赖的概念隐喻。美国语言学家乔治·拉柯夫（George Lakoff）和马克·约翰（Mark Johnson）指出："隐喻充满我们的日常生活，它不仅表现于我们的语言中，而且存在于我们的思维行为中。我们思维和行动中使用的日常概念系统就其本质而言是隐喻性的。"① 我们知道语言的隐喻机制并不取决于语言系统本身，而是取决于语言之外的因素，即客观世界事物之间的相似关系和人的形象思维关系。隐喻作为人类思维的一种形式，作为人类活动的一种方式而在语言中表现出来，并且在语言的运用中起着重要的、不可替代的作用。

词语原本暗示着两种基本存在——人和自然，而且这是一种凝缩和移位于一体的存在。语言最初作为一种命名活动，不仅仅是给事物一个名称，同时也给予事物一个人化的品格。原始的语言是根植于自然母体和人的无意识深层结构中的神话系统。人类从理解环境的那个时候就展开了心智，就开始了对事物赋予意义的活动，从而吸收进来；而人在不理解环境时就凭自己的心理经验来体会外在事物，凭自己的心智就能"造出"外在事物，人把自己变成了整个世界。正如德国哲学家海德格尔所说，"语言是存在之家"，伽达默尔也认为可能被理解的语言存在就是语言。

在语言中，已经丧失了人与自然的统一性，语言仅仅只是为了提供对客观事物的陈述而存在。人们又在人和自然之间寻找一种同一性、相似性的联系，从而出现了隐喻和隐喻性思维。德国学者卡西勒尔（Ernst Cassirer）认为，人类的思维最早为"神话思维"即所说的"前逻辑思维"。А. А. 波铁布尼亚（Потебня А. А.）指出："隐喻的立生标志着人类将形象和意义区分开来，这只有在神话消失之后方能实现。"② 在人类有了逻辑思维之后，人的思维仍分为隐喻性思维和逻辑思维。利科（Paul Ricoeur）在《解释的冲突》一书中指出，使用隐喻的诗的语言向我们显示了更深的属于实在的模式，它以一种似是而非的方式，通过根本实在创造话语，并把我们同这个根本实在联系在一起。这是一个主客体还未发生分裂的世界，是一个具有不可能性的世界，一个人类存在的原初世界。科学思维和逻辑使我们远离了这个世界，成为"无家可归"的漂泊者，而正是隐喻让我们重新看到了这个世界，并开始了自我回归、自我认同、自我

---

① 胡状麟. 认知隐喻学［M］. 北京：北京大学出版社，2004：71.
② 王松亭. 隐喻的哲学分析［J］. 解放军外语学院学报，1995（6）：13.

理解的过程。① 利科说，隐喻通过范畴错误将两个既相似又不相似的东西结合在一起，可以使人知觉到某种新的东西。② 这种新奇的知觉实际上指出了一种新的指称。这是一种不同于描述的、教诲的指称。这种指称是同隐喻意义同时出现的。

左德曼则认为，一个隐喻就是一种例示，它的指称是一个颠倒的指称，即反向指称。在语言层面上，当一个词不达意被隐喻地使用时，这个词不达意便以其本身的意义及其指称一起获得一个新的意义和新的指称③，即隐喻的反向指称。或者可以说，隐喻的指称实际上是指称的指称。从宏观上来讲，隐喻表达式的指称性质是一种形成实在的力，其目的不是在于描述实在而重点在于构造，甚至重新构造实在。隐喻是连接人们所处的客观世界及人们所使用的语言的一条纽带。从一定意义上来说，隐喻创造现实，只不过这不是一种新的现实，而在很大程度上是对我们生活方式所预设的那个旧现实的强化和再现，人们只有借助隐喻才能通向现实。

5. 隐喻的文化研究

语言中存储了不同民族的劳动和生活经验，体现了不同民族对客观世界的不同的认知方式和态度，记载了不同民族和社会的历史发展进程。因为语言就是一种世界观，语言本身就是一种文化力量和文化模式。英汉两个民族在认识自身的基础上，通过隐喻机制，经过英汉这两种不同语言的过滤，去认识世界时，便对世界做出了不完全相同的切割和处理。因此在认识隐喻的文化氛围中，人们必须承认虽然人体隐喻化认知是人类普遍存在的一种认知方式，人类各民族存在着共识文化，不同的民族语言里会有相同的隐喻概念，但是，民族所处的地理位置、文化背景、宗教信仰等的不同，概念隐喻所折射出的文化特点也是不同的，英国科学社会学家巴里·巴恩斯（Barry Barnes）认为，长期的文化变迁就是隐喻的扩展或隐喻的变迁。

特定的文化具有特定的概念隐喻体系，它会促使文化氛围内人们形成独特的世界观。理解和运用隐喻语言的过程也是接受其文化思维方式的过程，同一个社会的文化、思维模式和语言并不是彼此分割、孤立的，而是一个统一的、不可分割的整体。相异的概念隐喻体系会导致人们对现实世界认识不同。洪堡特（Wilhelm von Humboldt）认为每一种语言里都包含着一种独特的世界观。人

---

① 王松亭．隐喻的哲学分析［J］．解放军外语学院学报，1995（6）：13.
② 王松亭．隐喻的哲学分析［J］．解放军外语学院学报，1995（6）：13.
③ 王松亭．隐喻的哲学分析［J］．解放军外语学院学报，1995（6）：13.

从自身中创造出语言,但是也是通过同一种行为把自己束缚在特定的语言之中;每一种语言在它所隶属的民族周围设下一个圈子,人只有同时跨进另一种语言的圈子,才有可能从原先的圈子里走出来。

二、戴维森隐喻意义理论的产生及理论基础

隐喻研究的多角度、多学科发展为对隐喻意义的研究做出了铺垫,同时也为其理论的多元化提供了多维度的研究方法及突破点。正因为隐喻的研究经历了修辞学阶段、语义阶段、语用学阶段及哲学阶段等,隐喻意义的研究也在各个学派或理论倡导者之间的相互驳斥、相互支持中快速发展,呈现出盘旋式上升的趋势,而戴维森对于隐喻意义理论的发展也是诞生于这样一个环境中,或者说戴维森对于隐喻的研究也是这个环境中的新的角度的发展。

(一)戴维森隐喻理论提出的原因

我们从文学评论家理查兹(I. A. Richards)、恩普森(William Empson)和温特(Went),哲学家如亚里士多德到布莱克,心理学家斯金纳以及语言学家乔治·莱可夫(George Lakoff)的论著中发现了他们对隐喻意义研究的共同点:隐喻除了其字面上的含义或意义之外,还有另外的含义或意义。而戴维森是强烈抨击这种观点的,在这样的理论辩驳的基础上,他提出了自己的隐喻意义理论。

1. 对替代论的质疑

隐喻替代理论开始于亚里士多德。他在《诗学》中说:"隐喻是用一个陌生的名词替代,或者以种代属,或者以属代种,或者以种代种,或者通过类推,即比较。"[1] 隐喻中的替代,严格地说,指将一种事物直接替代另一种不相干的事物,或者用不同的词语表达这种替代关系,即隐喻的实质是替代。

亚里士多德在介绍隐喻的类型时,举的都是词类,名词或动词都是以词语为中心的。原因就在于他是在概括诗学风格或修辞风格的框架下研究隐喻的,着眼词语的修饰。在区分隐喻的种类时,由于采用了属与种的概念,亚里士多德引入了类型层级的概念。在创造隐喻时,将一个词语的意义转移到另一个词语,必然涉及概念现象,说话人可以:①沿层级往上找一个更一般的词语;②沿层级往下寻找一个更特制的词语;③在同层级之间活动,寻找一个特指意义相同的词语。这就需要确定类型及层级。

而随着人们对隐喻的研究日渐深入,在肯定替代论的同时,也质疑这个理论,当然也是对戴维森隐喻理论产生的促进。首先,亚里士多德的意义理论使

---

[1] 胡状麟. 认知隐喻学[M]. 北京:北京大学出版社,2004:18.

他误认为词义本身就是实体,既是思想上的,也是真实的。因此他区分歧义和隐喻,把歧义看作不理想的语言使用方法,隐喻是理想的使用方法。但是他没有注意到,在隐喻中使用的词语在本义和隐喻用途之间实际上是不同的。另外,亚里士多德强调了层级在隐喻产生和理解过程中的作用,其结果是看起来很方便和人为的隐喻并不令人信服。因为本可以通过非常简单的本义表达方式,现在经过隐喻的替代,会给听者增加理解困难。亚里士多德把隐喻理解的负担推给了全能的类型层级,他期待每一个隐喻都可以经由单一的发生过程得到解决。① 这种观点已经不被当代的范畴理论所接受,他们认为早期人类对范畴的划分不是很科学,而今对事物表征的描述逐步精确化、细致化。

亚里士多德区分了辞典意义和百科全书意义,认为辞典提供了词语的基本意义,而后者提供了该词语延伸更广的意义。从这一点上我们可以得出,亚里士多德的替代论中也是推崇隐喻意义除本义之外还有延伸的意义,需要层级的推导才能够得以理解。

2. 对比较论的质疑

在继替代论之后盛行的隐喻理论当属隐喻比较理论,这个理论认为隐喻的两个成分之所以能够建立联系,在于通过比较两个词的语义特征,发现两者之间存在相似点,从而建立两者的隐喻关系。

(1) That girl is a cat.

That girl is a witch.

(2) 喜欢我作品的朋友……说我的作品是维多利亚时代贵妇人的曳地长裙,虽然长得有点冗赘,有点臃肿,但雍容华贵,别有风韵。(沈石溪:《再被狐狸骗一次》)

我曾自嘲地说我的作品是旧时代女人的裹脚布,又臭又长……(同上)

例(1)中这样一个陈述句表明猫有狡黠的特点,假定这个女孩也有这样的特点,两相比较,猫可喻女孩,而女巫也是狡黠奸诈的,因此可以把女孩比作女巫。例(2)中主要说明同一个作品就其长度而言,有不同的反应和评价。形容成长裙的观点当然是欣赏或是喜欢作者的文章,因为它"雍容华贵,别有风韵";对自己作品不满意或表示谦虚的作者本人则把它比喻成"又臭又长"的"裹脚布"。

这两个例子说明每个隐喻的两个成分是不能按照语义随意替代的。因为例(1)中两个成分一个是人,一个是猫,不处于同义域地位。而女孩和女巫虽然

---

① 胡状麟. 认知隐喻学[M]. 北京:北京大学出版社,2004:21.

都是人，但是这两个概念也不同属于客观世界。同样，例（2）中两个隐喻的词项都不能替换。因为一个是作家的文字作品，另一个是用布料加工的"长裙"和"裹脚布"。另外为什么同一个事物，同一个人可以有不同比喻，女孩既可以是"猫"又可以是"女巫"，文章的长度既可以是"长裙"又可以是"裹脚布"？这完全是因为对相似点做了比较。而这个相似点，因不同视角不同立场，可以有多种显现形式。① 把相似点确定为狡黠的特征，把女孩比喻成"猫"，把相似点定格为奸诈，把女孩比喻成女巫；把作品从好处谈，比喻为"长裙"，把作品的缺点自我评价，比喻为"裹脚布"。可见，隐喻的成立在于对相似性从一定的视角做了比较。

　　比较理论的优点是它比替代论具有更大的活动空间，不依赖同一域的上下位关系。② 这种比较理论是经过类推和明喻的特性而发展起来的。在此简述其特点：首先，建立在类推和明喻基础上的隐喻，要求对两个或多个事物进行比较。当我们对两个事物进行比较时，就要在主语的所有特性和属性以及修饰词的所有特性和属性中找到共同点。亚里士多德提供了这样的解释：在使用隐喻给尚无名称事物以名称时，不是从漫无边际的事物中，而是从同源的或相似的事物中去找，这样，说话人话一出口，听者便能清楚地观察到两者的联系。他认为这个相似点要与本体有联系，但这种联系又不是很明显的，如同在哲学中敏锐的思维可以从相距甚远的事物中洞察其相似点。我们可以推断出在比较中，作为隐喻两个成分的共同基础的有关特征不是"等同"的关系，仅仅是"相似"的关系。其次，本义的比较也是比较论的重点。亚里士多德认为，所有隐喻都是本义的明喻，它只是把喻词"like""as"省略了，给出的是未标明的相似点。说话人和听话人要在具有通常的背景知识（常识）或生活经验的基础上才能够理解隐喻。最后，是对称的比较。对隐喻做比较的陈述，突出了两个概念之间的结构具体共性。这个观点的优点是使隐喻和明喻得到调和，隐喻是隐含的或简略的明喻，而明喻是规定 A 只是与 B 相像，对相似之处做清晰的陈述，从而不违反范畴规则。相比之下，隐喻的形式却是：A is B。这两个词语中的相似点是对称的，也就是说 A 有这样的特征，B 也有。

　　相比先前的替代论，比较论确实是先进了，但是仍然会招致很多质疑。首先提及相似点，索斯吉斯（Soskice et al, 1995）指出，比较理论中所依赖的相似点是比较特性中先前存在的相似点，它没能够说明如何帮助我们发现或理解

---

① 胡状麟. 认知隐喻学[M]. 北京：北京大学出版社，2004：24.
② 胡状麟. 认知隐喻学[M]. 北京：北京大学出版社，2004：25.

原先未引起注意的那些相似点。如果两者之间的关系不是有关特性的等同的关系，那么所谓的相似关系究竟是什么？并且比较论也没有对"相似性"做出限定。在这个理论中，相比较的两项，只有一部分的特性从修饰词映射到了主语上，而其他特性却自动回避了。塞尔指出相似性是一个空洞的词语。隐喻的比较理论建立于这样的认识，隐喻可以对主语和修饰语所具有的特性之间预先存在的相似点做本义的比较。既然这些特性的相合或不相合依赖的是分析不清的相似点，比较观点不能解释当特征不等同的时候，如何发现相映合的相似点？因此，比较观点不能将有关隐喻的认识完全建立在未经分析的相似点的关系上。根据古德曼（Goodman）的观点，只有两个事物具有相同的共同的特征，才能说两个事物是相似的。特性的相关是因语境而不同的，也因进行比较的目的不同而有不同。因此，相似性是非常不稳定的关系，不能作为解释类推、归纳、范畴化和隐喻的其他过程的基础条件。其次，人们又对本义的比较提出了质疑。隐喻陈述在意义上不等于相似点的本义陈述，因为两种陈述的真实条件不一样。为了理解，比较理论要求其底层的明喻应当是对相似点的本义的陈述。如果明喻陈述是为了解释隐喻，本身也是隐喻性的，或者是修饰性的，这样就陷于循环解释了。① 莱可夫和约翰逊曾有过这样的结论：①亚里士多德的隐喻是就语言而说的，未涉及思维和动作的问题。②以"A 是 B"形式出现的隐喻是语言表述，其意义与"在 C，Y，Z 诸方面，A 像 B"的语言表述相符，在"C，Y，Z 诸方面……"表示我们所谓的"孤立的相似点"。③因此，根据比较理论产生的隐喻只能描述已存在的相似点，不能创造相似点。② 最后，比较理论坚持认为隐喻是对称的。然而，由于人们是按照共同特性解释的，必然出现义域不一致的问题，同时很难坚持"B 像 A"的立场。但是这种相似性无疑是理想的。

（二）戴维森隐喻意义理论的理论基础

在《真与意义》这篇早期文章中，戴维森指出意义理论的任务并不是改变、改进或改造一种语言，而是描述并理解这种语言。后来他又在《为约定 T 辩护》中进一步明确阐释语言哲学主要的、最终的任务是对自然语言的理解。这可以说出很多理由，将"语言"一词限制于当前或一直是在实际使用中的符号系统：未经解释的形式系统由于没有意义因而不是语言，得到解释的形式系统最好看成自然语言的延伸或一部分，它们从自然语言那里获得生命。在其随后的学术发展中他更倾向于把意义问题建立在"主体之间相互交流的具体语言之上"，这

---

① 胡状麟. 认知隐喻学[M]. 北京：北京大学出版社，2004：31.
② 胡状麟. 认知隐喻学[M]. 北京：北京大学出版社，2004：31.

里既包括实际说出的也包括潜在的所有语句。他认为"语言是实际交流中发生的事情,因此对语言意义的解释也不能是抽象的。总的来说,戴维森所关注的语言是具体的说话人的话语"①。那么,戴维森是在强调对语言的理解的基础上提出了他有别于当时盛行的各种隐喻理论的新主张,也确实为隐喻意义的研究开拓了一个崭新的研究视角。

1. 意义与真

戴维森的意义理论是在弗雷格、维特根斯坦、卡尔纳普(Carnap)、塔尔斯基等人的传统观点的基础上发展的,他认为通过陈述一个语句的成真条件就能给出这个语句的意义。戴维森意义理论的核心主题是成真条件意义理论。戴维森接受了奎因的整体主义思想,反对内涵式的意义理论,主张建立一种意义理论:一不能求助于句子构成成分的意义,如指称或意义实体;二不能求助于内涵语义,如同义性概念。戴维森指出:"这种程度的整体论已经隐含在这样一种建议当中,这就是,必须从一种适当的意义理论中衍推出一切形如's 意谓 m'的语句,它在原则上能说明一切语句的意义。"②

(1) s 意谓 m

在(1)中,s 可以被一个语句的结构概述短语所替换,m 可被一个指称该语句的意义的单称词项所替换。其实在这个公式中并不出现语词的独立意义,它是以语句的意义为表达对象的。它只是"某语句具有某个意思"的形式化表达式。如果存在 m 所指的所谓意义的东西,那么意义将丧失其作为实体的有别于指称的地位,于是又将落入指称论的命运之中;此外,即使有表达 s 意义的名称 m,又会出现对 m 意义的追问。③这样,就与戴维森之前表述的观点相悖:不求助于语句的内涵语义与不求助于语词的内涵语言。

戴维森认为将 m 去除是最容易的,"仅仅写出's 意谓(that) p',并设想'p'被一个语句所替代"④。"s 意谓(that) p"表述了这样的意思:"语句 s 与语句 p 具有同样的意义。"⑤ 戴维森当然也看到了:"然而,看来我们好像陷入了另一方面的困境,因为,做出下述这种期望是合理的,这就是,在设法处理

---

① 陈嘉映. 语言哲学[M]. 北京:北京大学出版社,2006:250.

② DAVIDSON D. Truth and Meaning [A] //DAVIDSON D. *Inquires into Truth and Interpretation* [C]. Oxford: Clarendon Press, 1984:22.

③ 张力峰. 戴维森纲领:一条躲避内涵的意义理论捷径[J]. 哲学研究,2003(1):88.

④ DAVIDSON D. Truth and Meaning [A] //DAVIDSON D. *Inquires into Truth and Interpretation* [C]. Oxford: Clarendon Press, 1984:22.

⑤ DAVIDSON. Truth and Meaning [A] //DAVIDSON. *Inquires into Truth and Interpretation* [C]. Oxford: Clarendon Press, 1984:22.

关于显然是非外延的'意谓（that）'的逻辑过程中，我们会遇到与我们的理论设法要解决的那些问题同样困难的（或许是相等同的）问题。"① 在这个公式里仍然出现"意谓"这样的内涵语词，还是没有达到戴维森最初的标准。

然而戴维森从塔尔斯基关于真理的形式语义定义的方式（约定 T 理论）得到了启发。他借用了塔尔斯基为语句的真建立等值式的形式来说明语句的意义，这样既避开意义理论的内涵式结构，又通过把意义理论与真理理论联系在一起达到了对意义的外延性说明。戴维森克服了意义内涵性说明的困难，从"满足""真"这样的外延性词项角度来说明意义理论。虽然戴维森对意义的说明是通过把意义理论与塔尔斯基的真理理论联系在一起而达到的，但二人各自的理论目的不同。塔尔斯基的语义真理理论是为了给形式化语言中的真理概念做出一个内容上适当、形式上正确的定义，因此在元语言中对对象语言的理解就是先在的前提；而戴维森试图通过真理理论来说明意义理论，因此真理谓词得到了理解，而对象语言的语句才是尚待理解的东西。也就是说，戴维森将塔尔斯基"约定 T"的认识论次序颠倒了过来。② 戴维森在《对福斯特的答复》一文中曾清楚地介绍了这个倒转：塔尔斯基的目标是定义真理，而且他处理的人工语言，在那里，定义可以取代说明，因此，他可以理所当然地应用翻译概念。但是在彻底解释那里，不能设定的恰恰就是翻译概念。因此，我不使用翻译概念，而是提出在接受一个真理理论时所需要的某些经验条件上的限制，从而我们无须援引意义、翻译、同义这些概念就能够陈述这个理论。不过，对真这个概念的某种理解还是必需的……接受这一视角的转变并不是放弃约定 T，而是以一种新的方式来解读它。我像塔尔斯基一样，所要的是一个满足约定-T 的理论，只不过在他设定翻译概念以便澄清真理概念的地方，我要说明的是翻译概念，而这是通过假定对真理概念的部分理解达到的。③ 戴维森在《真与意义》里是这样逐步论述的：我所知道的解决这种困难的唯一办法既是简单的，又是彻底的。对于我们陷入处理内涵语词这一忧虑，是由这样一种做法所造成的，即把语词"意谓"（that）用作填充在对语句的描述与语句之间的连接语词④，进而得出了

---

① DAVIDSON D. Truth and Meaning [A]．DAVIDSON D. *Inquires into Truth and Interpretation* [C]．Oxford：Clarendon Press，1984：22．
② 张力锋．戴维森纲领：一条躲避内涵的意义理论捷径 [J]．哲学研究，2003（1）：88．
③ 戴维森．对真理与解释的探究[C]．牟博．江怡，译．北京：中国人民大学出版社，2007：156-219．
④ DAVIDSON D. Truth and Meaning [A] //DAVIDSON D. *Inquires into Truth and Interpretation* [C]．Oxford：Clarendon Press，1984：22．

这样的论述:"作为最后一个大胆的步骤,让我们尝试以外延的方式处理由'p'所占据的地位。为了做到这一点,就要抛弃难解的'意谓'(that),向替代'p'的语句提供一个恰当的语句关联词,而向替代's'的描述语提供它自己的谓词。看来合理的结果便是:(T) s 是 t 当且仅当 p。"① 戴维森选用了"是 t 当且仅当"这一表达式,其中 t 是任意一个谓词,其外延要求与"意谓"一词相等,但现在还不是"约定 T"中"是真"的缩写形式。其中原因也正如戴维森所说的:"我们对于一种语言 L 的意义理论所提出的要求是,在不求助于任何(进一步的)语义概念的情况下,这种意义理论对谓词'是真的'赋予足够的限制,以便可以当's'为 L 中一个语句的结构描述语所替代,'p'为该语句所替代时,从(T)图示中衍推出所有的语句来。"② 那么,我们从这个(T)图示可以看出,它是一个语句的结构描述语来表示一个语句的名称的。"p 为该语句"说明了 s 与 p 的对等性。

戴维森在文中是这样描述借用塔尔斯基"约定 T"的:"任何两个满足这一条件的谓词都具有相同的外延,因此,如果元语言足够丰富,就不会有任何东西会妨碍把我现在称之为意义理论的东西置入对谓词'是 T'所做出的明确定义的形式。但是,不论是对'是 T'加以明确定义还是对它以递归方式加以表征,它所适用的语句显然恰恰是 L 中的真语句,这是因为,我们对令人满意的意义理论所提出的条件,在本质上就是塔尔斯基的约定 T,它检验形式语义上的真理定义是否适当。"③

2. 意义与解释

20 世纪罗素、维特根斯坦、奎因等在对语言意义的讨论中,都以追求真为自己的目标。包括戴维森在内的很多哲学家都认为陈述一个语句的成真条件就能给出该语句的意义。但是,随着挑战和质疑的增加,各种理论同时也暴露出弱点。戴维森此时从新的视角来探求意义通达真的途径,把目光投注到语言现象中的解释行为上来,他将人们对语言意义的解释行为作为其意义理论甚至语言哲学的出发点和归宿。

从戴维森的一系列论文来看,他关心的并非语言意义本身,他不是问"什

---

① DAVIDSON D. Truth and Meaning [A] //DAVIDSON D. *Inquires into Truth and Interpretation* [C]. Oxford: Clarendon Press, 1984: 23.

② DAVIDSON D. Truth and Meaning [A] //DAVIDSON D. *Inquires into Truth and Interpretation* [C]. Oxford: Clarendon Press, 1984: 23.

③ DAVIDSON D. Truth and Meaning [A] //DAVIDSON D. *Inquires into Truth and Interpretation* [C]. Oxford: Clarendon Press, 1984: 23.

么是语词的意义?""戴维森在以人们言语交流在大多数情况下实际成功的前提下,来讨论这种有意义的表达式成功起作用的本质"①。戴维森也曾很明确地表述:要是我们能够说出,为理解某一说话者,听话者必须知道说话者的什么情况才算是充分的,要是能够似真的说明,对听话者来说,如何在事先不详细知道该说话者命题态度的情况下原则上知道他必须知道的东西,那么,有关意义的许多问题就能够得到答案。② 如果把对言语的解释行为作为意义理论的出发点,那么一些关于解释的因素我们也应该加以考虑。首先,解释必须是种理解,对说话者话语的解释是对意向的理解活动。理解语言的人必须拥有一套复杂的能力,得以发出和辨别其语言中的声音、语词、语句及其他的语言表达形式;还需要有辨识他人的提问、命令、请求、讽刺、隐喻大量复杂的言语行为,同时自己也具有同样的行为能力。但这样也不足以理解语言,人们可以在完全不理解的情况下做出上面的事情。因此,理解并不是我们用语词和语句摆弄的游戏,它一定是某种从根本上说只有具备讲话能力的主体才能做的事情。同时解释还是带有心智特征的理解,承认说话者的心智。这一方面的内容在戴维森的众多论文中有很多专门的探讨。另外,交流也是一个需要考虑的重要因素。解释是解释者对说话者话语的理解。"没有'我',没有'说话者'这第一个人,解释就失去了对象,解释行为也就没必要进行;同样没有'你',没有'听话者'这第二个人,解释就失去了主体,解释行为就无法进行。所以,解释就是交流,交流需要解释。"③ 最后还要考虑语言发生的环境问题。既然解释行为是听话者对说话者话语的理解,那么,说话者的说话环境也应该是解释所要考虑的因素。也就是说,人们解释的对象不仅是某人说的话,还是某人在某时某地说的话。因此,对话语的解释要伴随该话语的说出者,同时也要伴随该话语说出的场合。

上述的两个因素涉及话语和心智、话语和他人的关系,而这个因素所涉及的是话语和周围世界的关系,也就是语言的意义和真的关系。戴维森的解释理论正是从上述三方面展开对语言意义的分析的。于是,有意义的话语必定是某个有智能的主体说出的,并代表了主体的某种意向;还有有意义的话语必定是

---

① 张妮妮. 意义、解释和真:戴维森语言哲学研究[M]. 北京:中国社会科学出版社, 2008: 57.

② DAVIDSON D. Reply to Tyler Burge [A] //Hahn L E. *The Philosophy of Donald Davidson* [C]. Chicago and La Salle: Open Court Publishing Company, 1999: 252.

③ DAVIDSON D. The Second Person [A] //DAVIDSON D: *Subjective, Intersubjective, Objective* [C]. Oxford: Clarendon Press, 2001: 107.

在某一个特定的环境下被主体说出的。①

而戴维森对隐喻的解释就是建立在对自然语言的解释的基础上的,在理解的过程中,强调"说话人"或"主体"、"听话人"或"受体"、"环境"的相互作用而产生了隐喻,而不是词句之外的意义。一切通过言语所完成的交流活动都假设了创造性的建构与创造性的解释之间的相互作用。②

三、戴维森隐喻意义理论的主要内容

（一）隐喻的含义

戴维森认为隐喻是语言之梦的产物,就像人们所做的一切梦那样,对隐喻的解释既是对梦者一方的反映,又在同样程度上是解释一方的反映。对梦的解释需要梦者和醒者的合作（使这两者是同一个人）；并且做出解释这一行为本身便是想象的产物。③ 隐喻为通常的言语增色,但是并没有超出词语本身之外的语义。隐喻的含义无非就是其所涉及的那些词语的含义（按照对这些语词的最严格的字面上的解释）。④ 他认为隐喻并没有说出超过字面上意思的内容,隐喻中根本就没有可以进行释义的东西,所以根本无法对隐喻做出释义。隐喻仅仅属于语言使用的范围,它是通过对词句和语句的富于想象力的运用而造就出的某种东西。"隐喻完全依赖于这些语词的通常意义,从而完全依赖于由这些语词所组成的语句的通常含义。"⑤ 隐喻的注意力指向语言所论述的东西,凡是能够依据意义来解释的隐喻都可以,并且的确通过求助于语词的字面意义来解释。还可得出这样一个推断,即出现隐喻的语句是以通常的、严格的方式而为真或假的,这是因为,如果语句中的语词没有特殊意义,那么语句也就没有特殊的真。这并没有否认存在诸如隐喻真理之类的东西,只是否认语句有这类东西。隐喻的确使我们注意到在其他场合下可能会注意不到的事情,并且,他认为有理由说这些由隐喻引发出的想象、思想和情感是有真假的。戴维森通过对不同理论

---

① 张妮妮. 意义、解释和真：戴维森语言哲学研究[M]. 北京：中国社会科学出版社, 2008：59+63.
② 戴维森. 对真理与解释的探究[C]. 牟博, 江怡, 译. 北京：中国人民大学出版社, 2007：291.
③ 戴维森. 对真理与解释的探究[C]. 牟博, 江怡, 译. 北京：中国人民大学出版社, 2007：291.
④ 戴维森. 对真理与解释的探究[C]. 牟博, 江怡, 译. 北京：中国人民大学出版社, 2007：292.
⑤ 戴维森. 对真理与解释的探究[C]. 牟博, 江怡, 译. 北京：中国人民大学出版社, 2007：293.

的批判来限定隐喻的含义。

(二) 隐喻的含义的界定

1. 隐喻的含义与事物的相似性

一个隐喻使人们注意到在两个或更多个事物之间的某种相似性（常常是新奇的或令人惊奇的相似性）。因此戴维森在阐述观点时首先区别的就是当时盛行的隐喻解释的"相似性"。这个司空见惯的正确观察结果导致（或者说似乎导致）一种关于隐喻意义的结论。"两朵玫瑰花是类似的，因为它们都具有是玫瑰花这个特性；两个婴儿是类似的，因为他们都具有婴儿这种性质（infanthood）。或者更简单地说，因为每朵玫瑰花都是一朵玫瑰花，所以玫瑰花都是类似的；因为每个婴儿都是一个婴儿，所以婴儿都是类似的。"①

如果有人说"托尔斯泰（Tolstoy）曾经是一个婴儿"。作为婴儿的托尔斯泰以怎样一种方式相似于其他婴儿呢？那我们可以说从婴儿所体现的性质来看，作为婴儿的托尔斯泰同其他婴儿一样，这个谓词适用于他。"假定给出了'婴儿'这个词，我们就可以毫无困难地精确说明作为婴儿的托尔斯泰是如何类似于其他婴儿的。我们不用'婴儿'这个词也能做到这一点，我们所需要的只是其他的与'婴儿'具有相同含义的语词。最终结果是相同的。"② 这种分类方式很显然是与通常词语的通常意义相联系的。但是如果说"托尔斯泰是一个伟大的进行道德说教的婴儿"，那么这里指称的托尔斯泰并不是作为婴儿的托尔斯泰，而是指成年的托尔斯泰，这就是隐喻。那么这个隐喻是怎样发生的呢？持"相似论"的观点就会竭尽全力去寻找普通婴儿与成年托尔斯泰之间的共同特性。但是戴维森有这样的质疑："问题的要害并不是我们是否能找到其他的完美的词，而在于这样一个假定：存在某种期望得到的东西，即一种要使之一致的隐喻意义。"③ 那么在我们看来通常的多种多样的类似性与在我们看来通常的多种多样的意义是一致的。

以上的例子很明显可以推断出这样一个结论：在隐喻中，某些词语呈现了新的语义，也可以说是扩展出新的语义。这种扩展出的意义凑巧与哲学家们所提及的"外延"是相适用的。但是依据戴维森的观点，这种理论有其不完全性。

---

① 戴维森. 对真理与解释的探究[C]. 牟博，江怡，译. 北京：中国人民大学出版社，2007：294.
② 戴维森. 对真理与解释的探究[C]. 牟博，江怡，译. 北京：中国人民大学出版社，2007：295.
③ 戴维森. 对真理与解释的探究[C]. 牟博，江怡，译. 北京：中国人民大学出版社，2007：295.

这是因为这些外延的语义在某种语境下，是适用于隐喻的主体及喻体的，也就是外延的语义就是词项所表达的实体。"婴儿"在有些语境中确实适用托尔斯泰，但是此时隐喻的意思就消失了。"倘若我们要把隐喻中的语词看作直接在完成这样一项工作，即被应用于它们确实可恰当地适用于的那些东西，那么，隐喻和把一个新词项引入我们的词汇之间便没有任何差别了。这也就是说，易于辨识是在扼杀这个隐喻。"① 把隐喻含义解释成语义的相似性是没有考虑到求助于隐喻中的语词的原有意义。不论隐喻是否依赖于新的或扩展出的意义，隐喻都无疑以某种方式依赖于其中语词的原有意义；对隐喻的适当解释必须使语词的最初意义或原有意义依然在其隐喻环境中发挥积极作用。②

2. 隐喻含义与含混性语义

语义的含混性可以解释成在通常的语境中，语词有一种意思，而在隐喻的语境中，它又有另外的某种意思。在理解"学校是制造人才的工厂"这句话时，我们首先按照通常的意义解释它，然后我们又按照某种超乎寻常或隐喻的含义来解释。

戴维森明确反对这种观点："因为在隐喻的语境中，我们却并非必然要对语词的意义犹疑不定。当我们确实犹豫时，这通常是要判定在若干种对隐喻的解释中，我们将接受其中哪一种解释；我们很少对我们所面临的是一个隐喻这一点表示怀疑。而在对于对一段隐喻做隐喻性解释这一点确信无疑的情况下，隐喻依然易于发挥其效力。因此，不能把隐喻的效力归结为这种含混性。"③

3. 隐喻与明喻

有种理论认为隐喻等同于一个省略了的明喻，并用以下例句加以证明：

（1）Time is money.

Time is like money.

（2）My love is a red, red rose.

My love is like a red, red rose.

（3）一个有高度文化修养的人是指这样一个具有严格训练过的智力水平的男人或女人，他或她驾驭着其心智飞驰在田野上去追逐一个思想。

---

① 戴维森. 对真理与解释的探究[C]. 牟博, 江怡, 译. 北京: 中国人民大学出版社, 2007: 296.
② 戴维森. 对真理与解释的探究[C]. 牟博, 江怡, 译. 北京: 中国人民大学出版社, 2007: 296.
③ 戴维森. 对真理与解释的探究[C]. 牟博, 江怡, 译. 北京: 中国人民大学出版社, 2007: 297.

一个有高度文化修养的人是指这样一个男人或女人，其智力就像是一匹受过严格训练的马，他或她坚持不懈地思考一个思想，就像是一个飞驰在田野上去追逐某个东西的骑手一样。

（4）老傻瓜又变成婴儿耍孩子气了。

老傻瓜又像婴儿一样耍孩子气了。

从以上的例子似乎可以很轻易地看出：隐喻就是明喻省略了词的变体。这种理论认为，一个隐喻的比喻意义是与之相应的明喻的那种字面意义。

戴维森认为，隐喻不能等同于一个省略了的明喻，持有这种观点的人使隐喻的意义变得太明显和太便于理解，而隐喻不是我们可以通过把隐喻与明喻进行比较而学到很多有关隐喻含义的知识，因为一个明喻部分地告诉我们一个隐喻仅仅要引起我们注意到的东西。[1] 以上的观点似乎又让我们掉进了"相似论"的旋涡。在例（4）中有人直接用明喻表达，那么，他便使用这些语词断定了老傻瓜与婴儿之间的类似性。但是如果他实际上说的是"老傻瓜又变成婴儿耍孩子气了"，他便如此使用这些语词来提示所论及的那个明喻所断言的类似性。[2] 按照这些思路来思考可以导致另一种关于隐喻的比喻意义或特殊意义的理论，例如，"Love is a red, red rose"这句话就其比喻意义而言与"Love is like a red, red rose"这句话同义。诚然，在识别出与某个给定的隐喻相应的明喻上存在困难。

我们不能把一个隐喻的特殊意义等同于一个相应的明喻（无论怎样对"相应的"做出详细说明）这种看法与一种普通理论相混淆，即认为一个隐喻也就是一个省略了的明喻。这种理论没有在隐喻与某种相关的明喻之间从意义上做出区别，没有提出谈论比喻意义、隐喻意义或特殊意义的任何根据。[3] 如果把隐喻解释为省略了明喻，那么我们就把隐喻的含义解释得过于简单，简单的隐喻机制不能够发挥作用。因为，如果我们使隐喻的字面意义成为与之一致的一个明喻的字面意义，那么，我们便否认了我们可以了解我们原来当作隐喻的字面意义的东西。[4]

---

[1] 戴维森. 对真理与解释的探究[C]. 牟博, 江怡, 译. 北京：中国人民大学出版社, 2007：301.

[2] 戴维森. 对真理与解释的探究[C]. 牟博, 江怡, 译. 北京：中国人民大学出版社, 2007：302.

[3] 戴维森. 对真理与解释的探究[C]. 牟博, 江怡, 译. 北京：中国人民大学出版社, 2007：302.

[4] 戴维森. 对真理与解释的探究[C]. 牟博, 江怡, 译. 北京：中国人民大学出版社, 2007：302.

无论是把隐喻等同于一个明喻的字面意思还是把它看作省略了的明喻的理论都有一个共同的致命缺点。在每种情形下，这种隐含意义都可以简单地通过注意到一个通常是十分平凡的明喻的字面意义而寻求到，即这个东西像那个东西一样，如托尔斯泰像一个婴儿一样，船板像一块地板一样。它之所以是平凡的原因在于：某一个东西都像某一个东西一样，并且是以无穷无尽的方式。隐喻经常是非常难以被解释的，因此人们说隐喻经常是不可能被释义的。

戴维森对隐喻与明喻的对比的结论：倘若隐喻是省略了的明喻，那么前者便明确地说出了明喻所要说出的内容，因为省略是一种简缩形式，而不是释义形式或间接表述形式。① 明喻仅仅断言的是类似性，我们从与明喻的比较中学不到任何关于隐喻的知识，而仅仅获知两者都具有同样的比喻意义。明喻说的是存在一种相似性，至于说这种相似性是显而易见的，那就留给需要领会这个明喻的人去挑选这一系列相似性；而隐喻却没有明确断定那一种相似性，但是如果我们把它接受为一种隐喻，我们就会被诱使去寻求一些共同特点，但是这个共同特点不一定与明喻所表明的相似性是相关的。明喻十分明显地表明一种类似，在隐喻的场合下存在着隐含的意义。在明喻的场合下，我们注意到它在字面含义上所述说的内容，即两个事物彼此相像；在这种场合下，我们注意到所论及的那些对象，并考虑在所论及的语境中恰好是什么样的类似性。② 在做出判定是什么样的类似性之后，我们也许会说明做出该明喻的人有意让我们注意到那种类似性。但是，在意识到所论及的那些语词的含义与做出明喻的人通过使用这些语词所完成的行为之间的差别之后，我们就会感到，几乎没有什么东西会诱使我们通过赋予那些语词本身以另外一种意义或比喻意义来说明所发生的东西。③ 语言的意义这个概念的目的在于解释能够用词语所做出的事情。但是明喻的那种被假定出的比喻意义却解释不了任何事情。那种比喻意义并不是语词限于并且独立于语言使用的语境而具有的一种语词的特征，并不是建立在任何语言习俗的基础上的。

4. 隐喻的含义与语境意义

根据弗雷格的意义理论，每个指称词项都有两种（或更多种）意义，一种

---

① 戴维森. 对真理与解释的探究[C]. 牟博, 江怡, 译. 北京：中国人民大学出版社, 2007：303.
② 戴维森. 对真理与解释的探究[C]. 牟博, 江怡, 译. 北京：中国人民大学出版社, 2007：304.
③ 戴维森. 对真理与解释的探究[C]. 牟博, 江怡, 译. 北京：中国人民大学出版社, 2007：304.

意义在通常的语境中确定该词项的指称，另一种意义在由模态算子或心理动词所造成的特殊语境中确定该词项的指称。可以把联系这两种意义的规则做如下表述：语词在特殊语境中的意义使得在特殊语境中的指称统一于在通常语境中的意义。弗雷格认为应该把语词看作具有两种特殊的或超世俗的应用领域（除了其世俗的应用领域之外），一种是关于隐喻的应用领域，另外一种是关于模态语境等的应用领域。① 在这两种场合下，原有意义依据一条把各种不同的意义联系在一起的规则依然发挥其作用。

在强调过在隐喻意义与弗雷格的那种关于间接语境的意义之间可能具有的相似关系之后，戴维森转而讨论一种在坚持这种相似关系时所碰到的给人深刻印象的困难。他在论文中假定教会来自土星的来访者"地板"一词的事例：教授者试图通过极其简单并常见的方式去教会他这个词，比如，领着他从地板走到地板，指向地板，用脚踩踏地板，同时嘴里反复说"地板"这个词。然后又通过教学模式当中的奖赏理论予以奖惩回报，目的就是让这个土星人知道这是地板。但是我们有这样的质疑：你不能肯定地说你告诉了这个土星人"地板"一词，因为你所有的言语和动作不能集中地去表达"地板"一词，而是通过很多间接语境的帮助涉及了地板。但是如果有这样一种场景：你以为你的火星朋友已经知道了"地板"一词，当你用"地板"做出一个隐喻，"水上的地板（船）也很坚固"，那么他会以什么的方式来理解？根据这种语境理论，你的这位火星朋友只不过是在学习新的词义，而不是隐喻。

我们所应当同意的是：在某个给定的语境中我们究竟是认为一个语词以隐喻的方式被使用还是认为它是以一种先前未知的但又是严格的方式被使用，这在某些方面只造成相对小的差别。②

5. 隐喻的含义与真

在论证隐喻的意义的理论基础时，我们已经讨论了意义与真的关系，在此不再赘述。以下是对隐喻的意义与真的讨论，当然隐喻意义的这个特征是建立在意义与真的理论基础之上的。戴维森认为凡是能够依据意义来解释的隐喻都可以并且的确是必须通过求助于语词的字面意义来解释的。还可得出这样一个推断，即出现隐喻的语句是以通常的、严格的方式而为真或假的，由隐喻引发出的想象、思想和情感是有真假的。这是因为，隐喻的确使我们注意到在其他

---

① 戴维森. 对真理与解释的探究[C]. 牟博, 江怡, 译. 北京：中国人民大学出版社, 2007：298.

② 戴维森. 对真理与解释的探究[C]. 牟博, 江怡, 译. 北京：中国人民大学出版社, 2007：299.

场合下可能会注意不到的事情。①

我们需要明确的是：如果一个以隐喻的方式来使用的语句是在通常含义上有真假的，并且明喻与隐喻之间最明显的差别就是一切明喻都是真的，而大多数隐喻是假的。② love 像火红的 rose，老傻瓜像婴儿，因为每个东西都像是每个东西一样，这样的语句是真的。可是，一旦把这些语句转变成隐喻，也就使它们变成假的了。因为 love 像是 rose，但它并不是 rose；老傻瓜的脾气像是一个婴儿，但他并不是一个婴儿。我们通常只是在我们知道相应的隐喻为假的情况下才使用明喻。李洪濡（语言哲学研究会秘书长，硕士生导师）为解释意义与真曾给出经典例句：办公室是我的情人。因为我们知道办公室不可能是情人。假如我们使用隐喻，它是他的情人，那么，这并不是因为我们对所论及的事实改变了想法，而是因为我们选择用另一种不同的方式来理解"办公室是我的情人"这一看法。

重要的并不在于我们以隐喻方式来使用的那个语句实际上是假的，而在于我们把那个语句看作假的。一般来说，仅仅在一个语句被看作假的情况下我们才可以把它看作一个隐喻，才开始去搜寻那种隐含的暗示。大多数隐喻语句都显然是假的，正如一切明喻都以平凡的方式为真一样。③ 但是隐喻有时也会显然为真。

在话语真值的范围内，谎言也是一个值得讨论的现象。撒谎并不要求你说的话是假的，而是要求你认为它是假的。既然我们通常相信真语句，不相信假语句，并且大多数谎言是假的，那么从这个意义上讲，谎言与隐喻又有其相似点。因此，在某种特定的场合下，同一个语句在不改变语义的情况下既可以用于做出隐喻又可以用于说谎。一个信任女巫但认为她的邻居不是女巫的女人可能说"她是一个女巫"，并以隐喻的方式来解释这句话；但这同一个女人会在对女巫和她的邻居持同样看法的情况下有意骗人，她可能会使用同样的话语来达到十分不同的效果。由于语句和意义在这两种场合下都是同样的，因此，有时便难以证明哪一个意向隐藏在上述说法的后面。

我们在区分谎言与隐喻的时候，重点不在于所使用的语词或这些语词的含

---

① 戴维森. 对真理与解释的探究[C]. 牟博，江怡，译. 北京：中国人民大学出版社，2007：306.
② 戴维森. 对真理与解释的探究[C]. 牟博，江怡，译. 北京：中国人民大学出版社，2007：307.
③ 戴维森. 对真理与解释的探究[C]. 牟博，江怡，译. 北京：中国人民大学出版社，2007：308.

义（就意义的严格意义而论），而在于如何使用这些语词。当然，使用一个语句来说谎和使用它做出隐喻是完全不同的用法，两者互不干扰。正像完成一个行动和说谎这两者互不干扰一样。在说谎时，一个人必须做出一个论断以便表示他本人相信他并不相信的事情；在完成一个行动时，则要把论断排除在外。隐喻不顾及这种差别。对一个人说"你是一头猪"可能是一句骂人的话，因而是一个论断。可是，当（我们不妨这样假定）奥德修斯（Odysseus）对他的在西尔斯宫中的伙伴们说出同样的话语时，便不涉及任何隐喻；的确，这是一种描述，因而并不是论断，但所论及的那个语词至少有一次是按照其字面解释来说到人的。①

四、戴维森隐喻意义理论的对比研究及影响

对隐喻的意义的讨论，目前比较流行的理论包括情感论、比较论、符号意义论、语言对立论等。而这些理论都有一个共同的弱点，那就是都认为隐喻除了字面意义之外，还有被分别称为边缘意义、情感意义、特殊意义、隐喻意义或比喻意义的"第二意义"。

（一）戴维森隐喻意义理论的对比研究

理查兹首先提出互动论（interaction theory），但他没能解释出在隐喻中是如何"互动"的，以及"互动"的结果是什么。但是至少，他的研究工作开创了这一领域的先河，并且给后来布莱克的理论提供了基础。布莱克的主要观点体现在《隐喻》一文中。我们可以总结为如下观点。

1. 首先讨论了隐喻的基础。隐喻表达中最基本的两个成分，一个是第一主语，也称为聚焦（focus），接受隐喻意义。另一个成分为义框（frame），在句子中保持本意。这两个成分如能对上，而结果构成的意义又是不相称的，这便是隐喻。

2. 两个主语都有自己的意义系统。

3. 相似性的创新。两个主语之间的相似性（similarity）并不是先前存在的（pre-exist），而是通过两个主语的互动而产生的。

4. 隐喻是在句子主要主语（primary subject）的基础上通过相连的蕴含意义体系（system of associated implications）对辅助主语（secondary subject）进行解释。与此同时，主要主语应该包含建构的含义符合自己的意义系统。（Black，

---

① 戴维森. 对真理与解释的探究[C]. 牟博，江怡，译. 北京：中国人民大学出版社，2007：309.

1962：39）

5. 在特定隐喻陈述的语境下，两个主语互动，方式如下：①主要主语的存在激发听者从第二主语的特性中进行选择。②请听者构建适合主要的平行的含义复合体。③反过来激发在第二主语引起平行变化。(Black，1962：38-4)

布莱克在理查兹的基础上完善并发展了隐喻的"互动理论"（interaction theory），我们可以称之为"创新论"。布莱克反对先前流行于哲学界的对比理论，认为理解隐喻不只是把两种事物进行比较，以确定甲事物的某特征或关系同样适用于乙事物，相反我们可以根据他提出的"过滤作用"（filter），用有关甲事物常识的整个系统来"过滤"或组织乙事物的概念系统。或更抽象一点来说，布莱克认为既是对旧隐喻的重新可定，也是对主语有关已知陈述类型的新标记。也就是一个隐喻的陈述，通过改变已指定事物之间的关系，可以生成新的知识和看法。

传统语言哲学认为隐喻的运用只是涉及句子里可以分解的某一个词语，句子的其他部分则是字面意义。怀特（White）反对这种词有隐喻意义的概念，他的观点是：谈论每个单个词的"意义"的重点在于解释同样一个词在不同的句子里的意思的相同及不同性。根据反对隐喻是一些单个的词的观点，他认为隐喻的运作涉及更为复杂的语言结构，而不是仅仅涉及单个独立的词语。曾提及的布莱克的焦点和框架隐喻词论无法解释一个句子里出现两个以上的隐喻词语，因此怀特提出在一个隐喻句里将词汇分成两部分：首要词汇（primary vocabulary），是字面意思的用法，以及次要词汇（secondary vocabulary），则促动隐喻性的比较（the metaphorical comparison）。在布莱克的隐喻词理论当中，焦点和框架词语是泾渭分明的，而在怀特的二分法里首要词汇和次要词汇可以互相交叉。

怀特用 Tolstoy was a great infant 举例，认为隐喻的一个特征是歧义，既可以把句子中的形容词 great 用于 Tolstoy，同时，也可以把 Tolstoy 当作 infant。如果这一个隐喻解释是由于把伟大的 Tolstoy 比作一个婴儿，而不是把 Tolstoy 比作一个长得超大的婴儿，那么第二主语组成 a... infant 词组而不是 a great infant。由于主要的和次要的词汇混杂在一起，因此就不能把一个能够作为布莱克所指的焦点的东西从一个连续的成分中分离出来。怀特进而分析 Tolstoy was a great infant 这个句子，认为如果将这个句子中的 Tolstoy（伟大的作家）比作一个长得过大的婴儿的话，great 这个词既属于句子的主要词汇同时也属于句子的次要词汇，那么说 great 是焦点部分而不是框架就没有意义。怀特的隐喻理论是实证的，他把一个隐喻看作一个主要和次要的句子的"语言学混血儿"。基于一个主要句子和次要句子的隐喻的论述，不是作者想直接论述隐喻构成的实际过程。

怀特认为，作者不会那么有特点地组成主要的句子和次要的句子，然后再使他们并列，这不过是把隐喻描绘成建构在两个并列的句子中以显示隐喻的语言学结构而已。因此，怀特把隐喻句看作是这样建构的，即他允许两种不同的解读——"主要句子"相应的一种解读，"次要句子"相应的另一种解读。通过把一个句子添加在另一个句子上，隐喻句使我们或引导我们去认识主要句子所描绘的情景——好像是由次要句子描绘的情景。

怀特反对词有隐喻意义这样的概念，他的主要观点是：谈论每个单个词的"意义"的关键在于在不同的句子里解释同样一个词的意思的相同和不同性。但是，一个词在一个句子中的隐喻性的使用并不指导我们解释一个词在另外一个句子中的隐喻的使用。

但是在一个隐喻的句子里，很难区分隐喻使用的词和字面使用的词，他认为这一点布莱克以及塞尔两位学者都没有考虑到。怀特与布莱克不同，他不是像布莱克那样去区分隐喻的焦点和字面的框架，而更喜欢在一个隐喻句子里区分字面的主要词汇和引导出隐喻比较的次要词汇，这里主要词汇和次要词汇可以交叉。

当代语义学试图从语义选择限制和语义变异理论出发对隐喻的理解给予解释（Matthews，1971），但是这些理论都立足于把隐喻看作词义替换或变化现象。这种对词作本义和修饰义的区别未尽如人意。就语义学而言，他未能说明语言使用者如何理解看来是变异的句子的意义，也未说明一些意义清楚的句子也可表达隐喻。20世纪50年代，英国哲学家奥斯汀提出了言语行为理论（speech act theory）。美国语言哲学家格赖斯在1975年和1978年对隐喻做出论述，他认为隐喻和讽刺、隅举法等都违背了合作原则中的质量原则，因而听话人要考虑它的隐含意义。其后，美国语言哲学家塞尔对奥斯汀的言语行为理论做出了更为系统的发展，给出实现言语行为的分类原则和标准，讨论了言语行为形式化，即语势的逻辑理论问题（言外示力逻辑问题），并且提出了间接言语行为（indirect acts）。塞尔的言语行为理论为语言学的研究提供了新的途径，已成为当代语用学研究的重要组成部分。他的言语行为理论更是其隐喻理论产生的理论基础，为其隐喻理论的提出和研究提供了一个全新的视角。

塞尔认为使用语言是有意图的行为，人们的语言交流不是平常我们认为的简单的单词或句子等语言单位，而是言语行为。言语行为作为语言交流的基本单位，暗含着一系列的分析性关系，如言语行为的概念、发话者所意指、发出话语（或其他语言成分）的意旨、发话者的意图、受话者的理解以及控制语言成分的规则和控制言语行为的规则。① 在奥斯汀的言语行为理论基础上，塞尔对言语行为进行了分类，他把言语行为分为发话行为、命题行为、以言行事行为、以一言成事行为四大类，并且阐述了对言语行为分类的原则和标准。塞尔认为，言语行为还具有一个十分重要的特征，即具有意向性。在实施一种言语行为时，不仅使用了语言符号，同时还传达了说话者的意向，而语言符号只是被用作传达意向的手段。

在以言行事行为方面，塞尔认为表达以言行事的话语有一个典型的逻辑形式：F（P），"P"代表以言行事行为的命题内容，而这个内容是与一定的以言行事的力量（F）相伴出现的。② 塞尔强调以言行事的重要性，但认为其只是以言行事力量的一部分，而不等于以言行事力量的全部。隐喻表达就是为加强以言行事的力量和强度而采用的一种有标记的表达方式，它直接体现出说话人的交际意图和策略。③ 塞尔隐喻理论正是在批判和继承隐喻"比较论"和隐喻"互动论"的基础上发展起来的。区别于修辞学和语义学对隐喻的研究，塞尔首先对隐喻"字面意义"（语词意义）和"话语意义"（表述意义）做了区分，并对字面表述的一些特征做了描述。

塞尔（1993）对隐喻做出了系统的论述。主要观点如下：

1. 语用学要区别句子意义和语句意义。隐喻意义属于语句意义。

2. 就简单的主谓结构而言，隐喻语句的基本形式为：说话人说了一个"S is P"的句子，其隐喻意义为"S is R"。这就涉及对 S, P, R 三个成分及相互关系的分析。

3. 隐喻理论必须说明为什么说"S is P"，却指"S is R"。这样，就要区别本意语句和隐喻语句。前者表明说话人意义和语句意义是一致的，后者则表明陈述的真值条件不决定句子的真值条件。塞尔认为从'S 是 P'进入'S 是 R'要经过三个步骤：

（1）判断从隐喻意义角度来理解某一话语的必要策略。

（2）确认应寻找话语的隐喻意义后用来求解 R 可能值的一套策略或原则。

（3）一套用来限制 R 值范围的策略和原则。④ 所有隐喻的基本原则具有本意表述的语句及真值条件，以不同的隐喻特有的方式使人想到另一个意义和相

---

① 段开诚. 舍尔的言语行为理论［M］//束定芳. 中国语用学论文精选. 上海：上海外语教育出版社，2001：295.
② 涂纪亮. 英美语言哲学概论［M］. 北京：人民出版社，1988：356.
③ 王松亭. 隐喻和言语行为［J］. 外语学刊（黑龙江大学学报），1998（4）：45.
④ 束定芳. 隐喻的语用学研究［J］. 外语学刊（黑龙江大学学报），1994（2）：37.

应的真值条件。

4. 听话人要理解英语有三个步骤：

（1）断定对语句要不要做隐喻的解释；

（2）决定要做隐喻解释时，掌握一定的方法或原则考虑 R 的不同值。

（3）掌握一定的方法或原则来限定 R 的范围，以决定哪一个 R 值是说话人对 S 的陈述。

隐喻只有在一定的语境中才能产生，孤立的词不能成为隐喻，利科认为我们在"词典中找不到隐喻"①。因为，隐喻是出于对特定语境条件的洞察而被建立起来的，这种建构的过程也就是一个隐喻实际使用的过程。因此，任何隐喻只有通过在具体的语用语境中的创造性建构才可以生成，其意义的实现实际上是一种语用的创造性的显现；所以，只有在特定的语境中进行成功的语言交流，才可以说一个隐喻是"活的"隐喻。② 塞尔隐喻理论强调了语境的重要性，体现了语境在言语交际中的动态过程。在交际过程中，语境随之改变，交际过程是语境的建构过程。具体来讲在不同的阶段起作用的语境因素是不尽相同的。说话者说出一个语言表达式并欲做隐喻表述时，他一定相信听话者有能力辨认，理解他的隐喻表达，这时双方具有共同的背景知识就显得十分必要，否则交际就很难成功。这要求听者对所使用的语言要很好地驾驭，对语言交际的上下文要有所了解，同时还必须注意交际的时间、地点，交际的主题等，这些语境因素是其做出判断的依据。

（二）戴维森隐喻意义理论的影响

大多数学者对于隐喻意义研究的结论都是隐喻具有隐喻意义，而戴维森的隐喻意义理论却独树一帜，提出隐喻的含义是最严格的字面的含义，而没有所谓的隐喻意义。对于这样的结论，笔者完全赞同，并且认为，给隐喻设定隐喻意义是给我们理解隐喻限定了一个狭隘的范围，不利于对词汇的创造性应用的理解。如果预设隐喻有隐喻意义，也就是有某种固定的理解公式来帮助理解，这样容易使人们产生一种错觉，即对于隐喻的理解会是相当容易的。但是这种想法是没有意义，并且是不可能实现的，因为，某个词汇的隐喻意义——假设存在——也是不能穷尽的。事实上，隐喻是非常难以理解的，其中不仅涉及词汇的创造性运用，还要求读者具备一定的客观世界的知识和经验，能够对客观

---

① 束定芳. 论隐喻的运作机制［J］. 外语教学与研究（外国语文双月刊），2002（3）：98.

② 郭贵春，安军. 隐喻的语境分析［J］. 江海学刊，2002（5）：41.

世界的诸多现象做出细致的观察和思考。例如：

（1）Man is a wolf.

如果我们预设这句话有隐喻意义，这样就会把"wolf"看作有两种意义，本意和隐喻意义。但是狼和男人又怎么会相似呢？通常来说，我们会称两只狼很相似，是因为它们均有狼的共性，它们和其他狼都属于"狼"这一类实体。依据这个句子，我们可以说男人是狼，那么狼的隐喻意义必然会引申到男人和其他狼的身上，得出的结论就是男人实际上就是狼。那么，这个句子的隐喻含义就会完全消失。由此可见，设定隐喻意义只会扼杀隐喻的全部含义，更何况隐喻意义是人们想象的产物，在隐喻中根本就找不到。

同样的句子，笔者将之改写为：I will marry a man who is a wolf。可能就会造成大家的极大困扰，因为，从相似的角度来讲，大家都会质疑笔者怎么能与一个像狼一样的男人结婚呢。戴维森认为在隐喻中，词汇可以用来"抬高和贬低，祈祷和宣传，描写和规定"（Davidson，1980：239），而且还有其他不同功能。它遵守的是最严格的字面意义，但是理解它的人可以根据自己的经验、自己对客观世界的理解来解释这句话的含义。实际上，这句里的"wolf"特指目前热播的动画片《喜羊羊与灰太狼》里的"灰太狼"的形象，虽是"狼"，它却是完美丈夫的形象代言，所以同龄人中流行的一句话就是"嫁人就嫁灰太狼"，那么笔者改写的句子，就能够被她的同时代的人理解，并且是一个标准的隐喻。对其理解，就需要同时代人对动画片《喜羊羊与灰太狼》有所了解，或有其相应的背景知识，与词汇的本意相结合。这就是对隐喻的理解。笔者认为隐喻就是一种普通语言，在理解隐喻的时候，使用的是普通语言的语言资源，没有所谓的"第二含义"。在这两个例句当中，"man"都是指成年男性，而"wolf"指的是一种特定的野生动物，没有其他别的什么意义。但与普通语言不同的是，隐喻把"man"和"wolf"创造性地运用于同一语境，由此来激发我们的思维与情感，开阔我们的视野，使我们注意并挖掘了两者之间存在的共同点。[1] 可以说，预设隐喻中的隐喻意义在方法论上是错误的。隐喻所包含的是对世界现象的洞察力，而这种洞察力是借助于词汇的独创性运用才得以产生的。[2]

词汇的运用反映了作者不同的行为，也表达了各种话语的不同意义。隐喻中的词汇运用，其目的在于使我们去注意那些无限范围、具有非命题性质的各

---

[1] 肖福寿. 隐喻的意义新探［J］. 四川外语学院学报，1999（4）：69.
[2] 肖福寿. 隐喻的意义新探［J］. 四川外语学院学报，1999（4）：70.

种事物或现象。肖福寿曾在隐喻的意义新探中举例并做出分析①：

(2) Ideas are food.

这一隐喻使我们得以通过"food"来理解"ideas"，其作者向我们展示了"ideas"的丰富内涵。如果想知道"food"和"ideas"之间有哪些相似之处，似乎谁也给不出一套完整的答案。但是我们至少可以做如下几种解释：

①Ideas can be swallowed or devoured.

②Ideas can be digested.

③Ideas can be nourishing.

④Ideas can leave a good or bad taste in our mouths.

⑤Ideas can be raw, half-baked or warmed-over.

⑥Ideas can smell fishy or stale.

⑦Ideas can percolate or jell for a while.

⑧Ideas can offer us some food for thought.

⑨Ideas can be spoon-fed.

⑩Ideas can be fermenting for years.

笔者理解戴维森的词汇的隐喻理解是对词汇的运用所构成的梦境。要造就梦境，就牵涉一定的想象力。不论是作者的创作，还是读者的诠释，均离不开想象力。② 必须指出的是，想象力不等于头脑中的空想，其根源应追溯到现实世界的生活经历。正是由于这种经历，我们才得以知道哪些事物或现象之间存在相似之处。笔者认为在理解隐喻的时候，不能把隐喻当作孤立存在的实体，应该结合一定的语境、客观世界、经验知识来讨论。所谓语境，是指隐喻产生的背景和它所指的世界。背景也叫自然语境，主要指的是话语的时空位置。③ 我们在探讨隐喻的背景时必须考虑其产生的具体时间和具体地点。但是随着时间的推移，词汇意义的扩展，我们现在并不把某种表达法称为隐喻，隐喻的意义正在消亡。例如：

(3) He was burned.

(4) He was fired.

在类似的句子中，隐喻已经成为今日的普通语言。再看下面一句话：

(5) Time is money.

---

① 肖福寿. 隐喻的意义新探 [J]. 四川外语学院学报，1999 (4)：70.
② 肖福寿. 隐喻的意义新探 [J]. 四川外语学院学报，1999 (4)：70.
③ 肖福寿. 隐喻的意义新探 [J]. 四川外语学院学报，1999 (4)：70.

我们在中学学习英语时，对这个"名言警句"就不陌生，它几乎成了我们的日常语言。然而，对于那些文明没有开化的民族而言，他们会觉得这话极为荒谬，无法理解，因为在他们的生活环境中从来都没有出现过货币。所以说，隐喻的意义在一定程度上取决于自然语境。① 所指世界是指话语中所描述的世界。它可以是所有人均经历过的现实世界，或是作者杜撰的世界，或是一个半真半假的世界，或是一个他人的世界。(Allan, 1986：41) 就隐喻而言，所指世界应该与我们所熟知的客观世界是相联系的。隐喻中的所指世界是以我们生活的现实世界作为参考框架的，如果缺乏所指世界，隐喻的意义也将不复存在。

总之，戴维森是一位分析哲学家，他的隐喻研究也是十分有影响的，他反对多数语言哲学家对认为一个隐喻的句子应该有隐喻的意义或是表达一个可以交流的隐喻的真理这样的观点。他的观点是，隐喻属于应用范围，是由某些富于想象的运用词或句子而产生的，并且全部取决于那些词的一般意思，或是那些词汇所组成的句子的普通意思，根本不会有就他们句子的字面意义而言的另一种隐喻意义。一个隐喻句子的字面意义耗竭了它的意义。他强调隐喻是不可以意译的，因为在隐喻中没有任何东西需要意译；隐喻虽不是显明地声明一种相似性，但也却是引导了我们去寻找共同特征，让我们去进行对比，指示我们注意到类似东西。隐喻引起我们注意的东西是没有止境的，并且引起我们注意的东西的特点并不是命题性的，而是开放性的，我们所注意的或从隐喻的使用所看到的不是一些真值或事实。

但是，戴维森对什么是句子的隐喻使用，仅有一个简略的论述，只是说明了隐喻是某些词或句子的富有想象力的运用带来的东西，而没有更多的延伸的东西。这也是笔者认为这个理论的一个瑕疵，因此，在实际应用这一章当中，笔者只是介绍了对词汇的运用。

戴维森把隐喻放在句子的使用中来研究，最主要的贡献在于认为没有诸如隐喻意义这样的东西，不管是在语用层面上还是在语义层面上，隐喻只不过是说话者的意义，说话者提供了一个有争议且可供选择的东西。所以，词不可能有隐喻意义。戴维森认为，理解一个隐喻从本质上说是一种创造性的和想象性的努力，不可能有专门为了理解隐喻而写的手册或规则的书籍。对隐喻的这种理解可说是他的独到之处。

---

① 肖福寿. 隐喻的意义新探 [J]. 四川外语学院学报, 1999 (4)：70.

参考文献

主要中、外文参考文献：

1. 外文文献

（1）戴维森的著作

［1］ DAVIDSON D. *Decision-Making：An Experimental Approach*［M］. Chicago：University of Chicago Press. Midway Reprint Series, 1957.

［2］ DAVIDSON D. *Plato's 'Philebus'*［M］. New York：Garland Publishing, 1990.

［3］ DAVIDSON D. *Inquiries into Truth and Interpretation*［C］. Oxford：Clarendon Press, 1984.

［4］ DAVIDSON D. *Essays on Actions and Events*［C］. Oxford：Clarendon Press. 2nd edition, 2001.

［5］ DAVIDSON D. *Subjective, Intersubjective, Objective*［C］. Oxford：Clarendon Press, 2001.

［6］ DAVIDSON D. *Problems of Rationality*［C］. Oxford：Clarendon Press, 2004.

［7］ DAVIDSON D. *Truth, Language and History*［C］. Oxford：Clarendon Press, 2005.

［8］ DAVIDSON D. *Truth and Predication*［C］. Cambridge, Mass：Harvard University Press, 2005.

［9］ DAVIDSON D. *The Essential Davidson*［C］. Oxford：Clarendon Press, 2006.

（2）研究戴维森的专著

［1］ Bo M. *Davidson's Philosophy and Chinese Philosophy*［M］. Florida：Leiden-

Boston, Brill, 2006.

[2] CARO M. *Interpretations And Causes—New Perspectives on Donald Davidson's Philosophy* [M]. Roma Unversitta Roma Tre. Italy. Springer Science Business Media Dordrecht, 1999.

[3] GLUER K. *Donald Davidson—A Short Introduction* [M]. Oxford: Oxford University Press, 2011.

[4] HAHN, L E. *The Philosophy of Donald Davidson* [M]. Chicago: Chicago and La Salle. Illinois. 1999.

[5] JOSEPH M. *Donald David* [M]. Trowbridge: The Cromwell Press, 2004.

[6] KIRK L. *Donald Davidson—Contemporary Philosophy in Focus* [M]. Cambridge: Cambridge University Press, 2003.

[7] KUNNE W. *Reflections on Davidon's Philosophy of Language* [M]. Berlin: Walter de Gruyter& Co., 1993.

[8] LEPORE E. *Truth and Interpretation: Perspectives on the Philosophy of Donald Davidson* [M]. Basil Blackwell, 1986.

[9] LEPORE E L K. *Donald Davidson on Meaning, Truth, Language, and Reality* [M]. Oxford: Oxford University Press, 2005.

[10] LEPORE E L K. *Donald Davidson's Truth- Theoretic Semantics* [M]. Oxford: Oxford University Press, 2007.

[11] LEPORE E L K. *A companion to Donald Davidson* [M]. New Jersey: Wiley Blackwell, 2013.

[12] LUDWIG K. *Donald Davidson* [M]. Cambridge: Cambridge University Press, 2003.

[13] Malpas, Jeff. *From Kant to Davidson: Philosophy and the Idea of the transcendental* [M]. Landon: Routledge, 2003.

[14] MALPAS J. *Dialogues with Davidson: Acting, Interpreting, Understanding* [M]. Cambridge: The MIT Press, 2011.

[15] MURPHY, J P. *Pragmatism from Peirce to Davidson* [M]. Cambridge: Cambridge University Press, 1992.

[16] PREYER G S F. *Language, Mind and Epistemology: on Donald Davidson's Philosophy* [M]. Cambridge, MA: Basil Blackwell Ltd, Kuwer Academic Publisher, 1994.

[17] PREYER G. *Donald Davidson on Truth, Meaning and the Mental* [M]. Ox-

ford: Oxford University Press, 2012.

[18] RAMBERG B T. *Donald Davidson's Philosophy of Language* [M]. Cambridge, MA: Basil Blackwell Ltd, 1989.

[19] Verheggen, Claudine. *Wittgenstein and Davidson on Language, Thought, and Action* [M]. Cambridge University Press, 2017.

（3）相关研究参考专著及期刊
①专著

[1] ANSCOME G E M. *Intention* [M]. Cambridge: Harvard University Press, 1957.

[2] AUSTIN J L. *How to Do Things with Words* [M]. Cambridge: Harvard University Press, 1955.

[3] BACON M. *Pragmatism—An Introduction* [M]. Cambridge: Polity Press, 2012.

[4] BLACK M. *Philosophical Analysis* [C]. New York: Cornell University Press, 1950.

[5] BORRADORI G. *American Philosopher* [M]. Chicago: University of Chicago Press, 1994.

[6] BOERSEMA D. *Pragmatism and Reference* [M]. Cambridge: MIT Press, 2009.

[7] BRANDL J W W L. *The Mind of Donald Davidson* [M]. Netherlands: Grazer Philosophieche Studien, 1989.

[8] COOPER D. *Metaphor* [M]. Oxford: Basil Blackwell, 1986.

[9] DERRIDA J. *Margins of Philosophy* [M]. Chicago: University of Chicago Press, 1982.

[10] DEWEY J. *The Collected Works of John Dewey* 1882–1953 (Early Works, Middle Works and Late Works). [C]. Carbondale: Southern Illinois University Press, 1991.

[11] GRICE P. *Studies in the way of words* [M]. Cambridge: Harvard University Press, 1989.

[12] HAACK S. *Philosophy of Logics* [M]. Cambridge: Cambridge University Press, 1978.

[13] HAACK S L R. *Pragmatism old & new* [M]. New York: Prometheus

Books, 2006.

[14] JOHNSON M. *Philosophical Perspectives on Metaphor* [C]. Minneapolis: University of Minnesota Press, 1981.

[15] KITTAY E. *Metaphor: Its Cognitive Forc and Linguistic Structure* [M]. Oxford: Clarendon Press, 1990.

[16] KITTAY E. *Cognitive Disability and Its Challenge to Moral Philosophy* [M]. Oxford: Wiley Blackwell, 2010.

[17] LANKOFF G J M. *Metaphors We Live By* [M]. Chicago: University of Chicago Press, 1980.

[18] LEE D. *Cognitive Linguistics: Introduction* [M]. Oxford: Oxford University Press, 2011.

[19] LEEZENBER M. *Context of Metaphor* [M]. Amsterdam and New York: Elsevier, 2001.

[20] LEVIN S R. *The Semantics of Metaphor* [M]. Baltimore: Johns Hopkins University Press, 1977.

[21] ORTONY A. *Metaphor and Thought* [C]. Cambridge: Cambridge University Press, 1993.

[22] PAPPAS G. *Pragmatism in the Americas* [M]. New York: Fordham University Press, 2001.

[23] PEIRCE C S. *The Maxim of Pragmatism* [C]. Blooming and Indianapolis: Indiana University Press, 1998.

[24] PUTNAM H. *Mind. Language and Reality* [M]. Cambridge: Cambridge University Press, 1975.

[25] PUTNAM H. *Realism with a Human Face* [M]. Harvard: Harvard University Press, 1990.

[26] PUTNAM H. *Words and Life* [M]. Harvard: Harvard University Press, 1994.

[27] RORTY R. *Objectivity, Relativism, and Truth: Philosophical Papers Volume I* [M]. Cambridge: Cambridge University Press, 1991.

[28] RORTY R. *Consequences of Pragmatism* [M]. Minneapolis: University of Minnesota Press, 1982.

[29] SACKS S. *On Metaphor* [M]. Chicago: University of Chicago Press, 1979.

[30] SEARLE J R. *Foundations of Illocutionary Logic* [M]. Cambridge: Cam-

bridge University Press, 1983.

［31］SEARLE J R. "*Metaphor*", *Expression and Meaning* ［M］. Cambridge: Cambridge University Press, 1979.

［32］STERN J. *Metaphor in Context* ［M］. Cambridge: MIT Press, 2000.

［33］WEST C. *The American evasion of philosophy* ［M］. Madison: University of Wisconsin Press, 1989.

［34］WHITE R M. *The Structure of Metaphor: The Way the Language of Metaphor Works* ［M］. Oxford and Cambridge, MA: Blackwell, 1996.

［35］Wheeler Ⅲ, S C. *Deconstruction as analytic philosophy* ［M］. California: Standford Unviersty Press, 2000.

②期刊

［1］BENBAJI Y F M. Factuality without Realism ［J］. *The Southern Journal of Philosophy*, 2005.

［2］COLLINS J. Truth or Meaning? A question of Priority ［J］. *Philosophy and Phenomenological Research*, 2002.

［3］DUNHAM J. Idealism, Pragmatism, and the Will to Believe: Charles Renouvier and William James ［J］. *British Journal for the History of Philosophy*, 2015.

［4］EDWARDS J. Response to Hoeltje: Davidson Vindicated? ［J］. *Mind*, 2007.

［5］FOSSEN T. Politicizing Brandom's Pragmatism: Normativity and the Agnoal Character of Practice ［J］. *European Journal of Philosophy*, 2014.

［6］GARY K. Reply to Heck on Meaning and Truth-Conditions ［J］. *The Philosophical Quarterly*, 2002.

［7］HOELTJE M. Theories of Meaning and Logical Truth: Edwards Versus Davidson ［J］. *Mind*, 2007.

［8］HORISK C. The Expressive Role of Truth ［J］. *The Philosophical Quarterly*. 2007.

［9］LÖWENSTEIN D. Davidsonian Semantics and Anaphoric deflationism ［J］. *Dialectica*, 2012.

［10］LUDWIG K. Was Davidson's Project a Carnapian Explication of Meaning? ［J］. *Journal for the History of Analytical Philosophy*, 2015.

［11］MATTHEW F. Pragmatism, Realism and Moralism ［J］. *Political Studies Review*, 2015.

［12］MARK F C S P. Schiller's Last Pragmatism Course［J］. *Transaction of the Charles S. Peirce society*, 2015.

［13］RATTAN G S. The Theory of Truth in the Theory of Meaning［J］. *European Journal of Philosophy*, 2004.

［14］RITCHIE J. Structural Realism and Davidson［J］. *Synthese*, 2008.

［15］TALISSE R. Pragmatism and Pluralism Revisited［J］. *Political Studies Review*, 2016.

［16］WEBB J. Pragmatism（s）Plural, Part II: From Classical Pragmatism to Neo-Pragmatism［J］. *Jouranal of Economic Issues*, 2012.

2. 中文文献

（1）中文译本

［1］戴维森. 真理、意义、行动与事件：戴维森哲学文选［M］. 牟博, 译. 北京：商务印书馆, 1993.

［2］戴维森. 对真理与解释的探究［M］. 牟博, 江怡, 译. 北京：中国人民大学出版社, 2007.

［3］戴维森. 真与谓述［M］. 王路, 译. 北京：上海译文出版社, 2007.

［4］牟博. 真理、意义与方法：戴维森哲学文选［M］. 北京：商务印书馆, 2008.

［5］路德维希. 唐纳德·戴维森［M］. 郭世平, 译. 上海：复旦大学出版社, 2011.

（2）学位论文

［1］陈常燊. 戴维森的合理性理论研究［D］. 北京：中国社会科学院, 2010.

［2］郭建萍. 真与意义的融合与分离之争的逻辑探究［D］. 太原：山西大学, 2012.

［3］穆青. 戴维森真理理论对其意义理论和形而上学的影响［D］. 保定：河北大学, 2018.

［4］孙江可. 戴维森意义理论研究［D］. 长春. 吉林大学, 2016.

［5］王栋. 戴维森意义理论之镜中的语言与实在［D］. 长春：吉林大学, 2012.

［6］王静. 基于先验论证的戴维森纲领研究［D］. 广州：中山大学,

2005.

［7］张巧．意义、意向与反约定论：戴维森与分析文论［D］．上海：华东师范大学，2017.

（3）相关研究专著及期刊

①专著

［1］陈波．悖论研究［M］．北京：北京大学出版社，2014.

［2］陈波．奎因哲学研究：从逻辑和语言的观点看［M］．上海：上海三联书店，1998.

［3］陈波．逻辑哲学［M］．北京：北京大学出版社，2005.

［4］陈道德．二十世纪意义理论的发展与语言逻辑的兴起［M］．北京：中国社会科学出版社，2007.

［5］陈常燊．理解的准则［M］．北京：中国社会科学出版社，2012.

［6］陈嘉映．语言哲学［M］．北京：北京大学出版社，2003.

［7］达米特．分析哲学的起源［M］．王路，译．上海：上海译文出版社，2005.

［8］恩斯特·卡西尔．人论［M］．上海：上海译文出版社，1985.

［9］方兴．翻译问题研究：基于戴维森意义理论的反思［M］．北京：中国社会科学出版社，2010.

［10］弗雷格．弗雷格哲学论著选辑［M］．王路，译．北京：商务印书馆，2001.

［11］弗雷格．算数基础［M］．王路，译．北京：商务印书馆，2010.

［12］韩林合．维特根斯坦《哲学研究》解读：上册［M］．北京：商务印书馆，2010.

［13］韩林合．维特根斯坦《哲学研究》解读：下册［M］．北京：商务印书馆，2010.

［14］洪汉鼎．当代西方哲学两大思潮：上册［M］．北京：商务印书馆，2011.

［15］洪汉鼎．当代西方哲学两大思潮：下册［M］．北京：商务印书馆，2011.

［16］怀特．分析的时代［M］．北京：商务印书馆，1996.

［17］贾可春．罗素意义理论研究［M］．北京：商务印书馆，2005.

［18］卡茨．意义的形而上学［M］．苏德超，张离海，译．上海：上海世纪

出版股份有限公司，2010.

[19] 李真．普特南文选[M]．李真，译．北京：社会科学文献出版社，2009.

[20] 梁义民．戴维森意义理论研究[M]．北京：社会科学文献出版社，2016.

[21] 林从一．思想、语言、社会、世界[M]．台北：允晨文化实业股份有限公司，2004.

[22] 罗素．数理哲学导论[M]．晏成书，译．北京：商务印书馆，2006.

[23] 罗素．意义与真理的探究[M]．贾可春，译．北京：商务印书馆，2009.

[24] 洛克．人类理解论[M]．谭善明，徐文秀，译．北京：商务印书馆，1997.

[25] 刘国锋．戴维森行动哲学专题研究[M]．广州：中山大学出版社，2019.

[26] 马蒂尼奇．语言哲学[M]．牟博，等译．北京：商务印书馆，1998.

[27] 穆勒．逻辑体系[M]．郭武军，杨航，译．上海：上海交通大学出版社，2014.

[28] 穆青．戴维森真之理论研究：一种意义理论与形而上学的基础[M]．石家庄：河北人民出版社，2021.

[29] 欧阳康．当代英美哲学家学术自述[M]．北京：人民出版社，2005.

[30] 孙江可．以真释义[M]．北京：中国社会科学出版社，2019.

[31] 涂纪亮．当代西方著名哲学家评传：第1卷：语言哲学[M]．济南：山东人民出版社，1996.

[32] 涂纪亮，陈波．奎因著作集：第2卷[M]．北京：中国人民大学出版社，2007.

[33] 涂纪亮，陈波．奎因著作集：第4卷[M]．北京：中国人民大学出版社，2007.

[34] 涂纪亮，陈波．奎因著作集：第5卷[M]．北京：中国人民大学出版社，2007.

[35] 涂纪亮，陈波．奎因著作集：第6卷[M]．北京：中国人民大学出版社，2007.

[36] 涂纪亮．语言哲学名著选辑[M]．北京：生活·读书·新知三联书店，1998.

［37］涂纪亮．英美语言哲学概论［M］．北京：人民出版社，1988.

［38］涂纪亮．现代欧洲大陆语言哲学［M］．北京：中国社会科学出版社，1994.

［39］王静．戴维森纲领和知识论重建［M］．北京：科学出版社，2013.

［40］王路．逻辑与哲学［M］．北京：人民出版社，2007.

［41］王路．走进分析哲学［M］．北京：中国人民大学出版社，2007.

［42］王寅．认知语言学探索［M］．重庆：重庆出版社，2005.

［43］维特根斯坦．逻辑哲学论［M］．贺绍甲，译．北京：商务印书馆，2002.

［44］维特根斯坦．哲学研究［M］．李步楼，译．北京：商务印书馆，2017.

［45］叶闯．理解的条件：戴维森的解释理论［M］．北京：商务印书馆，2006.

［46］叶闯．语言·意义·指称：自主的意义与实在［M］．北京：北京大学出版社，2010.

［47］赵敦华．新编现代西方哲学［M］．北京：北京大学出版社，2001.

［48］张妮妮．意义、解释和真：戴维森语言哲学研究［M］．北京：中国社会科学出版社，2008.

［49］张燕京．达米特与戴维森意义理论比较研究［M］．北京：人民出版社，2021.

［50］张沛．隐喻的生命［M］．北京：北京大学出版社，2004.

［51］周晓亮．西方哲学史（学术版）：第4卷［M］．南京：江苏人民出版社，2005.

［52］海德格尔．人，诗意地安居［M］．郜元宝，译．上海：上海远东出版社，2004.

［53］海德格尔．形而上学导论［M］．熊伟，王庆节，译．北京：商务印书馆，2014.

［54］于尔根·哈贝马斯．后形而上学思想［M］．曹卫东，付德根，译．南京：译林出版社，2012.

［55］马丁·海德格尔．存在与在［M］．王作红，译．北京：民族出版社，2004.

［56］D.J.奥康诺．批判的西方哲学史［M］．洪汉鼎，等译．北京：东方出版社，2005.

［57］理查德·罗蒂．哲学和自然之镜［M］．李幼蒸，译．北京：商务印书

馆，2004.

[58] 理查德·罗蒂. 后哲学文化[M]. 黄勇, 译. 上海: 上海译文出版社, 2009.

[59] 理查德·罗蒂. 实用主义哲学[M]. 林南, 译. 上海: 上海译文出版社, 2009.

[60] 理查德·罗蒂. 偶然、反讽与团结[M]. 徐文瑞, 译. 北京: 商务印书馆, 2003.

[61] 麦克尔·路克斯. 当代形而上学导论[M]. 朱新民, 译. 上海: 复旦大学出版社, 2008.

[62] 撒穆尔·伊诺克·斯通普夫[M]//詹姆斯·菲泽. 西方哲学史. 丁三东, 等译. 北京: 中华书局, 2005.

[63] 塔尔斯基. 逻辑与演绎科学方法导论[M]. 周礼全, 吴允曾, 等译. 北京: 商务印书馆. 2009.

[64] 希拉里·普特南. 理性、真理与历史[M]. 童世骏, 李光程, 译. 上海: 上海译文出版社, 1997.

[65] 奎因. 真之追求[M]. 王路, 译. 北京: 生活·读书·新知三联书店, 1995.

[66] 奎因. 词语和对象[M]. 陈启伟, 等译. 北京: 中国人民大学出版社, 2005.

[67] 约翰·塞尔. 意向性: 论心灵哲学[M]. 刘叶涛, 译. 上海: 上海人民出版社, 2007.

[68] 詹姆斯·威廉姆斯. 利奥塔[M]. 姚大志, 赵雄峰, 译. 哈尔滨: 黑龙江人民出版社, 2002.

②期刊

[1] 白雪松. 戴维森意义理论的语用学转向[J]. 科学技术哲学研究, 2013 (6): 35-39.

[2] 陈常燊. 戴维森论不自制[J]. 学术探索, 2009 (2): 78-84.

[3] 陈晓平. 戴维森从塔尔斯基那里继承了什么——戴维森与塔尔斯基的"真"理论之比较[J]. 科学技术哲学研究, 2015 (2): 1-8.

[4] 戴益斌. 无约定的语言——为戴维森辩护[J]. 世界哲学, 2018. (6): 124-132.

[5] 戴益斌. 真与意义理论[J]. 自然辩证法, 2019. (4): 3-10.

[6] 戴益斌. 论戴维森两种意义理论之间的关系[J]. 思想与文化, 2020

（1）：165-179.

［7］董山民．从表象到绘画实践——罗蒂语言实用主义析论［J］．现代哲学，2019（4）：83-92.

［8］董英东．戴维森的真理、信念与怀疑论［J］．河南理工大学学报（社会科学版），2016（4）：408-413.

［9］方兴．戴维森对语言交流的约定论的颠覆［J］．自然辩证法研究，2007.2：22-27.

［10］方兴．戴维森的后期意义理论及其对话辩证法思想［J］．湘潭大学学报，2018（6）：151-155.

［11］方万全．第一人称与翻译的不确定说［J］．自然辩证法通讯，1991（4）：1-10.

［12］方万全．戴维森的哲学思想——敬悼一位哲学大师［J］．世界哲学，2003（6）：7-10.

［13］高新民，殷筱．戴维森的解释主义及其心灵哲学意蕴［J］．哲学研究，2005（6）：76-81.

［14］高新民，张蔚琳．心灵研究的"归属论"走向：解释主义及其最新发展［J］．社会科学研究，2019（5）：155-165.

［15］郭建萍．戴维森成真条件意义理论及其启迪［J］．山西大学学报（哲学社会科学版），2009（1）：20-24.

［16］郭建萍．真与意义：语句真的两种解读——显现于戴维森意义理论的"真"［J］．自然辩证法研究，2012（9）：6-10.

［17］郭建萍．逻辑与哲学：戴维森意义理论中的真与意义［J］．山西大学学报（哲学社会科学版），2015（3）：52-58.

［18］郭建萍．戴维森彻底解释探析［J］．自然辩证法，2018（7）：10-15.

［19］郭鹏．翻译的适应性与陈述的真——论戴维森的可释性策略［J］．世界哲学，2009（1）：104-119.

［20］霍书全．戴维森对谓述问题的解决［J］．科学技术哲学研究，2013（6）：21-26.

［21］江怡．一种无根的实在论——评戴维森的绝对真理理论［J］．哲学研究，1995（7）：59-65.

［22］金一鑫，黄敏．真理理论对于意义理论是充分的吗？［J］．科学技术哲学研究，2020（4）：76-83.

［23］李大强．作为反馈机制的真理概念——兼论戴维森的真理理论［J］．

215

自然辩证法通，2005（5）：42-46.

[24] 李大山. 对戴维森"理由因果论"的剖析与澄清［J］. 当代中国价值观研究，2019（3）：20-27.

[25] 李平. 戴维森的规律观及其方法论底蕴［J］. 自然辩证法研究，1999（10）：13-17.

[26] 李主斌. 论霍维奇极小真概念的戴维森式反驳［J］. 科学技术哲学研究，2020（6）：45-50.

[27] 梁义民，任晓明. 当代语义学领域的一次革命性思想——初探戴维森纲领［J］. 广西大学学报（哲学社会科学版），2007（1）：53-59.

[28] 梁义民，谭伟静. 塔尔斯基真理理论对戴维森意义理论影响［J］. 湛江师范学院学报，2009（5）：84-89.

[29] 梁义民. 论戴维森意义理论的基本原则［J］. 自然辩证法通讯，2010（4）：7-12.

[30] 梁义民. 戴维森意义理论对当代哲学的主要贡献和影响［J］. 湛江师范学院学报，2014（1）：106-112.

[31] 梁义民. 戴维森纲领的"福斯特问题"——从戴维森的解题方案看［J］. 科学技术哲学研究，2015（2）：46-51.

[32] 刘国锋. 戴维森论行动与意向［J］. 外国哲学，2007（1）：78-82.

[33] 刘阳. 事件思想的分析维度——以蒯因与戴维森之争为考察起点［J］. 福建论坛·人文社会科学版，2020（7）：118-129.

[34] 牟博. 戴维森哲学与中国哲学［J］. 世界哲学，2003（6）：13-18.

[35] 穆青. 戴维森、达米特的实在论、反实在论之争的形而上学渊源［J］. 河北大学学报（哲学社会科学版），2023（2）：45-61.

[36] 全明姬. 分析性语言哲学框架中的语言中心观［J］. 外语学刊，2015（3）：16-21.

[37] 任晓明，李旭燕. 当代美国心灵哲学研究评述［J］. 哲学动态，2006（5）：46-52.

[38] 苏瑞. 自然主义的"心理事件"概念——论戴维森对心理事件的自然化及其困境［J］. 外国哲学. 2014（9）：72-80.

[39] 孙宁. 如何在语用转向后重提语义表征——以戴维森和布兰顿为例［J］. 哲学动态，2022（1）：35-43.

[40] 唐热风. 第一人称权威的本质［J］. 哲学研究，2001（3）：54-60.

[41] 汤拥华. 语言、真理与新实用主义的阐释学——以罗蒂对戴维森的解

读为中心［J］.文艺理论研究，2022（2）：126-136.

［42］涂纪亮.语言哲学研究的新进展［J］.哲学动态，1986（5）：31-35.

［43］夏国军.基础融贯论：哈克、戴维森和蒯因［J］.外国哲学，2010（12）：74-80.

［44］夏国军.整体论：卡尔纳普、蒯因和戴维森［J］.南开学报（哲学社会科学版），2014（1）：43-53.

［45］夏国军.先验直观论：戴维森真理理论的恰当命名［J］.天津社会科学，2019（5）：67-72.

［46］夏国军.美国哲学整体论思潮的自然主义与返自然主义分形［J］.学术月刊，2021（10）：45-59.

［47］肖健.戴维森纲领下的真理与意义［J］.科学技术与辩证法.2001（1）：32-36.

［48］谢佛荣.论戴维森和达米特关于实在论语义学之争［J］.科学技术哲学研究，2015（4）：26-31.

［49］谢佛荣.论戴维森后期意义理论与"Knowing How"［J］.逻辑学研究，2017（4）：161-171.

［50］徐汉南.戴维森历史外在主义的困境与出路［J］.自然辩证法研究，2019（11）：10-15.

［51］王栋.外延性、彻底解释与整体论—论戴维森意义理论的三个维度［J］.山东社会科学，2011（6）：140-144.

［52］王栋.戴维森意义理论之境：意义的公共性与三角测量解释模式［J］.东北师大学报（哲学社会科学版），2013（4）：139-143.

［53］王路.向往戴维森［J］.世界哲学，2003（6）：19-20.

［54］王路.意义理论［J］.哲学研究，2006（7）53-61.

［55］王西华.走出真理的古典时代—塔尔斯基与戴维森真理理论解析［J］.中国矿业大学学报（社会科学版），2013（3）：16-22.

［56］王增福.戴维森的融贯论与麦克道尔的评估［J］.山东师范大学学报（人文社会科学版），2013（2）：147-153.

［57］吴胜锋.事件本体论与心理原因：戴维森行动哲学的新视域［J］.江西社会科学，2017（3）：33-40.

［58］殷杰，郭贵春.从语义学到语用学的转变——论后分析哲学视野中的语用学转向［J］.哲学研究，2002（7）：54-70.

[59] 郁锋. 无律则一元论与随附性论题——戴维森论心物关系 [J]. 自然辩证法研究, 2006 (10): 42-46.

[60] 张巧. 论戴维森实用主义文论的三副面孔 [J]. 文艺理论研究, 2022 (2): 146-155.

[61] 张能为. 伽达默尔与实践哲学传统和解释学重建 [J]. 学术界, 2010 (10): 48-56.

[62] 张燕京. 达米特对于戴维森意义理论的批判 [J]. 湖南科技大学学报（社会科学）, 2007 (1): 48-52.

[63] 张燕京, 王璐. 达米特与语言哲学——当代分析哲学的一个谈话录 [J]. 西南民族大学学报（人文社会科学版）, 2019 (8): 72-79.

[64] 张燕京. 达米特与戴维森：意义理论的论争 [J]. 社会科学报, 2020 (3).

[65] 张燕京, 穆青. 论戴维森整体论真理理论 [J]. 河北学刊, 2018 (2): 35-42.

[66] 张瑛. 论非认知主义隐喻观——从戴维森到勒珀和斯通 [J]. 世界哲学, 2014 (3): 52-58

[67] 张力锋. 戴维森纲领——一条躲闪内涵的意义理论捷径 [J]. 哲学研究, 2003（增刊）: 83-88.

[68] 张志林. 意义的分析——实在论与反实在论的争论 [J]. 中山大学学报（社会科学版）, 1996 (1): 41-49.

[69] 郑宇健. 戴维森、规范性与跨文化理解的陷阱 [J]. 外国哲学, 2008. 95-107.

[70] 周靖. 趋同还是存异：麦克道威尔与戴维森思想对话 [J]. 自然辩证法, 2015 (1): 16-21.

[71] 周靖. 伍德沃德和戴维森：解释的因果理论 [J]. 科学技术哲学研究, 2018 (6): 35-42.

[72] 周志荣. 真、意义与解释——戴维森意义理论探究 [J]. 学术交流, 2010 (2): 15-20.

[73] [波] K. 路德维希. 戴维森在哲学上的主要贡献 [J]. 江怡编译. 世界哲学, 2003 (6): 3-6.

[74] [美] R. 罗蒂. 当代分析哲学中的一种实用主义观点 [J]. 李红译.

世界哲学，2003（3）：15-24.

［75］［美］R. 罗蒂. 实用主义：过去与现在［J］. 张金言译. 国外社会科学，2000（4）：18-24.

［76］［英］T. 奥黑根. 哲学和语言［J］. 海兰译. 世界哲学，1987（1）：69-74.